참된 그리스도인

- 요한 크리소스토모스에게 배우는 신앙의 본질 -

다함

도서출판 **함** 은

1. **다**윗과 아브라**함**의 자손

   아브라함과 다윗의 자손으로, 하나님 구원의 언약 안에 있는 택함 받은 하나님 나라 백성을 뜻합니다.

2. 마음과 뜻과 힘을 **다하여** 하나님을 사랑하라

   구약의 언약 백성 이스라엘에게 주신 명령(신 6:5)을 인용하여 예수님이 가르쳐 주신 새 계명
   (마 22:37, 막 12:30, 눅 10:27)대로 마음과 뜻과 힘을 다해 하나님을 사랑하겠노라는 결단과 고백입니다.

사명선언문

1. 성경을 영원불변하고 정확무오한 하나님의 말씀으로 믿으며, 모든 것의 기준이 되는 유일한 진리로 인정하겠습니다.
2. 수천 년 주님의 교회의 역사 가운데 찬란하게 드러난 하나님의 한결같은 다스림과 빛나는 영광을 드러내겠습니다.
3. 교회에 유익이 되고 성도에 덕을 끼치기 위해, 거룩한 진리를 사랑과 겸손에 담아 말하겠습니다.
4. 하나님 앞에서 부끄럽지 않도록 항상 정직하고 성실하겠습니다.

참된 그리스도인
- 요한 크리소스토모스에게 배우는 신앙의 본질 -

초판 1쇄 인쇄 2024년 09월 10일
초판 1쇄 발행 2024년 09월 26일

지은이 ㅣ 배정훈

교 정 ㅣ 김석현
디자인 ㅣ 장아연
표지 일러스트 ㅣ 심효섭
펴낸이 ㅣ 이웅석
펴낸곳 ㅣ 도서출판 다함
등 록 ㅣ 제402-2018-000005호
주 소 ㅣ 경기도 군포시 산본로 323번길 20-33, 701-3호(산본동, 대원프라자빌딩)
전 화 ㅣ 031-391-2137
팩 스 ㅣ 050-7593-3175
블로그 ㅣ https://blog.naver.com/dahambooks
이메일 ㅣ dahambooks@gmail.com
ISBN 979-11-90584-99-9 [93230]

〈St. Paul guides St. John Chrysostom〉 from St. Paul Orthodox Church, Dayton, Ohio, USA
표지 디자인의 일러스트는 미국 오하이오주의 성바울 정교회에 있는 "St. Paul guides St. John Chrysostom"이라는
이름의 이콘을 일러스트레이터 작가 심효섭이 재해석한 작품으로 저작권은 도서출판다함에 있습니다.

요한 크리소스토모스에게 배우는 신앙의 본질

참된 그리스도인

배정훈 지음

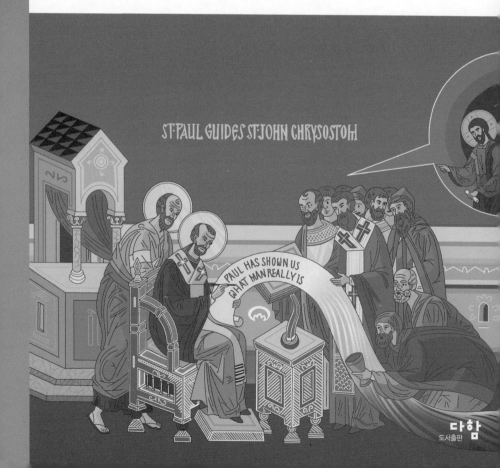

ST·PAUL GUIDES ST·JOHN CHRYSOSTOM

PAUL HAS SHOWN US WHAT MAN REALLY IS

다함
도서출판

목차

일러두기

이 책은 독자들의 편의를 위해 본문에 미주와 각주를 혼용하였습니다.
각주는 가벼운 해설과 첨언의 용도로, 미주는 인용 서지 정보와 학술적 해설의 용도
로 구분하여 사용하였습니다.
또한, 이 책은 2024년 고신대학교 교내 연구비 지원을 받아 집필하였습니다.

추천사

고대 동방의 교부 요한 크리소스토모스에 대한 반가운 책이 나왔다. '황금의 입'이라는 별명으로 잘 알려진 요한은 그의 명성에 비하면 생각보다 많이 소개되지 못했다. 한국교회에서 그를 전문적으로 연구한 학자를 만나기 어려운 실정에서, 요한 크리소스토모스를 전공한 배정훈 교수가 오랜 연구의 결과물을 세상에 내어놓은 일은 개인적으로나 한국교회에 대단히 환영할 만하고 감사한 일이다.

이 책의 유익은 가장 먼저 고대 사회에서 참된 그리스도인으로 살아가기 위해 몸부림쳤던 믿음의 선배들을 만날 수 있다는 점에 있다. 저자는 요한 크리소스토모스만 아니라 그 시대의 수도원 운동을 포함한 초대 교회 역사에 대해 충실하게 연구하고 알려준다. 초대 교회의 역사를 알아가는 즐거움이 쏠쏠하다. 둘째 유익은 더 중요하다. 처음 이 책을 읽을 때 나는 단지 고대 교회의 한 인물에 대한 궁금증을 가지고 있었는데, 다 읽고 보니 단순히 오래전 4세기를 살았던 한 사람의 그리스도인이 아니라, 21세기를 살아가는 바로 우리의 모습과 고민 그리고 그리스도인으로서 통전적인 삶을 살아내야 할 사명을 담고 있다는 사실을 발견한다. 수도주의 이상을 진정한 사랑과 섬김으로 도시의 삶에 접목하고, 일상의 모든 영역에서 참된 그리스도인으로 살아가는 길에 대해 이 책은 의미있는 답을 제공한다. 이 책의 제목이 왜 『참된 그리스도인』인지 느끼게 되는 대목이다. 한국교회가 사회와 단절된 채 교회 내의 예배와 활동에만 집중하고 있는 현실 사회에 요한 크리소스토모스의 삶과 메시지는 큰 울림을 줄 것이라 확신하면서 이 책의 일독을 기쁜 마음으로 권한다.

강화구 목사
(제일영도교회 담임,
『아브라함 내러티브 설교』 저자)

콘스탄티누스 황제의 등장은 4세기 초기 그리스도교 사회에 양극화 현상을 초래했다. 니케아 공의회에서 황제 스스로 "교회 밖 사람들의 주교"라고 자신을 소개한 이후로부터 지역 교회의 주교는 교회 안 사람들의 황제가 되기 시작했다. 이전 로마 황제들이 임의로 가한 핍박 속에서 한결같이 순교자를 참된 그리스도인의 전형으로 삼아왔던 사람들은 황제의 핍박이 사라진 새 시대에 새 유형의 순교자를 찾았는데, 그들은 수도사라는 자발적 순교자들이었다. 이 책에서 저자 배정훈 교수는 주교를 참된 그리스도인의 전형으로 삼는 세속주의와 수도사를 전형으로 삼는 탈속주의 현상 사이에서 출현하기 시작한 제3의 전형, 곧 '수도사 출신의 주교' 혹은 '수도사형 주교'들을 주목한다. 이들 중에서 저자가 천착해 들려주는 요한 크리소스토모스의 이야기를 듣다 보면 오늘날 한국교회가 처한 양극화 현상 사이에서 나타날 법한(혹은 나타나기를 소망하는) 참된 그리스도인의 전형을 독자들이 가늠해 볼 수 있을 것이다.

곽계일 교수
(Georgia Central University 교회사,
『오리게네스 성경해석학 서사기』 저자)

머리말

이 책은 2013년 미국 보스턴 칼리지(Boston College)에 제출한 교부학 석사논문에서 시작되었다. 2018년 교수 임용 후 책을 쓰고 싶었지만, 강의 준비와 행정 등 여러 가지 일로 분주해서 엄두가 나지 않았다. 작업 속도도 느린 데다 한꺼번에 여러 가지 일을 잘 못 하는 내 기질도 한몫했다. 무엇보다도 아직 책을 낼 만한 능력이 부족하다고 생각했다. 오랜 망설임 끝에 2021년 말부터 연구 프로젝트를 시작했다. 무엇을 첫 책으로 할까 고민하다가 지금까지의 연구를 정리하는 시간을 가지면 좋겠다는 마음이 들었고, 그래서 내 첫 번째 연구 주제로 돌아왔다. '요한 크리소스토모스의 수도주의와 이웃 사랑'이라는 프로젝트를 시작했고 이로써 지난 10여년간의 연구와 고민이 이 책으로 작은 결실을 보게 되었다.

이 책은 참된 그리스도인 됨에 요한 크리소스토모스의 사상을 교회사적 연구를 통해 보여주려고 한다. 이는 요한의 사상과 주장을 최대한 객관적으로 소개하는 것으로, 내가 요한을 통해 하고 싶은 말을 하는게 아니라, 요한이 나를 통해 말하게 하는 것이다. 어쩌면 요한의 마음 속으로 들어가는 작업일 것이다. 이 주제에 관한 여러 권의 책이 있지만, 요한의 수도 운동을 통해 이를 다룬다는 점에서 이 책은 차별성이 있다. 고대교회 수도 운동은 참된 그리스도인이 되고자 하는 열망에서 나왔다. 요한은 사막 수도사를 동경하고 존경했지만, 곧 이 운동의 한계를 깨달았다. 이러한 과정을 통해 그는 그리스도인 됨에 대한 새로운 관점을 정립하게 되었다.

이 책은 교회사적 연구인 만큼 요한뿐만 아니라 고대교회 작가들, 특히 사막 수도사들의 목소리를 직접 듣도록 1차 원전 인용을 많이 했다. 하지만 객관적인 서술뿐만 아니라 그리스도인의 삶에 대한 나의 오랜 관심과 고민을 담아 실천적인 교훈과 적용점도 주고자 노력했다. 따라서 이 책은 교부에 관심이 있는 목회자와 신학생뿐만 아니라 그리스도인의 정체성에 대해 고민하는 모든 그리스도인들을 대상으로 한다. 이 책이 이러한 분들에게 조금이나마 도움이 되었으면 좋겠다. 책 부제에 '요한에게 배우는'이라고 되어 있지만, 이는 요한과 함께 걷는다는 점을 뜻한다. 본래 이 책 제목을 '요한과 함께 걷는 그리스도인의 길'로 짓고 싶었기 때문이다. 즉, 일방적으로 그의 가르침을 듣는게 아니라, 서로 대화하고 판단해 보는 것이다. 아무리 뛰어난 신학자라고 해도 불완전한 점이 있는데, 이는 요한도 마찬가지이다.

책을 쓰면서 용어 선정의 문제에 자주 부딪혔다. 아무래도 고대교회를 대상으로 하다 보니 로마 가톨릭의 용어가 많았는데 시대착오적 오류를 피하고자 로마 가톨릭의 용어를 그대로 사용했다. 또한, 가

독성을 위해 두 가지 조치를 했다. 첫째, 마지막 장인 7장은 이 책의 접근방법에 관한 것으로 본래 첫 번째 장이었지만, 독자들의 부담을 덜어주기 위해 마지막으로 옮겼다. 책을 다 읽고 이 장을 보면 훨씬 이해하기 쉬울 것이다. 둘째, 독자들의 편의를 위해 본문에 미주와 각주를 혼용했다. 각주는 가벼운 해설과 첨언의 용도로, 미주는 인용 서지정보와 학술적 해설의 용도로 사용했다. 하지만 이 책은 전문적인 학술서가 아니기에 엄밀한 학문적 기준을 적용하지 않았다. 원래 이 책의 원고는 훨씬 이전에 완성할 뻔했지만, 컴퓨터의 원고 파일이 삭제되는 바람에 더 오랜 시간이 걸렸다(최종 수정 단계에서도 같은 일을 경험했다). 도중에 포기하고 싶었고 지금도 그때를 생각하면 앞이 캄캄하지만, 원고를 조금 더 다듬을 시간을 가질 수 있었다고 생각한다. [1]

머리말을 마치면서 지금까지 도움을 주신 분들에게 감사의 인사를 드리고 싶다. 먼저 박사과정 지도교수님인 웬디 마이어(Wendy Mayer) 교수님께 깊은 감사를 드린다. 웬디 교수님은 요한 연구와 고대 후기 설교 분야의 세계적인 학자로, 교수님으로부터 받은 학문적인 도움은 이루 말할 수 없이 크다. 교수님의 지도를 받을 때마다 교수님의 박식함과 열정, 겸손에 큰 감동과 도전을 받았고, 학문적 역량이 성장하는 기쁨을 누릴 수 있었다. 또한, 학비와 생활비를 지원받을 수 있게 해주셨고, 전 세계를 다니면서 출판되기 전의 좋은 자료들을 구해주시기도 했다.

특히 교수님은 칭찬과 격려를 많이 해주셨는데, 박사과정을 마쳤을 때 필자의 분야에서는 자신을 넘어서셨다는 과분한 칭찬을 해주셨다. 물론 그 정도까지는 아니겠지만, 이런 교수님의 칭찬과 응원이 박사과정을 무사히 마칠 수 있었던 큰 원동력이 되었다. 박사과정 도중 갑자기 교수님이 사정상 다른 학교로 옮기게 되어 당황했지만, 내 과정이 마칠 때까지 비공식적으로(?) 계속 지도해 주셨다. 그리고 박사과정 초기 공동 지도교수님이자 웬디 교수님이 떠난 이후 지도교수님이 된 호주 가톨릭대학교(Australian Catholic University)의 폴린 알렌(Pauline Allen) 교수님께도 감사드린다. 교수님은 늘 나의 든든한 지원군이셨고, 다른 학자들에게 나를 소개할 때마다 열심히 연구하는 학생(hard worker)이라는 칭찬과 격려를 아끼지 않으셨다. 지금도 교수님은 외국 학회에서 만날 때마다 먼저 나를 따뜻하게 안아주신다.

석사과정 부지도교수님(second reader)인 보스턴 칼리지의 마가렛 샤킨(Margaret M. Schatkin) 교수님의 은혜도 잊지 못할 것이다. 크리소스토모스 연구의 탁월한 전문가인 교수님은 필자에게 요한을 소개해 주셨을 뿐만 아니라 무엇보다 아시아에서 유학 온 어리숙한 학생이었던 나를 사랑으로 따뜻하게 맞아주셨다. 교수님의 지도와 환대, 사랑 덕분에 석사과정을 잘 마칠 수 있었고, 이후 나도 모르는 사이 여러 번 박사과정 지도교수님이 된 웬디 교수님에게 강력한 추천서를 보내주신 덕분에 서류도 내기 전에 호주 가톨릭대학교 박사과정에 합격하는 기적을 경험했다. 나에게는 가장 좋은 학교였지만, 미국을 떠나 새로운 곳에서 다시 적응하는 일이 막막해 망설였던 학교였다. 지금 생각해도 너무 감사한 일이 아닐 수 없다. 지금은 고인이 되신 석사과정 지도교수님인 프란신 카드맨(Francine Cardman) 교수님의 은혜도 잊지 못할 것이다. 유학 첫 학기에 학교생활에 잘 적응할 수 있도록 많은 도움을 주셨고, 기꺼이 석사논문의 지도교수님이 되어주셨다.

고려신학대학원 전 원장이셨던 신원하 교수님께도 감사의 인사를 드린다. 교수님은 항상 온화하고 따뜻한 미소로 나를 응원해 주셨고, 교수님의 조교로 일하는 동안 크지 않은 나의 수고에 늘 감사를 표현해 주셨다. 또한, 교수님의 도움 덕분에 옥토재단 해외유학 장학생으로 선발되어 유학길에 오를 수 있었다. 그리고 고신대학교 전 총장이신 전광식 교수님의 은혜에도 감사드린다. 교수님은 내 교수사역의 멘토이며, 어렵고 힘든 일이 있을 때마다 교수님으로부터 용기와 지혜를 얻을 수 있었다. 교수님의 학문성과 순수한 믿음을 나도 닮았으면 좋겠다. 뒤를 돌아보니 스승으로부터 받은 것이 참으로 많다. 이제 나도 내 학생들에게 이런 좋은 스승이 되었으면 한다.

바쁜 가운데서도 추천사를 써 주신 강화구, 곽계일 박사님께 감사를 드린다. 한국에 교부학을 소개하기 위해 수고해주시는 도서출판 다함의 이웅석 대표님께도 감사드린다. 언젠가 이 노력이 좋은 결실을 맺을 것이라고 믿어 의심치 않는다.

부모님과 장모님, 아내와 아이들(믿음, 소망)에게는 늘 빚진 마음이다. 부족함이 많은 나를 여러모로 참고 인내해주었다. 이렇게 나의 삶은 하나님과 사람의 은혜 위에 있다. 이분들이 있었기에 오늘의 내가 있다. 마지막으로 이 책의 모든 내용을 삶으로 가르쳐 주신 사랑하는 어머니께 이 책을 바친다. 어머니의 기도와 눈물, 금식과 헌신, 나눔의 삶은 세상의 모든 책보다 더 위대한 가르침이다.

2024년 6월
영도 밤바다를 바라보며
배정훈

고대 저자와 책

Anonymous Author(s)
Did.   Didache, 『디다케』

Athanasius(Ath.)
V. Anton.   Vita Antonii, 『안토니오스의 생애』

Apophth. Patr.   Apophthegmata patrum, 『사막 교부들의 금언집』

Epictetus (Epict.)
Disc.   Dissertationes ab Arriano digestae, 『담화록』

Epicurus (Epicur.)
Fr.   Fragmenta, 『단편』

LW.   Martin Luter, *Luther's Works*,『루터 전집』

John Chrysostom(Chrys.)

Comp.   *Comparatio regis et monachi*,『왕과 수도사 비교』

Compunct. 1.   *Ad Demetrium de compunctione*,『참회에 대하여 1』

Compunct. 2.   *Ad Stelechium de compunctione*,『참회에 대하여 2』

Eleem.   *De eleemosyna*,『구제』

Hom. 1-12 *in Col.*   *In epistulam ad Colossenses homiliae* 1-12,『골
　　로새서 설교』

Hom. 1-67 *in Gen.*   *In Genesim homiliae* 1-67,『창세기 설교』

Hom. 1-90 *in Mt.*   *In Matthaeum homiliae* 1-90,『마태복음 설교』

Hom. 1-11 *in* 1 *Thess.*   *In epistulam i ad Thessalonicenses homiliae*
　　1-11,『데살로니가전서 설교』

Hom. 1-32 *in Rom.*   *In epistulam ad Romanos homiliae* 1-32 ,『로마
　　서 설교』

Incomprehens.   *De incomprehensibili Dei natura*,『하나님의 불가해
　　성에 대하여』

Laz.   *De Lazaro*,『부자와 나사로 설교』

Oppugn.   *Adversus oppugnatores vitae monasticae*,『수도적 삶의 반
　　대자들에 대항하여』,『수도적 삶 반대자』

Sac.   *De sacerdotio*,『사제직에 대하여』

Palladius(Pall.)

D. Chrys.   *Dialogus de vita Joannis Chrysostomi*, 『요한 크리소스토
       모스의 생애』

Socrates(Socr.)

H.E.   *Historia ecclesiastica*, 『교회사』

Sozomen(Soz.)

H.E.   *Historia ecclesiastica*, 『교회사』

Theodoret(Thdt.)

H.E.   *Historia ecclesiastica*, 『교회사』

원전 시리즈, 학술저널

AF   *The Apostolic Fathers: Greek Texts and English Translations*.
       3rd. Trans. Michael W. Holmes. Grand Rapids: Michigan,
       2007.

CPG   Clavis Patrum Graecorum. Ed. M. Geerard. 5 vols.
       Turnhout: Brepols, 1974-87.

GOTR   *Greek Orthodox Theological Review*

JECS *Journal of Early Christian Studies*

KMF *Korea Mission Field*

LCL Loeb Classical Library. Cambridge, MA: Harvard University Press, 1911-.

PG Patrologia graeca. Ed. J.-P. Migne. 162 vols. Paris, 1857-86.

SC Sources chrétiennes. Paris: Éditions du Cerf, 1943-.

SP *Studia Patristica*

들어가는 글

어떻게 그리스도인답게 살 것인가?

어떻게 그리스도인답게 살 것인가? 신앙의 참된 본질은 무엇인가? 필자는 오랫동안 이 질문을 두고 고민해왔다. 예수님을 통해 구원받는다면 과연 이후에는 어떻게 살아야 하는가? 이는 그리스도인의 정체성에 관한 문제이기도 하다. 독일의 종교개혁자 마르틴 루터(Martin Luther, 1483-1546)는 중세교회의 행위 구원론을 비판하며 '오직 믿음'의 교리를 내세웠다. 그는 로마서 1장 17절을 근거로 구원은 인간의 행위나 공로가 아닌 오직 그리스도를 믿음으로 이루어진다고 주장했다. 그로부터 500여 년이 지난 지금, 믿음은 여전히 강조되고 있지만, 그에 비해 '삶'의 문제는 크게 관심이 없는 것 같다. 그러나 그리스도인의 삶은 정말 중요한 문제이다. 앞으로 말하겠지만 고대교회에서 기독교 신앙은 (실천), 즉 프랑스 철학자 피에르 아도(Pierre Hadot)가 잘 보여준 것처럼 '삶의 방식'(way of life)으로 정의되어 왔다.[1] 이 말은 믿음(신앙고백)이 중요하지 않다는 말이 아니다. 참된 믿음이 있다면 반드시 참된 행함이 있다는 것이다. 그래서 고대교회는 통전적인 신앙(holistic faith)에 관한 이해 가운데 믿음의 유무를 곧바로 행함으로 판단했다.

신학사를 보면 '기독교의 본질'에 대한 논의는 종교개혁, 경건주의, 계몽주의를 거쳐 18-20세기 특히 독일에서 활발하게 이루어졌다. 프리드리히 슐라이어마허(Friedrich Schleiermacher, 1768-1834), 루트비히 포이어바흐(Ludwig Feuerbach, 1804-1872), 아돌프 폰 하르낙(Adolf von Harnack, 1851-1930)과 같은 거장들은 『기독교의 본질』(*Das Wesen des Christentums*)이라는 제목으로 기독교의 핵심을 파악하기 위한 작업을 했다.[2] 이들은 나름대로 답변을 제공했지만, 여전히 이 질문은 해결되지 않았다. 필자는 어릴 때부터 신앙생활을 잘하면 복 받는다는 말을 많이 들었다. 처음에는 좋았지만, 점점 의문이 들었다. 만일 우리가 예수님을 믿는 이유가 단지 이 땅에서 성공하는 데 있다면, 굳이 신앙생활을 할 필요가 있을까? 물론 하나님은 우리에게 복을 주시지만, 그것이 신앙생활의 궁극적인 목적은 아닌 것 같다. 예수님을 믿지 않아도 세상에서 잘 먹고 잘 살 수 있는 방법은 많이 있는 것 같다. 오히려 열심히 신앙생활 하지만 어려움을 겪는 사람들을 많이 볼 수 있다.

그렇다면 과연 어떤 모습이 참된 그리스도인의 모습일까? 이러한 질문을 가지고 초대교회로 시간 여행을 떠나고자 한다. 사실상 이 질문은 고대교회를 관통하는 본질적인 문제였다. 이 책은 4세기 동방 교부이며 탁월한 신학자이자 목회자였던 요한 크리소스토모스(John

Chrysostom, c.349-407)의 수도주의 사상을 살펴볼 것이다. 사막 수도 운동 배경에서 특히 마태복음 7장 13-14절에 대한 요한의 해석을 근거로 그의 수도주의 사상의 발전과 변화를 추적해 볼 것이다. 이를 통해 참된 그리스도인은 누구인가에 대한 요한의 가르침을 생각해 볼 것이다. 앞으로 말하겠지만, 요한은 그리스도인의 정체성과 관련하여 사막 교부들의 한계와 약점을 보완하면서 그들과 다른 길을 걸어갔다.

먼저 마태복음 7장 13-14절을 보면, 이 말씀은 그리스도인의 삶에 있어서 서로 반대되는 두 가지 문 혹은 삶의 방식을 제시한다. "좁은 문으로 들어가라 멸망으로 인도하는 문은 크고 그 길이 넓어 그리로 들어가는 자가 많고 생명으로 인도하는 문은 좁고 길이 협착하여 찾는 자가 적음이라" 하나는 생명으로 인도하는 좁은 문, 다른 하나는 멸망으로 인도하는 넓은 문이다. 많은 사람이 넓은 문으로 들어가려고 하지만, 좁은 문을 찾는 사람은 적다. 예수님은 산상 수훈을 마무리하면서 청중들에게 영생을 위해 바른 선택을 할 것을 촉구하신다.

요한은 이 구절을 여러 차례 다룬다. 379년에서 383년 사이에 기록된 『수도적 삶의 반대자들에 대항하여』(Adversus oppugnatores vitae monasticae)에서 그는 강경한 어조로 '좁은 문'을 산속에서의 수도적 삶으로 규정한다. 요한은 도시의 대다수 사람은 멸망하고 노아의 예처럼 소수의 수도사만이 구원받을 것이라고 경고한다. 그러나 우리는 『부자와 나사로 설교』(De Lazaro)에서 '두 문'에 대한 요한의 다른 목소리를 듣게 된다. 이 설교는 누가복음 16장 19-31절에 등장하는 부자와 나사로 비유에 대한 강해 시리즈로 388/389년 안티오키아에서 설교했다. 이 시리즈의 일곱 번째 설교에서 요한은 '넓은 문'은 전차 경주, 극장의 공연, 사치와 물욕과 같은 죄로, '좁은 문'은 모든 그리스도인이 이 세상에서 추구해야 할 덕으로 설명한다. 좁은 문에 대한 해석이 '수도사'에서 '선한 삶', 즉 '세상 속에서 수도사로 사는 것'으로 변화되었다. 이 책은 이와 관련해서 다음과 같은 질문들을 다룰 것이다. 요한은 어떠한 배경에서 이 구절을 해석했으며 왜 기존의 입장을 바꾸었을까? 이러한 과정을 통해 참된 그리스도인을 무엇이라고 정의했으며, 이는 사막교부들과 어떻게 달랐는가? 이러한 그리스도인은 고대교회에서 어떻게 형성되었는가? 마지막으로 이를 어떻게 평가할 수 있으며 우리에게 어떤 교훈을 줄 것인가?

필자가 이 주제에 관심을 가지게 된 몇 가지 계기가 있다. 첫째는 앞서 말했듯이 그리스도인의 삶에 관한 개인적인 질문에서 시작되었다. 이러한 의문을 가지고 보스턴 칼리지에서 유학생활을 시작하면서 성경과 교부들의 글을 주의 깊게 읽기 시작했다. 평소 관심 있던 요한일서를 반복해서 읽으면서 사랑의 실천이 믿음의 직접적인 증거가 된다는 점을 발견하게 되었다. 요한일서 2장 10-11절은 "그의 형제를 사랑하는 자는 빛 가운데 거하여 자기 속에 거리낌이 없으나 그의 형제를 미워하는 자는 어둠에 있고"라고 말한다. 4장 20절은 이웃 사랑이 없는 하나님 사랑은 가짜라고 선언한다. "누구든지 하나님을 사랑하노라 하고 그 형제를 미워하면 이는 거짓말하는 자니 보는 바 그 형제를 사랑하지 아니하는 자는 보지 못하는바 하나님을 사랑할 수 없느니라" 이러한 이웃 사랑은 구제를 통해 분명하게 드러난다(요일 3:17-18). "누가

이 세상의 재물을 가지고 형제의 궁핍함을 보고도 도와 줄 마음을 닫으면 하나님의 사랑이 어찌 그 속에 거하겠느냐 자녀들아 우리가 말과 혀로만 사랑하지 말고 행함과 진실함으로 하자"

요한일서는 그리스도인의 삶이 하나님 사랑과 이웃 사랑으로 이루어지는데 이웃 사랑을 통해 하나님 사랑이 나타나며 이웃 사랑은 구제로 알 수 있다는 것을 가르치고 있다. 이러한 깨달음과 함께 유학 첫 학기에 수강한 "고대교회 윤리"(Early Christian Ethics) 세미나에서 고대교회가 요한일서의 교훈을 잘 실천하고 있다는 것을 알게 되었다. 고대교회의 가장 초기 문서 중에 하나로 알려진 『디다케』(*Didache*)는 가난한 자에 대한 자비를 교회의 입교 자격으로 규정했고 세례 교육을 사랑 계명의 실천을 중심으로 제시하고 있었다.[3]

수업을 통해 고대교회 구호사업의 역사에서 크리소스토모스만큼 소외된 자들에 대한 사랑을 강조하는 교부가 없다는 점을 접하게 되었다. 프린스턴 대학교의 역사학자 피터 브라운(Peter Brown)은 『고대 후기 로마제국의 가난과 리더십』(*Poverty and Leadership in the Later Roman Empire*)이라는 유명한 책에서 4세기 이후의 기독교 지도자들이 로마제국에서 관심 밖에 있던 가난한 자들의 문제를 부각시키고 이에 대한 대규모의 구제 사업을 시행하여 사회에서 새로운 지도력을 얻게 되었다고 주장한다.[4] 요한은 이러한 대표적인 예로 '가난한 자들의 대변자'(the champion of the poor)로 불릴 만큼 부자들의 사치를 꾸짖고 가난한 자들을 돌볼 것을 촉구했다. 필자는 이와 같은 과정을 통해 고대교회와 구제, 요한이라는 주제를 만났다.

둘째는 학문적 관심이다. 마태복음 7장 13-14절에 대한 요한의 해석변화는 아직까지 국내외 학계에서 주목을 받지 못했다. 그러나 이는 그의 수도주의 사상의 발전을 보여주는 중요한 부분이다. 지금까지의 대략적인 연구 경향은 다음과 같다. 데이비드 헌터(David Hunter)는 요한의 금욕사상에 대한 초기의 연구가 역사적인 배경을 간과하고 있다고 지적하면서『왕과 수도사 비교』와『수도적 삶 반대자』는 변증적인 배경에서 이해해야 한다고 주장한다. 요한은 스승 리바니우스와 율리아누스 황제의 반(反) 기독교 정책에 맞서 기독교의 수도주의를 변호했다. 수도적 삶이 그리스 교육(*paideia*)의 이상을 진정으로 실현한다는 것이다.[5] 마가렛 샤킨(Margaret Schatkin)은『수도적 삶 반대자』의 변증적인 요소와 성격을 심도 있게 분석했다. 샤킨은 플라톤과 필로, 그리고『수도적 삶 반대자』를 비교하여 요한에게 수도주의는 관조적 삶(*vita contemplativa*)과 같다는 점을 설득력 있게 논증했다.[6]

여러 학자가 요한의 목회 비전과 수도주의의 연관성을 다루었다. 블레이크 레이얼레(Blake Leyerle)와 브라운에 따르면 요한의 목회 프로그램의 핵심은 수도생활의 이상을 그리스도인의 모든 삶의 영역에 적용한 것이다.[7] 안드레아 스텍(Andrea Sterk)의 연구 역시 이 점에 동의하면서 요한이 수도사-주교(monk-bishop) 리더십의 모범이었기 때문에 이러한 전환이 쉽게 이루어졌음을 보여주었다.[8] 요한의 바울서신 설교를 탐구한 에이딘 하트니(Aidden Hartney)는 요한이 특별히 가정의 변화를 통해 안티오키아를 변화시키려고 했다고 주장한다.[9] 재클린 맥스웰(Jaclyn Maxwell)은 요한과 회중 간의 대화와 상호 작용에 주목했다. 수도사가 평신도보다 더 높은 삶의 기준이 있다는 주장에 대해 요한은 그리스도가 같은 기준을 주었다고 반박했다. 맥스웰은 요한이 이러한 회중의 잘못된 생각을 교정하며 제국의 기독교화를 위해 노력했음을 설명했다.[10]

　이 책은 기존의 연구를 통합하면서 부족한 점을 보완할 것이다. 특별히 요한의 수도주의, 신학, 윤리, 성경 주석이 서로 연결되어 있음을 보여줄 것이다. 교부들은 신학의 통전성을 잘 보여준다. 오늘날 신학은 성경신학, 조직신학, 교회사, 실천신학과 같은 여러 분과로 분리되어 있다. 그래서 우리는 신학의 한 분야가 다른 분야와 어떤 관련이 있는지 잘 모른다. 이와 달리 고대교회에서 신학은 전체로 하나로 여겨졌다. 신학의 모든 요소는 서로 연결되었고 유기적으로 결합되었다. 가령 오리게네스(Origen, c.185-c.254)는 성경 본문을 편집하고 주석과 설교를 쓰고 조직신학 연구를 하면서 변증적 작업을 하고 영성에 관한 글을 남겼다. 한 사람이 신학의 전 분야에 관여할 뿐 아니라 이론과 실천, 신학과 예배와 삶이 하나가 되었다. 이는 요한도 마찬가지였다.

　책의 각 장은 다음과 같이 구성하였다. 1장은 요한의 출생에서부터 안티오키아 교회 사역까지의 생애를 살펴볼 것이다. 이 책의 대부분의 내용은 요한의 안티오키아 사역까지이기 때문이다. 요한의 수도주의 사상을 이해하기 위해서는 그의 생애를 파악하는 작업이 필요하다. 2장은 기독교인의 정체성에 관한 요한의 관점의 배경이 되는 사막 수도 정신을 설명할 것이다. 대표적인 사막 교부와 사막 교부들

의 문헌을 분석하여 그들이 본 완전한 그리스도인과 제자도의 모습
을 보여줄 것이다. 3-4장은『수도적 삶 반대자』와『부자와 나사로』에
서의 마태복음 7장 13-14절에 대한 요한의 해석을 분석한다. 각각의
해석에 반영된 요한의 금욕주의와 완전한 그리스도인에 대한 주장을
다룰 것이다. 이를 통해 요한의 수도주의 사상이 어떻게 변화되었는
지, 어떠한 요소들이 여기에 영향을 주었는지 밝히려고 한다.

5장은 가난한 자들에 대한 사랑을 중심으로 도시와 사막을 통합
하려고 했던 요한의 목회 철학을 살펴볼 것이다. 이를 통해 그리스도
인 됨에 대한 이해가 어떻게 그의 사역에 영향을 주었는지 볼 수 있을
것이다. 6장은 고대교회에서 참된 그리스도인이 형성되는 방법과 과
정을 탐구할 것이다. 여기서 특히 예배에 집중하면서 요한이 속한 초
대교회 전통이 어떻게 사랑의 습관과 문화를 만들었는지 되돌아보고
자 한다. 7장은 교회사의 연구 방법을 바탕으로 이 책에서 요한의 수
도주의를 어떻게 접근했는지 설명할 것이다. 여기서 교회사가 추구
하는 객관적인 역사 이해 방법과 더불어 다양한 역사 접근방식을 소
개하고자 한다. 마지막으로 책의 중요 내용을 정리하고 요한이 우리
에게 주는 기독교 신앙의 본질에 대한 교훈을 제시할 것이다. 바라기
는 이 책이 교부에 대한 지식과 통찰력을 줄 뿐만 아니라 삶의 변화로
이어지길 소망한다. 왜냐하면 교부들의 가르침은 지식을 넘어 궁극
적으로 사랑의 삶을 목적으로 하고 있었기 때문이다.

1장. 요한 크리소스토모스, 그는 누구인가?

1. 황금의 입, 요한 크리소스토모스

요한 크리소스토모스는 349년경 안티오키아(Antiochia)*에서 태어나 407년 59세의 나이로 하나님의 부름을 받았다. 원래 그의 본명은 요한(헬라어로는 Iohannes)인데 뛰어난 설교로 인해 얻은 명성으로 사후 5세기부터 황금의 입(Golden Mouth)을 의미하는 '크리소스토모스'(χρυσόστομος)라는 별칭이 붙었다. 서방교회에서는 라벤나의 주교 페트로스(Peter I of Ravenna, 380-450)만이 이 칭호로 불렸다. 요한은 398년까지 태어나고 자란 안티오키아에서 왕성하게 사역하다가 50세가 되던 해 갑자기 동로마제국의 수도인 콘스탄티노폴리스(Constantinopolis) 총대주교로 발탁되어 404년까지 활동했다.

어떤 사람에게는 이것이 출세처럼 보일 수 있겠지만, 요한에게는 그렇지 않았다. 총대주교로 있었던 짧은 기간에서 알 수 있듯이 엄격하고 금욕적인 요한에게 당대 최고 권력과 부의 중심지에서의 사역은 맞지 않았던 것 같다. 총대주교로 임명된 지 2년도 지나지 않아 요한에 대한 부정적인 여론이 커졌고 결국 정치적인 음모에 휘말려 총대주교직에서 축출되었다. 이후 407년 유배길에서 불명예스럽게 사망했다. 하지만 요한의 명성은 다시 회복되었다. 412년 요한은 복권되었고 사망 후 31년이 흐른 438년 1월 27일 그의 시신이 콘스탄티노

---

* 안티오키아는 신약성경의 안디옥과 같은 곳이다. 현재 튀르키예에 속한 도시로 안타키아(Antakya)라고 불린다.

폴리스 사도교회에 성대하게 안장되었다.

요한이 안티오키아에 계속 있었으면 하는 아쉬움이 남는다. 물론 역사에는 가정이 없지만 만일 그랬다면 지금보다 훨씬 더 많은 업적을 남겼을 것이다. 그는 동방교회에서 상당히 중요한 위치를 차지하고 있으며, 동방교회 예전과 신학에 많은 영향을 주었다. 이러한 이유로 요한의 사후 많은 위작이 그의 이름으로 후대에 전달되었는데, 그렇지 않았으면 이 문헌들은 사라졌을 것이다. 대표적인 것이 『마태복음 미완성 작품』(Opus imperfectum in Matthaeum)이다. 총 54편으로 구성된 이 주석은 본래 410년대에 활동한 아리우스파** 주교 혹은 사제가 쓴 것으로 추정되지만 요한의 저작으로 알려져 보존될 수 있었다. 학계에서 요한은 오랫동안 저평가되었다. 탁월한 사상가나 철학자보다는 단순한 연설가로 취급되었고, 성경해석에 있어서 원칙이 부족하고 피상적일뿐만 아니라 영성의 깊이도 떨어진다고 비판되었다. 또한, 고대교회 신학 정립과정에서 큰 공헌을 세운 카파도키아 교부나 아우구스티누스와 같은 교부들과 달리 신학적인 공헌은 거의 찾아볼 수 없으며, 단지 고대의 도덕주의자일 뿐이라는 평가를 받았다. 그러나 지금은 상황이 많이 변화되어 최근에는 많은 연구를 통해 그에 대한 재평가가 이루어지고 있다.[1]

본 장은 고대교회 작가들의 기록을 바탕으로 안티오키아 사역까지의 요한의 생애와 사역을 소개할 것이다. 먼저 교부가 누구인지에

** 아리우스파는 예수님의 신성을 부정한 고대교회 이단이다.

대한 개론적인 사항을 설명할 것이다. 그 후 안티오키아에서의 출생부터 사역에 이르기까지의 요한의 삶의 여정을 살펴볼 것이다. 이를 통해 요한이 어떤 과정을 거쳐 신학자이자 사역자가 되었는지, 그리고 이것이 신앙의 본질에 대한 요한의 이해와 어떠한 관련이 있었는지 이해할 수 있을 것이다.

2. 고대교회를 만든 사람들: 교부의 세계

요한의 생애를 이야기하기 전에 먼저 교부가 누구인지 알 필요가 있다. 교부는 오늘날의 기독교 신앙을 만든 토대가 되는 사람들인데, 안타깝게도 많이 잊혀져 있다. 최근 1세기 교회에 대한 관심이 조금씩 나타나고 있지만, 여전히 교부의 세계는 우리에게 너무나 먼 것 같다. 제임스 페이튼(James R. Payton)은 현대 그리스도인들이 기억 상실의 시대를 살고 있다고 지적한다. 전통과 과거에 대한 튼튼한 뿌리 없이 황량한 광야에서 표류하고 있다고 말한다.[2]

교부는 심지어 로마 가톨릭의 전통으로 오해받기도 한다. 하지만 교부들은 로마 가톨릭의 전유물이 아니라 모든 교회의 공통 자산이며 소중한 보물이다. 오히려 개신교인들이 교부에 더 많은 관심을 가져야 한다. 종교개혁이 교부에게서 나왔기 때문이다. '근원으로 돌아가라'(ad fontes, 아드 폰테스)라는 말을 한 번쯤 들어봤을 것이다. 이는 종교개혁자들이 내세운 구호로, 여기서 근원은 원래 '근원들'로 라틴어 fons의 복수이다. Fons는 '근원', '샘물', '시작' 등을 뜻하는데 개혁자들은 여기서 두 근원을 주장했다. 그것은 바로 성경과 교부이다. 그들은 교회를 개혁할 수 있는 근원적인 힘이 이 둘로부터 나온다고 믿었다.

교부(Church Fathers)는 문자 그대로 '교회의 아버지'(*pater ecclesiae*)를 뜻한다. 고대사회와 종교에서 아버지는 특별한 의미를 지니고 있었다. 아버지는 생명을 주는 분이자 가정을 보호하고 이끌어가야 할 책임이 있었다. 구약에서 아버지는 특별히 가정의 신앙을 수호하고 자녀들을 신앙으로 교육해야 했다. 로마 시대의 아버지는 가장(*Pater familias*)으로서 집안의 제의를 주관하는 사제였다. 이와 같이 교부들은 영적인 생명을 낳고 신자들을 양육했고 그들이 바른 신앙에서 벗어나지 않도록 교회라는 가정을 돌보았다. 참된 신앙의 보증인으로서 교회를 지키는 역할을 했다.

이런 교부들에 대한 전문적인 학문 분야를 교부학(Patristics)이라고 부른다. 이는 헬라어의 두 단어 πατήρ(파테르, 아버지)와 λόγος(로고스, 이론)가 결합된 것으로 말 그대로 교회의 아버지에 관한 학문이다. 교부학은 18세기부터 학문 분야로 자리 잡기 시작했다. 교부라는 칭호는 신앙과 생활에서 모범이 되는 주교, 성직자, 수도사, 신학자와 교회의 교사 등에게 붙여졌다. 325년 니케아 공의회 때부터 공식적으로 교부를 결정하기 시작했고, 이는 일반적으로 네 가지 기준에서 이루어졌다.

첫째, 고대성(*competens antiquitas*)이다. 고대에서 '오래되었다'는 것은 권위와 기준을 상징했다. 오히려 새로움이 이단이며 잘못된 것이었다. 이런 점에서 교부들은 고대교회에서 활동한 인물이어야 했다.

이견의 여지가 있지만 보통 1세기 중반부터 약 8세기까지를 교부 시대로 정의한다. 하지만 서방에서는 12세기 시토 수도사이자 신학자인 클레르보의 베르나르(Bernard of Clairvaux, 1090-1153)가 마지막 교부로 불리기도 하고 혹자는 더 나아가 19세기의 뉴먼 추기경(Cardinal Newman, 1801-1890)이나 20세기의 로마 가톨릭 신학자 이브 콩가르(Yves Congar, 1904-1995)도 교부라고 주장한다. 또한, 동방교회는 결코 교부의 정신이 끊어진 적이 없다고 말한다. 고대성의 시대 구분은 아직까지 논란이 되고 있지만, 일반적으로 서방은 세비야의 이시도루스(Isidore of Seville, 636년 사망)를, 동방교회는 다마스쿠스의 요한(John Damascene, 749년 사망)을 마지막 교부로 이해한다.

둘째, 거룩한 삶(*sanctitas vitae*)이다. 거룩한 삶을 교리의 정통성 앞에 넣었다는 점을 눈여겨봐야 한다. 교부는 성인으로 공적으로 인정되지는 않더라도 신자들의 인정과 존경을 받을 만한 모범적인 삶이 있어야 했다. 고대교회의 가장 이른 시기(1세기 후반)의 교회 지침서인 『디다케』는 지도자의 권위는 인격으로부터 나온다고 주장한다.[3] 특별히 키프리아누스(Cyprian), 카파도키아 교부들(Cappadocians), 요한 크리소스토모스, 암브로시우스(Ambrose) 등은 가난한 자들을 헌신적으로 돌보았다. 하지만 이 기준 역시 완전하지 않다. 알렉산드리아의 테오필루스(Theophilus of Alexandria)는 기회주의자였고 알렉산드리아의 키릴로스(Cyril of Alexandria)는 그의 원수들을 무자비하게 박해했다. 이 외에도 교부들은 때때로 고집이 세고 자기 의에 빠져있고 쉽게 분노하며 심지어 속이기도 했다. 이런 점에서 보니페이스 람세이

(Boniface Ramsey)는 삶의 거룩성을 이그나티우스(Ignatius), 폴리카르포스(Polycarp), 유스티노스(Justin), 히폴리투스(Hippolytus)와 같은 교부들에게 나타나는 하나님과 진리에 대한 열심으로 이해해야 한다고 지적한다. 이들은 모두 박해 앞에서 신앙을 지키려다 순교하였다.[4]

셋째, 교리의 정통성(*doctrina orthodoxa*)이다. 삶의 증언은 기독교의 정통교리에 근거한 것이어야 했다. 정통교리는 초대교회를 세워나가는데 상당히 중요한 역할을 했기 때문에 교부들의 신학과 삶은 이에 일치해야 했다. 하지만 이것이 모든 교부의 가르침이 옳다는 의미는 아니다. 가령 오리게네스는 시편 110편 1절과 고린도전서 15장 25절을 근거로 만유회복설(*apokatastasis*), 종말에는 마귀를 포함한 모든 피조물이 구원을 받을 것이라고 주장했다.[5] 또한, 오늘날 정통신학의 기준으로 간주되는 아우구스티누스(Augustine, 354-430)에게도 이후 세대의 교회들이 동의하지 못할 부분이 있다. 이러한 교부의 불완전성 때문에 우리는 그들의 주장을 비판적으로 읽어야 한다.

하지만 교부들의 사상이 비록 완전하지 않지만, 그들은 다음과 같은 정통교리들을 남겨놓았다. "삼위일체인 하나님, 동시에 신적이며 인간적인 분으로서 인류의 구원자인 그리스도, 성경의 영감설과 무오성, 선한 창조, 인류의 타락한 상태와 구속의 필요성과 가능성, 은혜의 역할, 구원의 확실한 표징으로서의 세례와 성찬, 사랑의 일치가 보전되어야 하는 위계적인 교회, 기도와 금욕주의의 가치"가 그것이다. 교부들은 또한 믿음과 삶이 일치되어야 함을 강조했다.

넷째, 교회의 승인(*approbatio ecclesiae*)이다. 교회는 여러 가지 칭호를 사용하여 교부들을 인정했다. 이 승인의 가장 분명한 징표는 '성자'(saint) 호칭 수여였다. 또다른 승인의 표시는 교회의 문서에 얼마나 긍정적으로, 자주 인용되었는지 여부였다. 이 기준에 따르면 로마가톨릭교회에서는 아우구스티누스가 가장 상위에 위치한다. 교회는 이러한 인물들을 '교회 학자'(doctor)로 불러 그들의 탁월성을 인정했다. 이 과정에서 동·서방 4대 교부가 결정되었는데 서방(1295년)에서는 라틴 교부인 암브로시우스, 히에로니무스(Jerome), 아우구스티누스, 대 그레고리우스 1세(Gregory the Great)가, 동방에서는 1568년에 헬라 교부인 아타나시우스(Athanasius), 바실레이오스(Basil the Great), 나지안주스의 그레고리오스(Gregory of Nazianzus), 크리소스토모스가 교회 학자가 되는 영예를 안았다. 마지막 교회 승인의 표시는 앞의 바실레이오스, 교황 레오 1세(Leo I), 교황 그레고리우스 1세(Gregory I)와 같은 사람들에게 붙인 '대/위대한'(Great)이라는 경칭이었다.

교부들은 여러 가지 기준에 의해 분류되었다. 우선 연대(시간)적인 구분으로, 325년 니케아 공의회(The Council of Nicaea)를 기점으로 이전, 이후 교부로 구분된다. 이 공의회는 콘스탄티누스(Constantine the Great, 306-337) 황제의 개종 이후 열린 최초의 보편공의회***로 기독교의 달라진 위상을 보여주는 상징적인 사건이었다. 이때를 기점으로 이전 교부는 '니케아 이전 교부'(Ante-Nicene Fathers, ANF), 이후는 '니

*** 보편공의회(ecumenical council)는 동·서방 교회 모두가 참석했던 고대교회의 가장 큰 교회 회의로, 고대교회에서는 총 일곱 번의 보편공의회가 있었다.

케아와 이후 교부들'(Nicene and Post-Nicene Fathers, NPNF)로 불린다. 니케아 이전 교부들은 사도 교부(apostolic fathers), 변증가(apologists), 2-3세기 신학자들이 있고 니케아 이후 교부들은 고대 후기 교부들(late antique fathers)이 있다. 고대 후기 교부들은 이전에 축적된 신학과 문화를 바탕으로 찬란한 기독교 문명을 만들었다.

언어로 구분할 때는 헬라어를 쓰는 헬라 교부(Greek fathers)와 라틴어를 쓰는 라틴 교부(Latin fathers)로 나눌 수 있다. 지역에 따라 동방, 서방 교부로 구별되기도 하는데 동방은 주로 헬라어를, 서방은 주로 라틴어를 사용했다. 로마제국은 로마를 중심으로 한 서쪽의 라틴 문화와 동쪽의 헬라 문화로 구분되었다. 대체적으로 라틴 문화는 법과 실용성을 강조했고 헬라 문화는 철학과 사상에 관심이 많았다. 교회가 제국 전체로 확장되면서 이러한 지방색에 따라 신학이 형성되었다. 서방은 교회 중심의 교리와 교회법이 발전했고 교리논쟁이 많지 않았던 반면, 동방은 교리논쟁이 많이 일어났고 교회를 넘어 수준 높은 기독교 문화를 만들려는 경향이 강했다. 4세기 이후부터 동서방의 차이가 여러 면에서 커지기 시작했고, 결국 안타깝게도 1054년 이 둘은 분리되었다. 이후 서방은 로마 가톨릭교회로, 동방은 정교회로 발전했고, 1965년에 이르러서야 서로 화해하게 되었다.

고대 교부 신학은 로마의 주요 도시를 중심으로 발전하였는데 그 중에서 세 지역이 주목할 만하다. 첫 번째는 이집트에 위치한 알렉산드리아(Alexandria)이다. 이 도시는 오랫동안 기독교 전통과 플라톤 사상 간의 조화를 추구했다. 두 번째는 오늘날 튀르키예에 위치한 안티오키아이다. 안티오키아는 초기 교회 선교에서 중요한 역할을 했다. 알렉산드리아와 안티오키아는 각각 특히 기독론과 성경해석에서 독특한 방식을 발전시켜 '알렉산드리아 학파'와 '안키오키아 학파'를 만들었다. 최근 학자들은 고대의 기준에서 볼 때 학파보다는 '전통'이 더 적합한 용어라고 주장한다. 그리고 이 두 학파를 이분법적으로 분리할 수 없다고 말한다.[6] 마지막은 북아프리카 지역으로 오늘날의 알제리와 튀니지에 위치한 카르타고(Carthage)이다.

3. 요한의 생애 스케치: 안티오키아까지 삶의 여정

1) 출생과 유년 시절

요한은 니케아 이후 고대 후기 교부이자 동방 교부이다. 요한의 출생과 관련해서 344년부터 354년 사이의 다양한 연도가 제시되었다. J. N. D. 켈리(Kelly)는 요한은 349년 시리아의 안티오키아에서 태어났다고 주장한다.[7] 초대교회 역사가 소크라테스(Sokrates, 380-450)는 요한의 아버지는 세쿤도스(Sekoundos)이며 어머니는 안투사(Anthusa)라고 기록했다.[8] 어머니는 그리스인이며 아버지는 로마인이었던 것 같다. 요한의 어머니만 기독교인이었던 것으로 추정된다. 요한은 당시 널리 행해지던 관습에 따라 유아세례를 받지 않았다. 고대 교회는 대죄(살인, 간음, 우상숭배, 배교 등)의 경우 세례 후 단 한번만의 죄 용서를 인정했기 때문에 사람들은 세례를 최대한 미루려고 했다.

소크라테스는 요한의 집안이 귀족 가문이었다고 말한다. 요한의 전기 작가 팔라디우스(Palladius, c. 363-c. 430)는 구체적으로 요한의 아버지가 시리아 군사령관(*magister militum per Orientem*)이었다고 주장한다.[9] 요한의 아버지가 상당히 유력한 사람이었다는 것이다. 하지만 현대 학자들은 이에 동의하지 않는다. 켈리에 따르면 요한의 아버지와 집안은 시리아 군사령관의 비서(행정관)였다. 요한의 아버지는 성공한 공무원이었지만, 장군은 아니었던 것 같다.[10]

요한이 『사제직에 대하여』(*De sacerdotio*)에서 언급했듯이 그의 아버지는 안타깝게도 요한이 태어난 지 얼마 되지 않아 사망했다.[11] 20세에 과부가 된 안투사는 재혼하지 않고 믿음으로 자녀들을 양육했다. 로마 사회에서 과부는 힘없는 약자였고 그 위치는 대부분 위태롭고 위험했지만, 요한의 어머니는 이런 위험을 감수하는 편을 선택했다. 안투사에게 접근하는 사람들이 많았지만, 그녀는 다시 결혼하지 않았다. 요한의 가정 형편은 어땠을까? 켈리는 요한의 집이 최고위층은 아니었더라도, 사회적으로 상당히 안정되고 경제적으로 풍요로웠다고 한다.[12] 그러나 마이어는 이러한 주장은 과장된 것이라고 평가한다. 요한이 안티오키아와 콘스탄티노폴리스에서 사역할 때 집안 인맥이나 개인의 재산을 사용할 정도는 아니었기 때문이다. 마이어는 요한이 받은 교육을 토대로 그의 가정 형편이 평범한 중산층 정도였다고 주장한다.[13] 실제로 『사제직에 대하여』에는 돈이 부족했던 요한의 어린 시절을 회상하는 장면이 있다. 어머니는 아들에게 좋은 교육기회를 제공하기 위해 결혼지참금까지 사용해야 했다.[14]

요한의 교육과정에 대한 직접적인 정보가 없기 때문에 로마 사회의 일반적인 교육 시스템으로 그의 학업을 추측할 수밖에 없다. 당시 교육은 세 단계로 이루어졌다. 먼저 7세 정도의 아이들이 초등학교에 들어갔고, 거기서 그들은 기본적인 읽기와 쓰기, 간단한 수학을 배웠다. 이후의 과정은 문법학교였다. 11세 혹은 12세의 학생들은 철저하게 그리스 고전 문학을 공부했다. 호메로스(Homer)와 에우리피데스(Euripides), 메난드로스(Menander)와 데모스테네스(Demosthenes)와 같은 유명한 시인과 산문작가, 연설가의 글을 주로 공부했다. 마지막 단계는 수사학 교육으로 학생들은 여기서 작문과 대중 연설의 모든 기술을 연마했다. 이 과정은 15세에서 20세 정도까지 진행되었다. 대부분의 아이들은 1단계에서 교육을 마쳤고 단순한 문자를 읽고 이해하는 정도에 만족했다.[15] 하지만 요한은 이 세 단계를 모두 거치며 엘리트 코스를 밟아 나갔다.

요한에게 특히 중요한 것은 당대의 탁월한 그리스 수사학자이자 연설가인 리바니우스(Libanius, 314-394)와의 만남이었다.[16] 리바니우스는 354년부터 사망할 때까지 안티오키아 수사학 학교의 교장이었다. 그는 그리스의 전통적인 가치와 이교 종교의 부흥을 위해 헌신했고, 배교자 율리아누스 황제(Julian the apostate, 361-363)의 반 기독교 정책을 지지했다. 요한의 출중한 재능과 능력으로 인해 리바니우스는 요한을 아꼈다. 교회 역사가 소조메노스(Sozomen, 400-450)에 따르면 리바니우스는 요한을 후계자로 생각하고 있었지만, 그리스도인들이 그를 빼앗아 갔다고 매우 아쉬워했다.[17] 이 시기의 교육은 이후 요한의 저술과 활동에 큰 영향을 주었다. 그는 그리스 고전작가들에 대한 최고급 지식을 얻었을 뿐만 아니라 고급 헬라어와 표현을 능숙하게 사용할 수 있었다. 요한의 설교와 논문은 그가 모든 연설과 수사학적인 기교에 능숙했음을 입증한다.[18]

요한은 특히 리바니우스로부터 수사학 교육이 시민의 삶을 형성하고 종교와 문화적인 가치를 유지함을 배웠다. 리바니우스는 그리스 고전 전통에서 수사학은 도덕적·실천적 삶과 연결되었다고 믿었다. 그에 따르면 말의 기술은 단지 설득을 위한 기교나 화려한 언변으로 그치지 않고 참된 인간성을 구현한다. 리바니우스는 이와 같이 수사학과 시민적 삶과 전통적인 그리스 종교를 통합하려고 했다. 이러한 실천적 삶의 중요성이 요한에게 큰 영향을 주었다. 요한은 '도덕주의자'라는 오명을 받을 만큼 성경 본문의 적용을 강조했다. 설교를 통해 안티오키아를 변화시키려고 했고 구약 성경도 청중들의 삶과 연관시키는 특출한 능력을 가졌다.

2) 갑작스러운 변화

367년 요한은 수사학 공부를 마쳤다. 혈기 왕성한 젊은 요한은 세상에서의 성공과 명예에 사로잡혀 있었다. 수사학을 공부하면서 법정을 부지런히 방문하면서 그곳의 분위기를 즐겼다. 고대교회 역사가들은 이를 바탕으로 요한이 민법 변호사가 되기를 원했다고 추론했다.[19] 하지만 요한은 황실 서기관이 되려고 했던 것 같다. 그 근거는 팔라디우스의 다음과 같은 증언이다. "그(요한)는 신성한 신탁의 임무를 위해 철저하게 수사학 교육을 받았다."[20] 여기서 신성한 신탁으로 번역된 '톤 테이온 로기온'(τῶν θείων λογίων)은 황제의 칙령, 편지, 법 등을 의미한다. 이 직업은 황제의 칙서나 법률의 초안을 작성하는 역할로 상당한 수준의 교육이 요구되었다. 이들 중 원로원 의원으로 승진하는 사람이 있을 정도로 괜찮은 자리였다.

하지만 세속의 부와 명예에 대한 기대로 부풀어있던 젊은이는 갑자기 그 계획을 포기하고 영적 삶을 동경하기 시작했다. 요한은 소피스트는 생각 없이 글 쓰는 사람이라고 비판하면서 거룩한 교훈과의 사랑에 빠졌다. 이는 아마도 불의한 직업 세계에 대한 실망이 원인이었던 것 같다. 자신의 생각과 기대와 달리 세상은 부정과 불의로 가득했다. 하지만 세속적 욕망을 버리고 조금 더 거룩한 삶을 살려는 요한의 결심은 때때로 흔들렸다. 이때 이후에 시리아 라파니아(Raphanea)의 주교가 된 절친 바실레이오스가 요한에게 수도사가 되자고 설득했다. 바실레이오스는 수도사가 되면 모두가 바라는 완전한 그리스도인의 삶을 살 수 있을 것이라는 희망을 주었다. 그들은 집을 떠나 산에 오두막을 짓고 수도생활을 하고자 계획했다. 그러나 요한은 어머니의 반대에 부딪혀 이를 실행하지 못했다. 그녀는 눈물을 흘리며 자신은 두 번째 사별의 고통을 겪기 싫다고 아들에게 간청했다. 이로 인해 요한은 어머니가 사망할 때까지 수도생활의 길을 단념했다.[21]

비록 수도생활은 포기했지만, 요한은 두 가지 방법으로 이를 대체하고자 했다. 첫째, 멜레티우스(Meletius, ?-381)를 도왔다. 멜레티우스는 요한의 목양과 사역에 큰 영향을 준 인물이다. 팔라디우스는 복된 고백자 멜레티우스(blessed Meletius the confessor)가 안티오키아 교회의 지도자였다고 말한다.[22] 그는 360년 초에 안티오키아의 주교가 되었는데 니케아 신앙을 지지한다는 이유로 세 번이나 추방당했다(361-362년, 365-366년, 371-378년). 요한이 멜레티우스를 만났을 때 사실 공식적인 주교는 에우조이우스(Euzoius)였다. 하지만 그는 아리우스주의를 지지했기 때문에 안티오키아의 정통 기독교인은 멜레티우스를 참된 지도자로 여겼다. 요한의 재능과 인성을 눈여겨본 멜레티우스는 그를 곁에 두었다. 요한은 아마도 368년(20세) 부활절에 멜레티우스에게 세례를 받았던 것 같다. 이후 3년 동안(368-371) 그는 안티오키아 교회 지도자 곁에서 예배와 목회, 행정을 보조했다. 요한은 이 시절에 교회 사역을 위한 다양한 실제적인 지식을 얻을 수 있었다.

요한이 멜레티우스의 목회만 도운 것은 아니다. 소크라테스와 소조메노스는 이 중요한 시기의 요한의 또다른 경험을 소개한다. 요한은 수도사가 되지 못했지만, 그들을 동경하여 거칠고 소매 없는 수도사의 복장을 입고 다녔다. 또한, 하루 종일 성경을 읽고 교회도 열심히 다녔다. 아마도 이는 동료였던 에바그리우스(Evagrius)를 따라 한 것 같다. 요한은 리바니우스의 학교에서 만난 두 친구, 데오도로스(Theodore of Mopsuestia, c. 350-428)와 막시무스(Maximus)를 설득하여 자신과 같은 길을 걸어가자고 권했다.[23] 데오도로스는 이후 몹수에스티아의 주교(392-428년)가 되었고 고대교회의 유명한 성경학자로 자리매김했다. 막시무스 역시 셀레우키아(Seluekeia)의 주교가 되었다.

어느 날 이들은 디오도로스(Diodorus, ?-390)와 카르테리우스 (Carterius)가 운영하는 수도학교(asketerion)에 참여했다. 디오도로스는 멜레티우스에 의해 361년에서 365년 사이에 사제로 임명된 안티오키아 정통 기독교의 지도자로, 378년 타르수스(Tarsus)의 주교가 되었다. 그는 금욕생활과 성경해석에 깊은 조예와 경험이 있었고, 성경해석에 있어서는 문자적 해석을 강조했다. 이 수도학교가 어떤 단체인지는 확실하지 않다. 켈리에 따르면 이 학교는 수도원은 아니었지만, 같은 뜻으로 긴밀히 맺어진 헌신된 그리스도인의 모임이었던 것 같다.

이 공동체는 시리아 금욕주의의 여러 특징을 반영했다. 학생들은 집에 머물면서 선생의 지도 아래서 금욕생활을 연습했고, 서로를 형제라 부르며 그리스도와 함께 언약을 맺었다. 그리고 독신을 추구하며 독특한 옷을 입었고 함께 모여 기도하고 성경을 연구하고 성경 강의를 들었다. 이 학교는 또한 지역교회와 긴밀하게 연결되어 있어서 사제들의 일을 돕기도 했다. 이 금욕학교는 수도 훈련뿐만 아니라 성경, 신학, 예배 등에 대한 강의도 제공했던 것 같다. 금욕적인 삶이 이 학교의 주된 목표였지만, 사제교육과 유사한 교육 커리큘럼이 있었던 것 같다.[24] 요한은 이곳에서 부분적으로나마 수도생활을 맛보며 아쉬움을 달랬다. 이후 371년(23세)에 멜레티우스에 의해 독서자[****](lector)로 임명되었다.[25]

___

**** 독서자는 동방교회에서 비교적 낮은 성직자로 주로 예배 시에 구약성경과 서신서 낭독을 담당했다.

3) 완전한 삶을 향하여: 수도생활

『사제직에 대하여』에서 요한은 371년 후반 혹은 372년에 경험한 극적인 사건을 소개한다. 그와 친구 바실레이오스는 몇몇 교회 권위자들이 그들을 강제로 사제에 임명하려고 한다는 소문을 듣게 되었다. 이들이 특출했기에 사람들이 눈여겨본 것 같다. 두려움에 사로잡힌 그들은 교회의 결정을 거절하든지 혹은 받아들이든지 같은 선택을 하기로 약속했지만, 이는 요한의 속임수였다. 주교가 왔을 때 바실레이오스는 요한과의 약속을 기억하며 사제가 되었지만, 요한은 숨어버렸다. 요한은 훗날 그 당시에 바실레이오스는 사제로서 충분한 자질을 갖추고 있었지만, 자신은 결코 그렇지 못했다는 모호한 변명을 남겼다. 그러나 이러한 요한의 행동은 사람들의 공분을 샀다.[26]

고대교회에서 성직자의 선택은 본인의 의지라기보다는 그런 필요성을 느끼는 사람들의 의지가 더 결정적이었다. 많은 사람이 반강제적으로 사제로 임명되었다. 그만큼 사제직이 힘들고 그 책임이 무거웠기 때문에 사람들이 주저했던 것이었다. 교부들의 이야기가 이를 잘 보여준다. 암브로시우스는 자기를 감독으로 만들려는 사람들의 계획을 알고 밀라노에서 도망쳤다. 아우구스티누스는 자기 의지와는 상관없이 불시에 사제로 임명되었는데, 예식이 거행되는 동안 한없이 울었다. 또한, 암모니우스(Ammonius)라는 이집트 사막 수도사는 감독이 되지 않으려고 귀를 잘라 버렸다. 그래도 사람들이 포기하지 않자 혀도 잘라버리겠다고 위협했다. 살라미스의 에피파니우

스(Ephiphanius of Salamis)는 히에로니무스의 형제인 폴리니아누스
(Paulinian)를 집사와 사제로 어떻게 임명했는지 보여준다.

> 마침내 그가 하나님의 섭리에 따라 수도원의 집사들과 다른 많은 형
> 제와 함께, 내가 그들에 대해 섭섭하게 생각하던 점을 해명하기 위해
> 나에게로 왔을 때 나는 놀랐습니다. 그래서 우리의 수도원 근처에 있
> 는 교회에서 기도회가 진행되는 동안, 나는 그가 전혀 눈치채지 못하
> 는 틈을 타서 몇 명의 집사에게 그를 붙잡고 그의 입을 봉하라고 명
> 령했습니다. 이것은 행여나 그가 도망가기 위해 그리스도의 이름으
> 로 나에게 간청하지나 않을까 해서 취한 조치였습니다. 우선 나는 하
> 나님을 경외하라고 권면하면서 그를 집사로 임명했었고, 그가 울며
> 불며 자기는 적합하지 않은 사람이고 이 직무가 자기의 능력에 넘치
> 는 너무나 무거운 짐이라고 하면서 몹시 몸부림쳤지만, 나는 억지로
> 그를 성직자로 만들었습니다. 그리고 나는 간신히 그를 제어하여 성
> 경의 증거와 하나님의 계명으로 그를 설득했습니다. 이제 그가 제단
> 에서 예배에 참여했을 때, 나는 다시 한번 매우 어렵게 그의 입을 막
> 게 하고서 그를 사제로 임명했습니다. 그리고 이미 사용한 같은 논법
> 으로 이제 사제를 위한 자리에 앉으라고 그에게 강요했습니다.[27]

사제직을 거절한 직후 요한은 수도사가 되기 위해 실피우스 산
(Mt. Silpius)으로 떠났다. 이 산의 북동쪽 비탈은 안티오키아의 많은
경건한 그리스도인이 선호하는 장소였다. 이맘때쯤 어머니가 돌아가
셔서 요한은 오랫동안 품고 있던 소망을 이루려고 한 것 같다. 팔라
디우스는 요한의 동기를 이렇게 설명한다. 요한은 지난 3년간의 열심
에도 불구하고 그것에 만족하지 못했다. 자신이 생각한 이상적인 상

태에 도달하지 못했다고 느꼈고, 이는 죄책감이 되었다. 게다가 요한이 사제직을 거절한 사실로 인해 교회 지도자들이 그에게 추가적인 임무를 맡기는 것을 꺼림직하게 생각했다. 또한, 그에 대해 좋지 않은 소문도 돌기 시작한 것 같다. 청년의 불타오르는 정욕도 영적 생활의 장애물이었다.[28]

이러한 이유로 요한은 372년부터 378년까지, 총 6년 간 수도사로 살았다. 인생의 중요한 시기(24-30세)에 경험한 수도생활은 이후의 그의 삶, 특히 그리스도인의 정체성과 신앙의 본질에 대한 그의 사상에 지대한 흔적을 남겼다. 처음 4년(372-376)은 공동수도생활을 했다. 요한은 자기 절제를 통달한 어떤 시리아 노인을 스승으로 만나 그의 지도를 받았다. 그는 스승의 단순한 삶을 본받으려고 노력했다. 요한이 속한 공동체는 스승을 중심으로 작은 공동체를 형성했다. 여러 개의 작은 오두막이 가까이에 붙어 있었다. 수도사들은 아침에 함께 모여 시편 찬송으로 예배를 드렸고 그 후 거의 모든 시간을 자신의 오두막에서 홀로 지내며 성경을 연구하고 묵상하고 기도했다. 때때로 정해진 할당에 따라 노동도 했다.

요한은 여기서 만족하지 않고 독(獨)수도생활을 통해 더 엄격한 훈련을 하기를 원했다. 이전보다 욕망을 더 쉽게 통제할 수 있음을 깨달은 그는 깊은 산 중으로 들어가 동굴에서 홀로 살았다. 거기서 그는 2년(376-378)을 머물렀다. 요한은 이 기간 동안 "깨어 있으라"는 말씀에 따라 잠을 절제했고 성경을 가슴으로 철저히 외우고 연구하며 하나님과의 깊은 교제를 추구했다. 특히 이 기간 동안 그는 거의 눕지 않았다. 이러한 행동은 시리아 금욕주의의 가장 높은 단계의 금욕훈련이었다. 공동수도생활은 독수도생활을 위한 예비과정이었다. 완전한 은둔 생활은 최고의 완전함에 이를 수 있는 길이었다. 이러한 상위 단계를 추구하는 수도사는 잠을 부정하며 계속 하나님과 대화하려고 했다.[29] 어두운 동굴 속에서 요한은 완전한 그리스도인이 되고자 철저히 노력했다.

먼 훗날 루터 역시 혹독한 금욕생활을 했다. 새벽 2시부터 시작되는 여섯 차례의 예배 사이에, 그는 기도, 묵상과 다른 영적 훈련을 추가했다. 돌로 만든 독방에서 건강을 해칠 만큼 금식하고 기도로 밤을 새웠다. 루터는 또한 거친 속옷을 입고 추운 겨울에도 언 몸으로 지내는 것이 하나님을 기쁘게 하는 일이라고 생각했다. 혹시라도 기도 시간을 빠트리면 주말에 그것을 다 채워 넣었다. 아무리 사소한 죄라도 고해 사제 앞에 다 고백했는데, 한번은 여섯 시간 동안 고백했다. 루터의 열심은 여기서 그치지 않았다. 1510년 로마에 간 그는 성 계단성당(Scala Sancta)의 계단을 무릎으로 기어서 올라갔다. 한 계단 올라갈 때마다 계단에 입 맞추고 주기도문을 암송했다. 물론 이와 같은 가혹한 수도생활이 문제는 있지만, 요한과 루터와 같은 영적 거장들이 하나님을 향해 얼마나 큰 열심을 가졌는지 간과해서는 안 될 것이다. 그들의 깊은 영성과 신앙은 오늘의 우리도 추구해야 할 바이다.

4) 안티오키아로 복귀

극도로 엄격한 금욕생활로 요한은 그만 건강을 잃어버렸다. 팔라디우스는 "요한의 위와 관련 장기들이 생기가 없어지고 추위로 콩팥이 제 기능을 하지 못할 정도로 손상되었다"라고 보고한다.[30] 요한은 갑작스럽게 머리에 피가 쏠리고, 위장 문제, 불면증을 가졌고, 극도로 추위를 타는 등 과도한 금욕생활의 부작용을 평생 안고 살았다. 더 이상 혼자서 자신을 돌볼 수 없다고 판단했던 요한은 378년 안티오키아로 다시 돌아왔다. 멜레티우스가 요한의 복귀에 관여한 것 같다. 멜레티우스는 추방된 모든 주교의 복귀를 허락하는 그라티아누스 황제(Gratian, 367-383)의 칙령 덕분에 378년 아르메니아에서의 유배를 마치고 안티오키아로 돌아왔다. 안티오키아 교회를 다시 세우기 위해 믿을만한 성직자가 필요했던 그는 요한에게 자신을 도와달라고 부탁했을 것이다. 팔라디우스는 이를 "교회를 위한 구원자의 섭리의 증거"라고 여겼다.[31]

안티오키아에 돌아온 뒤 요한은 다시 독서자로 2년 동안(378-380) 멜레티우스의 목양 사역을 도왔다. 그 후 381년 초 집사로 임명되어 5년 동안(381-386) 이 직분을 담당했다. 당시 집사의 주된 사역은 구제 사업으로, 요한은 가난한 자, 병자, 과부, 고아, 죄수를 자주 방문하고 섬겼다. 그는 집사로 사역하면서 가난한 자들의 비참한 현실을 목도했다. 이외에도 중보기도(intercessory prayer) 암송과 세례 지원자 보조 교육을 통해 주교의 사역을 도왔다. 요한의 집사 임명 직후 멜레티우스는 세상을 떠났고, 플라비아노스(Flavian, 320-404)가 그 뒤를 이었다.

5) 사제 임명

요한은 안티오키아 교회에서 설교와 가르침으로 유명해졌다. 사람들은 요한과의 상담 후 고되고 지친 삶 속에서 위로를 받았다. 386년 사순절이 시작되던 2월 15일 요한은 사제가 되었다. 이후 12년 동안(386-398) 그는 안티오키아 교회를 섬겼다. 요한은 이전에 한 번 사제직을 거절했지만, 하나님은 결국 그를 복음을 위한 사역으로 부르셨다. 요한이 알지 못하는 방식으로 계속 섭리하고 계셨던 것이다. 사제로서 요한은 집사 때보다 더 많은 책임을 맡았다. 주교가 자리를 비운 날에는 예배를 주관했고, 세례 준비자를 교육하고 성찬 집례를 도왔다. 요한은 또한 플라비아노스 감독의 개인비서 역할을 맡아 그가 어디를 가든지 호위했다.

이 시기의 요한의 가장 큰 임무는 사실상 설교였다. 무슨 이유인지는 모르겠지만 플라비아노스는 자주 자리를 비웠고 요한이 이를 대신했다. 현재 남아있는 약 800편의 설교 가운데 대부분이 이 시기에 한 것이었다. 요한은 금, 토, 주일뿐만 아니라 사순절, 성탄절과 같은 특별한 절기에 정기적으로 강단에 올라갔다. 그는 사제는 영혼의 의사라고 믿었다. 본래 고대 세계에서 철학자들이 자신을 영혼의 의사라고 주장했다. 의사가 몸을 고친다면 철학자는 영혼의 병을 고친다는 것이다. 그리스 스토아 철학자 에픽테토스(Epictetus, c. 50-135)는 철학자의 학교와 의사의 수술실을 비교하면서 철학자는 학생 영혼의 탈골된 어깨와 종기, 두통을 치료해야 한다고 주장한다. 학생은 그들의 영혼의 병이 치료되지 않은 채 학교를 떠나서는 안 된다.[32] 에피쿠로스(Epicurus, B.C. 341-c.270) 역시 의학의 본질이 병든 몸의 치료에 있듯이 철학이 영혼의 고통을 다루지 않는다면 쓸모없다고 주장했다.[33] 인간의 욕망과 잘못된 생각을 영혼의 병으로 간주한 철학자들은 그들의 말, 연설과 저술(λόγος, 로고스)을 치료제(약, 뜸, 수술 등)로 처방했다.

그리스-로마 사회의 전통적인 영혼 치료학(psychagogy)에 대항하여 요한은 철학자가 아닌 영혼의 궁극적인 불행과 구원의 문제를 다루는 교회의 사제가 참된 영혼의 의사라고 주장했다. 이때 영혼의 치료제는 설교였다.

> 인간의 몸을 치료하는 의사들은 여러 가지 약, 다양한 형태의 도구, 환자에게 적합한 식이요법을 발견해왔습니다. 날씨도 종종 그 자체로 환자의 건강을 회복하기도 합니다. 때때로 시기적절한 한 차례의 잠이 의사의 모든 근심을 덜어줍니다. 하지만 이 경우에는 이와 같이 의지할 것이 아무것도 없습니다. 모든 것이 말해지고 행해질 때 오직 하나의 수단, 이용 가능한 오직 하나의 방법이 있는데 이는 말씀을 통한 가르침입니다. 이것이 최고의 도구이며 최고의 식단이며 최고의 날씨입니다. 이것은 약, 뜸, 수술의 자리를 차지합니다. 뜸을 뜨거나 절단해야 할 때 우리는 반드시 이것을 사용해야 합니다. 말씀 없는 모든 것은 쓸모없습니다. 말씀으로 영혼의 무기력을 깨우고 그것의 붓기를 가라앉히고 혹을 제거하고 결함을 보완합니다. 간단하게 말해서 건강에 도움을 주는 모든 것을 합니다.[34]

요한의 설교는 성도들뿐만 아니라 자신의 몸과 영혼을 회복시켰다. "설교는 저를 건강하게 만듭니다. 제가 입을 벌리자마자 모든 피로가 싹 가십니다."[35] 12년의 설교는 요한을 비교할 수 없을 정도의 탁월한 설교자의 반열에 올려 놓았다. 안티오키아의 가장 큰 황금교회(The Golden Church)에는 그의 설교에 매료된 사람들이 많이 있었다. 설교는 위대한 연설가들의 연설과 같이 웅장했고 청중들의 도덕적 삶에 던지는 도전과 메시지는 강력했다. 요한은 청중들이 듣기 좋아하는 설교만 하지 않았다. 소조메노스는 요한이 성도들의 죄를 강력하게 꾸짖고 마치 자기가 피해자인 것처럼 모든 불의한 행동을 신랄하게 비판했다고 전한다.[36] 그리스도인의 정체성에 대한 요한의 입장은 이러한 삶의 과정 속에서 형성되었다.

2장. 더 먼 곳으로: 사막 수도사,
그리스도인 됨의 기준을 제시하다

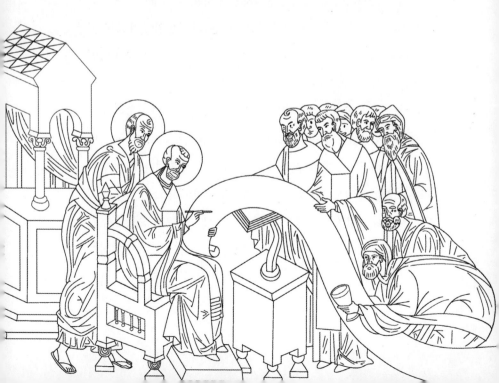

1. 사막 수도사, 안토니오스

2장은 안토니오스와 사막 교부들을 통해 사막 수도주의가 만든 참된 그리스도인의 모습을 설명하고자 한다. 사막의 그리스도인들이 당시의 세계와 교회에 준 영향은 상당히 지대했다. 본 장은 먼저 사막 수도주의를 포함하는 고대교회 수도운동에 대해 설명할 것이다. 여기서 고대교회 수도운동의 배경과 원인, 수도 생활의 유형 등을 말하고자 한다. 다음으로 사막 교부 문헌인 『안토니오스의 생애』와 『사막 교부들의 금언집』을 분석하면서 사막 수도사들이 만든 그리스도인의 모습을 보여 줄 것이다. '사막 수도사'라고 하면 떠오르는 한 가지 경험으로부터 이야기를 시작하고자 한다.

때는 2018년 여름, 나는 특강 차 김해 인근의 무척산 기도원을 방문했다. 평소에 등산을 그렇게 좋아하지 않지만, 우리 교단의 역사와 관련있는 장소이기 때문에 선뜻 나섰다. 그런데 기도원에 가던 중 매우 당황스러운 일을 경험했다. 그것은 바로 기도원까지 도로가 없었다는 것이었다. 결국, 한여름의 폭염 속에서 땀을 뻘뻘 흘리며 구두를 신은 채 기도원까지 걸어 올라가야 했다. 짜증과 원망이 가득한 채로 기도원에 도착했는데, 곧 이 모든 것이 사라졌다. 힘겹게 도착한 기도원은 도시에서는 느낄 수 없었던 고요함과 평화가 있었다. 교회와 여러 기도처를 둘러보다가 문득 한 가지 생각이 머리를 스쳐 지나갔다. '수도사들이 이렇게 살지 않았을까?' 물론 고대 수도원과 오늘날의 기도원은 다르지만, 초대교회사를 전공한 필자는 수도사들의 실제적인 삶이 궁금해졌다.

고대교회 삼위일체론 논쟁에서 빠지지 않고 등장하는 인물이 있는데, 바로 아타나시우스이다. 그는 예수는 하나님과 비슷할 뿐 사람에 불과하다는 아리우스(Arius, 256-336) 이단에 맞서 교회를 지키다가 다섯 차례나 유배를 떠났다. 이러한 신학적 업적뿐만 아니라 그는 또한 열렬한 수도생활 지지자이기도 했다. 특히 아타나시우스는 사막의 전설적인 수도사 안토니오스(Anthony, c.251-356)의 전기를 썼다. 『안토니오스의 생애』(vita Antonii)는 당대에 큰 센세이션을 일으켰고 이집트 수도생활을 동경하던 많은 사람들의 영적 갈증을 충족해 주었다. 아타나시우스는 안토니오스가 20여 년간의 은둔 생활을 마치고 사람들 앞에 나타나는 장면을 비범하게 그려낸다.

> 그는 그렇게 홀로 금욕생활을 하며 20여 년을 보냈습니다. 그는 외출하지도 않았고 사람들에게 거의 보이지도 않았습니다. 후에 많은 사람이 그의 금욕생활을 모방하기를 간절히 바랬고, 친구들이 와서 강제로 문을 부수었기 때문에 안토니오스는 밖으로 나갔습니다. … 그는 처음으로 작은 요새 밖에서 자기를 찾아왔던 사람들에게 모습을 드러냈습니다. 안토니오스의 몸은 보통 때처럼 건강해 보였습니다. 운동 부족으로 인해 비만이지도 않았고 단식이나 악령들과의 싸움으로 인해 마르지도 않았습니다. 그는 고독 속으로 물러나기 전 그들이 보았던 그대로였습니다. 그의 영혼은 순수했습니다. 그는 슬픔으로 수척하지도 않았고 쾌락으로 고삐가 풀리지도 않았으며 웃음이나 고뇌에 사로잡히지도 않았습니다. 그는 군중을 보는 것에 불안을 느끼지 않았고, 많은 사람이 자기에게 인사했다고 즐거워하지 않았습니

다. 오히려 마치 이성을 지배하는 누군가처럼 그리고 자기 원래 상태에 있는 사람처럼 온전히 한결같은 모습으로 남아있었습니다.[1]

　　이때 안토니오스의 나이가 55세였다고 한다. 안토니오스의 모습은 하나도 흐트러짐이 없었다. 수척하지도 않았고 영혼은 빛났다. 안토니오스는 태초의 아담의 상태를 회복한 완전한 그리스도인의 전형이었다. 그에게는 제국교회의 화려함은 따라올 수 없는 비범함과 영적 능력이 있었다. 이러한 정서가 4세기 그리스도인들 사이에 만연해 있었다. 요한도 거기서 예외가 아니었다. 안토니오스와 사막 수도 정신을 더 알아보기 전에 먼저 초대교회 수도 운동을 개략적으로 살펴보자.

2. 수도사의 등장

1) 수도 운동의 기원

　　수도주의는 무엇일까? 수도사하면 어떤 이미지가 떠오르는가? 수도사의 답변은 의외로 간단하다. 바로 참된 그리스도인이 되는 것이다. 이를 위해 그들은 세상을 떠나 모든 욕망을 억제하며 그리스도의 완전함(*perfectio Christi*)을 실현하려고 했다. 프랑스의 철학자 미셸 푸코(Michel Foucault)는 『성의 역사』(*L'Histoire de la sexualité*) 3권 『자기에의 배려』(*Le souci de soi*)에서 그리스-로마의 성적 엄격함과 절제를 분석하면서 이러한 행위가 자기 돌봄을 목적으로 하고 있음을 발견했다. 푸코는 고대 철학자들과 의사들이 성적 금욕을 강조한 까닭은 법률에 따른 강압적인 조치가 아니라 참된 인간성을 실현함에 있다고 주장했다.[2] 푸코의 연구는 초대교회의 금욕과 수도생활에도 순수한 복음을 따르고자 했던 근원적인 동기가 있음을 보도록 했다. 수도주의 발생 이전 완전한 그리스도인은 바로 순교자였다. 하지만 기독교 공인 이후 순교는 거의 사라졌고, 이제 순교는 영적인 의미로 전환되어 욕망과 몸을 죽이는 수도생활이 순교로 대체되었다.

수도생활에 대한 초대 그리스도인들의 관심이 갑자기 생긴 것은 아니었다. 2세기 초 교회의 도움만으로 살아가는 모범적인 순회 사역자들이 있었고, 교회에는 혼인하지 않은 남자와 여자들이 생기기 시작했다. 기독교 변증가들은 금욕주의는 기독교의 뛰어난 점을 증명하는 것이라고 주장했다. 즉, 기독교 금욕주의는 바로 참된 철학이었다. 고대에서 철학은 이론이 아니라 삶의 형식이었다. 로마의 유명한 이교도 의사인 갈레노스(Galen, 129-c. 216)는 기독교인들의 절제는 그들이 실제로 '철학적으로' 사는 표지라고 말했다. 3세기에 접어들면서 그리스도의 동정녀들(virgines Christi)로 불리는 그룹이 등장했다. 교회는 처녀성(virginity)에 특수한 의미들을 부여하면서 동정녀를 그리스도의 신부이며 거룩을 보여주는 대표적인 사람으로 간주했다. 키프리아누스는 동정녀의 우월성을 다음과 같이 표현했다.

동정녀는 교회라는 나무줄기에 핀 꽃입니다. 이들은 영적 은총을 장식하는 보석이며, 호감이 가는 구조, 명성과 명예를 순수하고 흠 없이 지키는 작품, 주님의 거룩성에 상응하는 하나님의 모습, 그리스도 양 떼의 가장 숭고한 부분입니다.[3]

그 후 3세기 후반을 거치면서 사회를 떠나 사막으로 들어가는 새로운 형태의 수도생활이 등장했다. 그 결과 수도사의 수도 급속도로 증가했다. 팔라디우스에 따르면 알렉산드리아 주변 수도공동체에 약 2천 명의 수도사가 있었고, 니트리아(Nitria) 근처에는 약 5천 명의 금욕주의자들이 있었다. 히에로니무스는 테베(Thebaid) 주위에 무려 5만 명의 수도자들이 있었다고 보고한다.

그렇다면 수도 운동은 왜 일어났을까? 여러 요인을 생각해 볼 수 있다. 우선 성경의 가르침을 따르려는 열망 때문이다. 신약성경에는 급진적인 제자도를 말씀하는 구절들이 등장하는데, 이런 말씀들이 많은 사람들에게 영감과 감동을 주었다. 단순하게 보자면 수도 운동은 복음을 더 철저하게 살기 위한 몸부림이었다. 이러한 말씀들을 보면, 예수님은 머리 둘 곳도 없이 여러 지역을 순례하며 복음을 전했다(마 8:20). 마태복음 19장 12절에는 다음과 같이 놀라운 말씀도 있다. "어머니의 태로부터 된 고자도 있고 사람이 만든 고자도 있고 **천국을 위하여 스스로 된 고자도 있도다**" 오리게네스는 이 말씀에 따라 실제로 거세한 것으로 알려져 있다. 마태복음 19장 21절에 따르면, 영생을 소원한 부자 청년은 천국에 들어가기 위해 모든 재산을 버리라는 명령을 받았다(마 19:21). "네가 **온전**하고자 할진대 가서 **네 소유를 팔아**

가난한 자들에게 주라 그리하면 하늘에서 보화가 네게 있으리라" 예수님은 또한 제자들에게 최소한의 필요를 충족할 만큼만 가지고 복음을 전하라고 가르쳤다.

> 열 두 제자를 부르사 둘씩 둘씩 보내시며 더러운 귀신을 제어하는 권세를 주시고 명하시되 여행을 위하여 **지팡이 외에는** 양식이나 배낭이나 전대의 돈이나 **아무것도 가지지 말며 신만 신고 두 벌 옷도 입지 말라** 하시고 또 이르시되 어디서든지 누구의 집에 들어가거든 그 곳을 떠나기까지 거기 유하라. 어느 곳에서든지 너희를 영접하지 아니하고 너희 말을 듣지도 아니하거든 거기서 나갈 때에 발 아래 먼지를 떨어버려 저희에게 증거를 삼으라 하시니 제자들이 나가서 회개하라 전파하고 많은 귀신을 쫓아내며 많은 병인에게 기름을 발라 고치더라 (막 6:7-13)

복음을 위해 모든 것을 버리라는 이러한 말씀들은 사도적 가난(apostolic poverty)이라는 이상적인 삶의 모태가 되었다. 이는 11-12세기 중세 탁발 수도회로 나타나기도 했다. 탁발 수도사들은 모든 재산을 버리고 구걸하며 복음을 전했다. 사도적 가난 외에도 바울은 또한 고린도 교인들에게 독신의 유익에 대해 말한다.

> 장가간 자는 세상일을 염려하여 어찌하여야 아내를 기쁘게 할까 하여 마음이 갈라지며 **시집가지 않은 자와 처녀는 주의 일을 염려하여 몸과 영을 다 거룩하게 하려 하되** 시집 간 자는 세상 일을 염려하여 어찌하여야 남편을 기쁘게 할까 하느니라(고전 7:33-34)

둘째, 수도주의는 교회의 세속화에 대한 반작용이었다. 초대 그리스도인들은 오랫동안 박해를 받았다. 이는 고난이었지만, 신앙은 더 단단해졌다. 하지만 313년 밀라노 칙령 이후 이전과는 달리 신자의 수가 급증했고, 불과 얼마전만 해도 상상할 수 없었던 부와 권력이 교회로 몰려들었다. 그러자 오히려 신앙은 약해졌고 형식적으로 변했다. 성공하면 변하는 사람들이 있는데, 이 당시 교회가 그랬다. 더 이상 예전의 순수함과 열정을 찾을 수 없었고, 이에 위기를 느낀 사람들이 사막으로 떠나기 시작했다. 앞서 말했듯이 순교가 사라진 시대 수도생활은 순교로 이해되었다.

셋째, 그리스-로마 종교와 철학 전통의 배경도 생각해 볼 수 있다. 유대교의 에센파는 사해 근처에 무리를 이루어 살아가면서 엄격한 생활과 경건을 강조했다. 일부 이교 종교들은 성적 활동을 악한 것으로 보았고 사제들은 금욕생활을 했다. 플라톤(Plato, B.C. c.428-c.347) 은 영혼을 육체보다 더 고귀하게 여겼고 영혼의 활동과 해방을 위해 육신을 억제해야 한다고 주장했다. 견유학파는 모든 재산을 다 버리고 구걸로 살아갔다. 스토아 철학자들은 극단적인 가난을 추구하지 않았지만, 현자의 가장 큰 적은 욕망과 정념이라고 주장했다.

2) 초대교회 수도주의 지형도

동방: 사막의 고독한 수도사

수도생활은 지역에 따라 다양한 형태로 발전되었다. 유현준 교수의『공간이 만든 공간』을 보면, 각 지역의 지리와 기후가 어떻게 다른 생활양식과 문화를 만드는지 알 수 있다.[4] 먼저 동방으로 가면, 크게 두 가지 형태를 볼 수 있다. 첫째는 은자적(anchorite) 유형, 즉 독수도생활이 있었다. 수도사들은 분주한 도시를 떠나 인적이 거의 닿지 않는 한적한 장소를 찾았다. 그들에게 사막, 특별히 이집트의 사막은 이상적인 장소였다. 광야는 성경에서도 영적인 훈련과 인내를 상징했다. 실제로 '수도사'라는 단어는 '고독한, 혼자의'를 뜻하는 헬라어(μοναχός, 모나코스)에서 유래되었다. 물론 사막의 은수자들이 늘 혼자만 지낸 것은 아니었다. 그들도 약간의 사회적 관계를 맺으며 살았는데, '압바'(Abba, 아버지)로 불린 경험이 풍부한 수도사들 밑에 그들의 가르침을 받는 제자들이 있었다. 하지만 사막 수도사들은 많은 시간을 독방에서 홀로 보냈다.

최초의 사막 수도사는 누구일까? 이는 알기 어렵다. 하지만 대표적인 사막의 수도사는 파울로스와 안토니오스이며 후대에 히에로니무스와 아타나시우스가 각각에 대해 전기를 남겼다. 파울로스는 3세기 사람으로 박해를 피해 사막으로 갔다가 위조범들이 버리고 간 은신처를 발견하고 거기서 살았다. 그는 이곳에서 대추야자만 먹으며 평생을 기도하면서 살았다. 파울로스는 이렇게 100년을 살았는데 그를 방문한 것은 야수들과 늙은 안토니오스 뿐이었다고 한다. 안토니오스는 아타나시우스가 쓴『안토니오스의 생애』로 인해 유명해진 인물이었다. 이 작품으로 인해 안토니오스는 동방 수도생활의 모범적인 인물이 되었다. 그의 생애는 곧 상세하게 설명할 것이다.

안토니오스의 영향으로 많은 사람들이 사막으로 몰려들었고, 니트리아, 켈리아, 스케티스 사막이 은거 생활의 중심지가 되었다. 이러한 곳에서 팜부스, 알렉산드리아의 마카리우스, 포이멘, 아르세니우스, 이사야와 같은 유명한 압바들이 나왔다. 사막 수도사들 가운데는 여자도 있었고, 이들은 사막 교모(Desert Mother) 혹은 암마(Amma, 어머니)라고 불렸다. 테오도라, 사라, 신클레티카가 대표적인 교모였다. 사막 수도사들의 가르침과 일화는 수집되어 4-5세기에 『사막 교부들의 금언집』(Apophthegmata patrum)으로 나왔다. 이 책은 사막 수도 영성의 보고이다. 『안토니오스의 생애』와 『라우수스의 역사』(Historia Lausiaca)와 같은 전기나 방문기도 기록되었다. 사막의 수도사들은 비교적 교육을 많이 받지 못한 사람들이었는데 이들 중에 독특한 수도사가 에바그리오스 폰티쿠스(Evagrius Ponticus, 345-399)였다. 그는 카파도키아 교부의 제자로 사막의 영성과 알렉산드리아 철학을 통합했다.

독수도사들은 안토니오스처럼 최소한의 필요만 채우는 엄격하면서도 매우 소박한 삶을 살았다. 그들의 대부분의 식량은 작은 빵이었고 가끔 야채, 과일, 기름을 조금씩 곁들어 먹었다. 사막 수도사들은 고기는 전혀 먹지 않았고 물도 절제했다. 보통 하루 한 끼 식사가 일반적이었다. 그들은 또한 맨발에 수염도 깎지 않았고, 최소한의 의복과 깔고 잘 수 있는 명석만을 소유했다. 심지어 교만의 근원이 될 수 있는 책의 소유도 거부했다.

사막 수도사들은 대부분 사막과 산 혹은 동굴에서 살았다. 스승과 제자가 함께 생활하기도 했지만, 대부분은 홀로 지냈다. 이들은 육신을 억제하는 혹독한 금욕생활을 훈련했다. 기도, 시편 찬송, 성경 암송으로 하루 대부분을 보냈고 금식과 철야 기도도 많이 했다. 또한, 그들은 맨바닥에서 자면서 거의 씻지 않았다. 수도사에게 목욕은 사치였다. 그러면서 그들은 존경받는 은자들이 전해 준 지혜의 말씀과 그들의 일화들을 서로 나눴다. 물론 독신도 철저히 지켰다. 하지만 비범해 보이는 사막 수도사들에게도 어김없이 위기가 찾아왔다. 때때로 그들은 독거의 지루함과 무료함, 끝이 보이지 않는 훈련으로 인해 우울증에 빠졌다. 아무도 없는 조용한 독방에서 왜 자신이 이렇게 살고 있는지에 대한 일종의 '현타'가 오는 것이다. 사막 수도사들은 이를 아케디아(*acedia*, 나태)라고 불렀다.

시리아에서는 이집트보다 더 엄격하고 때때로 기이한 형태의 금욕생활이 발전했다. 어떤 수도사는 무거운 쇠사슬과 그 비슷한 것들을 달고 격리되어 살거나 아예 잠을 자지 않으려고 했다. 가장 유명한 형태가 기둥 위에 앉아서 고행하는 것으로, 기둥 성자 시메온(Simeon Stylites, 390-459)이 대표적인 인물이었다. 그는 자신을 보기 위해 몰려든 무리를 피하기 위해 높은 기둥 위로 올라갔다. 처음에 4m 정도였던 기둥이 점점 더 높아져 급기야 16m까지 이르렀다. 신기하게도 시메온이 유명해지자 이를 모방하는 무리들이 늘어났다.

독수도생활에 비해 유명세는 조금 떨어지지만, 동방의 두 번째 수도생활의 유형은 바로 공동수도생활(cenobitic)이었다. 공동수도생활이 사막 수도생활과 다른 점은 일정한 수도규칙이 있었다는 것이었다. 공동수도생활 역시 창시자를 알 수 없지만, 파코미우스

(Pachomius, c. 286-345)가 이 운동을 조직하고 발전시키는 데 중요한 역할을 했다. 서방 수도원의 아버지인 베네딕투스가 그의 영향을 받은 것으로 알려져 있다. 파코미우스는 286년 이집트 남부의 작은 마을에서 태어났다. 이교도 가정에서 태어난 파코미우스는 군 복무 중 그리스도인들의 희생적인 섬김에 감동을 받아 회심했고, 그 역시 나중에 남을 섬기는 사람이 되겠다고 결심했다. 군에서 나온 후 파코미우스는 아마도 안토니오스의 영향으로 사막에 들어가 늙은 은자 밑에서 7년 동안 금욕생활을 했다. 그러던 중 그는 여러 차례 온 인류를 섬기라는 환상을 보았고, 수도생활의 방향을 공동생활로 전환했다.

공동수도생활은 수도규칙서를 바탕으로 엄격한 규율을 강조했다. 우선 수도사들은 수도원에서 같이 생활했다. 수도원은 공용으로 쓰는 교회, 창고, 식당, 회의실 등과 함께 작업실과 침실이 있었다. 수도사들은 재산을 완전히 포기하고 노동을 하며 어떠한 사역도 거부할 수 없었다. 또한, 윗사람에게 절대복종할 것을 서약했다. 수도원에는 계급제도가 분명했는데 각 숙사에는 사감이 있고, 사감은 수도원의 지도자와 부지도자 아래에 있었다. 이 지도자들 위에 수도원 전체를 담당하는 원장(abbot)이 있었다. 파코미우스 공동체의 일상생활은 예배와 노동으로 구성되었다. 그들은 "쉬지 말고 기도하라"(살전 5:18)는 바울의 가르침에 따라 일할 때도 시편을 노래하거나 성경을 암송하고 침묵으로 기도했다. 파코미우스 수도원에는 하루에 두 번 공동기도 시간이 있었다.

파코미우스는 사막 수도사와는 달리 극단적인 빈곤을 강요하지는 않았다. 음식은 사막 수도생활에 비해 조금은 더 하락되어 빵, 야채, 과일, 생선 등을 먹었지만, 고기는 금지되었다. 또한, 수도사들은 자신들이 수도원에서 만든 물품을 팔아 얻은 이윤으로 극빈자들과 나그네들을 돌보았다. 이런 점에서 고대 후기의 수도원은 나눔과 환대, 약자 돌봄의 중요한 장소가 되었다. 가난하고 병든 자를 돌보는 병원, 고아원, 호스텔 등이 수도원에서 나왔다.[5]

서방: 우리에게 익숙한 수도원 형태

서방 지역에서도 자체적으로 수도사들이 있었다. 또한, 동방의 수도주의 전통이 여러 경로를 통해 제국의 서쪽으로 전파되었다. 한편 많은 사람들이 직접 이집트를 방문해 자신들의 목격담을 전달해 주었다. 히에로니무스와 요한 카시아누스(John Cassian, c. 365-c. 433)가 대표적인 교부였다. 카시아누스는 이집트의 사막 수도사들로부터 배운 내용을 바탕으로 『제도서』(Institutiones)와 『담화집』(Conlationes)을 썼다. 이 책들은 이집트 독수도사들의 사상과 실천을 서방으로 전달하는 주된 통로가 되었다. 서방에도 동방처럼 독수도생활과 공동생활이 공존했지만, 독수도생활은 동방만큼 활발하지 않았다. 서방의 수도 생활은 규칙서에 의한 공동생활이 더 강했다.

베네딕투스(Benedict of Nursia, c. 480-c. 547)는 서방 수도주의의 영웅이었다. 그는 안토니오스보다 두 세기 이후의 사람으로, 서방교회는 베네딕투스를 안토니오스를 능가하는 수도 운동의 거인으로 만들고 싶었던 것 같다. 두 사람에 대한 전기에 제법 비슷한 사건이 많이 등장하는데, 이때마다 베네딕투스를 더 우월하게 묘사하고 있기 때문이다.

베네딕투스의 영향력은 고대를 넘어 중세에서도 절대적이었다. 대 그레고리우스의 『대화』(*Dialogues*) 2권에는 베네딕투스에 대한 유일한 전기가 남아있다. 베네딕투스는 480년 이탈리아의 작은 마을인 누르시아(Nursia)에서 태어났다. 베네딕투스는 로마의 귀족 계급 출신이었지만, 그의 삶은 호락호락하지 않았다. 베네딕투스는 동(East)고트족의 지배 아래에서 성장했고 아리우스파에 의한 박해도 경험했다. 20세즘 학업을 위해 로마로 간 그는 곧 로마의 부도덕함에 큰 실망을 느꼈고, 그후 얼마 지나지 않아 수비아코(Subiaco)에 있는 동굴에 들어가 3년간 홀로 수도생활을 했다. 이로인해 뜻밖의 명성을 얻은 베네딕투스는 근처 수도원의 수도원장으로 초빙되었지만, 개혁을 반대하는 수도사들의 음모와 질투로 인해 결국 그곳을 떠나게 되었다. 이후 12개의 작은 수도원을 세웠지만, 또다시 주변 사제들과의 충돌을 겪게 되었고 마지막으로 몬테카시노(Monte Cassino)로 이전해 수도공동체를 만들고 남은 생애를 그곳에서 보냈다.

베네딕투스가 서방 수도원의 아버지가 된 이유에는 그의 『수도규칙서』(*Rules*)가 큰 몫을 차지한다. 전체 73장으로 구성된 이 규칙서는 베네딕투스 수도원뿐만 아니라 이후 서방교회 수도 운동의 기본적인 틀이 되었다. 중세의 수도원 개혁운동은 거의 '베네딕투스로 돌아가자'(Back to Benedict)였다. 『수도규칙서』는 동방의 극단적인 금욕생활 대신에 엄격하기는 하지만 지나치지 않은 규범을 제시했다. 사막 수도사들은 약간의 빵과 소금, 그리고 물만 먹고 생활했지만, 베네딕투스는 수도사들에게 하루 두 끼의 식사를 제공했다. 수도사들은 두 가지 이상의 조리된 음식을 먹었다. 또한, 매일 적당한 양의 포도주를 받았고 가끔 싱싱한 과일과 채소도 먹었다. 적당한 채식 위주의 식사, 적당한 수면, 경건 생활이 수도회의 생활방식이었다.

정주(수도원에서 사는 것)와 순종이 베네딕투스 수도공동체의 중요한 두 가지 생활 원리였다. 수도사들은 이전 명령을 받지 않는 이상 처음에 가입한 수도원에 계속 머물러야 했다. 또한, 수도원의 규율과 수도원장에게 순종해야 했다. 물론 순종할 수 없다면 그 이유를 수도원장에게 말할 수 있었지만, 상급자가 계속 명령을 고수한다면 이를 따라야 했다. 수도사들은 잘못했을 경우 처음 두 번은 개인적인 권면을 받았다. 이 같은 조치에도 뉘우치지 않으면 공동체 앞에서 문책을 받았다. 그 다음 단계는 파문(excommunication)으로 성찬과 공동식사 참여가 금지되었고 모든 수도사와의 만남 역시 금지되었다. 이것도 소용이 없으면 채찍 체벌이 있었고 마지막은 공동체로부터 추방이었다. 그 후 수도사가 회개하면 다시 받아들였다. 이 과정은 세 번까지 허용되었으며 세 번째 추방된 사람은 다시 돌아올 수 없었다.

베네딕투스 수도원의 중심에는 예배가 있었다. 베네딕투스는 '하나님의 일'(Opus Dei)에 우선권을 두었고, 이에 따라 수도원에는 매일 여덟 번의 공동 기도 시간이 있었다. 수도사들은 낮에 일곱 번, 밤에 한 번 함께 모였다. 이는 시편 119편 62절, 164절을 따른 것이었다(62절: "내가 주의 의로운 규례들로 말미암아 **밤중에 일어나** 주께 감사하리이다"

164절: "주의 의로운 규례들로 말미암아 내가 **하루 일곱 번씩** 주를 찬양하나이다"). 이 기도 시간은 이후 '정시과'(canonical hours)로, 이를 행하는 것은 '성무일과'로 불렸다. 집회 시간 대부분은 시편 낭송, 찬송, 성경 강독으로 구성되었다. 시편은 한 주에 전체를 낭송할 수 있도록 배정되었고 성경 강독은 시간과 요일, 교회력에 따라 결정되었다. 이러한 성무일과를 통해 수도사들은 성경의 많은 부분을 암기할 수 있었다. 여덟 번의 기도 외에도 성경과 교부들의 글을 읽는 독서시간이 있었다.

기도와 영적 독서 사이에 노동시간이 있었고 이때 수도사들은 필사나 농사일을 했다. 성무일과를 하기 위해서는 책이 필요했기 때문에 수도사들은 성경 및 다른 책들을 필사했다. 노동과 관련해서 병에 걸렸거나 특별한 재능이 있는 사람을 제외하고는 모든 수도사가 순번제로 노동에 참여했다. 노동의 배분에서 병자와 노인, 어린아이들은 특별한 대우를 받았다. 고대사회의 부유층들과 귀족들은 육체적인 노동을 천하게 여겼지만, 수도원은 노동을 지성과 영적 활동과 같은 중요한 활동으로 여겼다. 수도원의 '기도하고 일하라'(*ora et labora*)는 표어는 바로 이런 원리에서 나왔다. 수도원은 또한 교육의 중심지가 되었고 병원, 약국 그리고 나그네를 영접하는 여관의 기능도 제공했다.

3) 수도사가 제국과 교회의 중심이 되다: 수도생활의 전파

수도주의는 로마 제국의 각 지역, 즉 동방으로는 소아시아, 팔레

스타인, 시리아 등으로, 서방으로는 이탈리아, 북아프리카, 에스파냐와 갈리아 등지로 확장되었다. 4-5세기에 수도 운동은 교회와 일상생활에도 침투하였다. 이 과정 중에 많은 공을 세운 사람들은 감독들과 신학자들로, 특히 수도사-주교들(monk-bishop)의 역할이 컸다. 고대 후기 주교 중 많은 사람들이 수도사 출신이었다. 이들은 수도생활과 교회적인 삶의 원리를 통합하려고 노력했다.

아타나시우스는 『안토니오스의 생애』를 저술했고 서방지역에 유배되었을 때에(갈리아: 335-337, 로마: 339-346) 동방의 수도생활을 알려주었다. 수도사이기도 했던 히에로니무스는 『은자 바울의 생애』를 집필했고 파코미우스의 『규율집』을 라틴어로 번역했다. 바실레이오스 역시 수도생활을 경험했고 신학 논쟁을 하는 와중에도 수도원을 설립했다. 그는 또한 수도사들을 위해 여러 논문도 작성했다. 『안토니오스의 생애』는 아우구스티누스의 회심에 영향을 주었다. 그는 히포의 감독이 되기 전 수도사로 살았고 감독이 된 후에도 반 수도적 공동체(semi-monastic community)를 만들었다. 그 역시 『수도 규율집』을 남겼다.

수도주의 혹은 금욕주의는 콘스탄티누스 이후부터 중세 말까지 약 천이백 년 이상 기독교 세계를 떠받친 큰 토대였다. 특히 교회가 위기에 처할 때마다 새로운 갱신의 힘을 불어넣었다. 교회 역사가 유스토 곤잘레스(Justo L. Gonzalez)는 교회사에서 수도 운동의 중요성을 다음과 같이 지적했다.

수도원 운동은 초기 단계에서 다양한 방향으로 진보할 가능성을 보여주었다. 초기 은둔자들의 독거생활로부터 진보하여 큰 공동체로 발전했는데 일부 공동체에는 수백 명의 수도사들이 있었다. 처음에는 서적과 학문을 멀리했으나 곧 히에로니무스, 아우구스티누스, 바실리우스 등의 학자들을 받아들였다. 원래 조직화된 교회의 생활 대부분을 거부한 평신도 운동을 감독들이 받아들였고 결국 모든 감독의 이상적인 표준이 되었다. 세월이 흐르는 동안 이와 같은 적응성이 지속되었다. 수백 년 후 수도사들이 선교사, 학자, 교사, 고대 문화의 전통 보존자, 신세계의 정착자, 군인 등이 되었다.[6]

3. 사막 수도생활과 그리스도의 완전함

1) 안토니오스, 참된 그리스도인의 모델을 제시하다

초기 수도생활: 이집트 마을에서

참된 그리스도인에 대한 요한의 생각은 사막 수도생활을 배경으로 한다. 사막 수도사들은 이에 대해 어떻게 생각했을까? 이는 『안토니오스의 생애』에 잘 나타나 있다.[7] 앞서 언급했듯이 사막 수도사의 아버지는 안토니오스이다. 그의 생애를 보면 사막 수도의 세계를 알 수 있다. 안토니오스의 전기는 어떻게 남게 되었을까? 안토니오스에 대한 소문이 이집트를 비롯한 동방 곳곳으로 퍼졌고, 많은 사람이 이 전설적인 수도사의 생애와 수도훈련을 몹시 궁금해했다. 아타나시우스는 이러한 요청에 응답하여 안토니오스 사후

2년만인 358년쯤에 전기를 저술했다. 안토니오스를 직접 보기도 했던 아타나시우스는 개인적인 존경을 담아 이 책을 써 내려갔다.

안토니오스가 살았던 시대는 초대교회의 격변기로, 교회에 대한 박해가 절정에 이르렀다가 뜻밖에 기독교가 공인되는 극적 반전이 일어났다. 삼위일체론, 기독론과 같은 핵심 교리가 정립되고 있었고 최초의 공의회인 니케아 공의회가 열렸다. 제국의 중앙무대에서 이러한 역사적인 사건이 벌어지고 있을 때 사람들의 관심 밖이었던 이집트 사막 어귀에서 또 다른 세계가 만들어지고 있었다. 하지만 당시에는 이 사막의 모래바람이 기독교 제국과 세계에 어떠한 결과를 낳을지 상상하지 못했을 것이다. 이처럼 역사를 움직이는 힘은 때때로 우리의 예상과는 다른 곳에서 오기도 한다.

『안토니오스의 생애』에 따르면, 안토니오스의 수도생활은 네 단계에 걸쳐 이루어졌다. 각 단계가 진행될수록 안토니오스는 세상으로부터 더 멀어졌고, 그만큼 그의 영성은 더 깊어졌다. 이를 통해 우리는 사막의 영웅이 하루아침에 만들어지지 않았다는 점을 알 수 있다. 수도생활 이전 출생과 어린 시절을 보면, 안토니오스는 이집트의 한 부유한 가정에서 251년경에 태어났다. 부모님의 이름은 알려져 있지 않고, 형제는 여동생 한 명이 있었다. 아타나시우스는 흥미롭게도 안토니오스가 수도사적인 기질을 타고났다고 기록한다. 안토니오스는 집에 홀로 있기를 좋아하는 은둔형이었고, 이 때문에 글도 배우지 않았다. 또한, 음식에 대한 욕심도 없었고, 교회도 열심히 다녔다.

안토니오스가 열여덟 혹은 스무 살 무렵에 안타깝게도 부모님이 돌아가셨다. 그는 많은 재산을 물려받았지만, 설명할 수 없는 공허함 때문에 힘들어했다. 6개월이 지난 어느 날 안토니오스는 인생의 큰 변화를 맞게 되었다. 바로 수도사가 되기로 결심한 것이었다. 교회에 가던 길에서 그는 사도들이 주님을 위해 모든 소유를 버린 말씀들(마 19:27; 눅 5:11)을 깊이 묵상했다. 『안토니오스의 생애』는 지속적으로 생각의 중요성을 강조하는데, 마음속에 무엇이 있느냐가 그 인생을 결정한다고 말한다. 당시 안토니오스의 마음에는 영적인 삶에 대한 열망이 가득했다.

마침 그때 교회에서 마태복음 19장 21절 말씀("네가 온전하고자 할진대 가서 네 소유를 팔아 가난한 자들에게 주라 그리하면 하늘에서 보화가 네게 있으리라")이 봉독되고 있었다. 안토니오스는 이를 자기에게 주시는 주님의 말씀으로 주저 없이 받아들여 그 즉시 부모님께 물려받은 엄청난 땅(24만 평)을 모두 마을 사람들에게 나누어 주었다. 그는 여기서 그치지 않고 다른 재산도 팔아 가난한 사람들에게 주었다. 물론 여동생을 위한 약간의 재산은 남겨둔채 말이다. 하지만 얼마 후 "내일 일을 염려하지 말라"(마 6:34)는 말씀에 따라 이마저도 처분했다. 안토니오스는 여동생을 교회의 동정녀 집단에 맡기고 이때부터 금욕생활을 시작했다.

첫 번째 단계는 집 앞, 곧 마을 밖에서 시작되었다. 안토니오스는 누구보다 금욕생활을 열심히 했다. 노동하며 기도하고 성경을 암송했고, 여기서 그치지 않고 주변의 훌륭한 원로를 찾아가 열심히 수도생활을 배웠다. 아타나시우스의 묘사를 들어보자 그는 자기가 방문했던 열성이 충만한 그 사람들에게 진심으로 순종했고, 그들에게 탁월한 열정과 금욕 수행을 배웠습니다. 그는 어떤 사람에게는 자비심, 또 다른 사람에게서는 기도에 대한 열정을 보았습니다. 어떤 사람 안에는 온유를, 또 다른 사람 안에서는 이웃에 대한 사랑을 관찰했습니다. 그는 사람들이 어떻게 철야를 혹은 성경 독서를 사랑했는지 보았습니다. 그는 어떤 사람의 인내에 대해, 또 다른 사람의 단식과 땅바닥에서 잠을 자는 습관에 대해 감탄했습니다. 그는 어떤 이의 온유와 또 다른 이의 관대함을 관찰했고, 그들 모두의 그리스도께 대한 신앙과 상호 사랑에 주목했습니다. 이런 식으로 충만하게 된 안토니오스는 자신이 금욕생활을 하던 곳으로 되돌아갔습니다. 그는 각 사람에게서 배운 모든 바를 실천하려고 노력했습니다.[8]

이와 같이 안토니오스의 열심은 대단해서 이 모든 것을 흡수하듯이 익혔고, 선에서는 누구에게도 뒤지지 않으려고 했다. 하지만 사탄은 이런 안토니오스를 몹시 못마땅하게 여기며 그를 집요하게 공격하기 시작했다. 독수도생활의 특징은 영적 전쟁이었다. 먼저 사탄은 나쁜 생각으로 안토니오스를 유혹했다. 버린 재산에 대한 기억, 여동생에 대한 걱정, 음식에 대한 갈망, 수도생활의 어려움, 자신의 나약함 등의 생각이 안토니오스를 괴롭혔다. 또한, 사탄은 여인의 모습으로 유혹하기도 했다. 이런 사탄의 매서운 공격에 안토니오스는 더 엄격한 금욕생활로 맞섰다. 그는 열심을 다해 기도하면서 온밤을 보냈고, 나흘에 한 번 식사를 하기도 했다. 맨바닥에서 잠을 자며 몸에 기름도 바르지 않았다. 안토니오스는 결국 주님의 도우심으로 승리할 수 있었다. 우리의 오해와는 달리, 『안토니오스의 생애』는 안토니오스의 금욕생활이 단지 인간의 노력만이 아닌 하나님의 은혜로 이루어지고 있다는 점을 보여준다. 『안토니오스의 생애』는 지속적으로 은혜와 겸손의 중요성을 강조한다.

무덤 속의 안토니오스

첫 번째 영적 전쟁에서 승리 후 안토니오스는 마을에서 멀리 떨어진 무덤으로 떠났다. 이것이 두 번째 단계로, 거기서 안토니오스는 지인이 간간이 전해주는 빵만 먹고 살았다. 금욕생활을 열심히 할수록 사탄의 공격은 더 거세졌고, 심지어 집단으로 몰려와 안토니오스를 때리기까지 했다. 그는 이 공격으로 쓰려져서 거의 죽을 뻔했지만, 마침 찾아온 친구 덕분에 겨우 목숨을 건질 수 있었다. 그래도 안토니오스가 포기하지 않자 사탄은 이제 환영으로 겁을 주었다. 어느 날 밤 사탄은 지진이 일어난 것처럼 꾸몄고, 무덤 속은 사자, 곰, 표범, 황소, 뱀, 독사, 전갈, 늑대의 환영으로 가득 찼다. 짐승들은 울부짖는 소리를 내며 안토니오스를 공격했다. 이러한 고통에도 불구하고 안토니오스는 정신으로 깨어 있으며 사탄을 비웃었다. 이러한 시간이 흘러 마침내 주님이 나타나 안토니오스를 온전히 회복시키시고 위로하셨다. 이때가 그의 나이 서른다섯으로, 수도생활을 시작한지 15년이 흘러갔을 때였다.

주님은 이 순간에도 안토니오스의 투쟁을 잊지 않으시고 그를 도우러 오셨습니다. 안토니오스가 위를 보자 지붕이 열려 있었던 것처럼 광선이 자기에게 내려오는 것을 보았습니다. 악령들은 갑자기 줄행랑쳤고, 그러자 육체의 고통이 멎고 집은 다시 원래 모습이 되었습니다. 안토니오스는 주님께서 자기를 도우셨음을 느꼈고 안도의 한숨을 내쉬었습니다. 고통에서 해방된 그는 자기에게 나타난 환영에게 이렇게 물었습니다. "어디 계셨나요? 제 고통을 끝내기 위해 왜 처음부터 나타나지 않으셨나요?" 그러자 안토니오스에게 소리가 들렸습니다. "안토니오스, 내가 여기 있지 않았느냐! 하지만 나는 네가 싸우는 것을 보려고 기다렸단다. 네가 저항하고 굴복하지 않았기 때문에 나는 항상 너의 도움이 될 것이고 네 이름이 어디서든 기억되게 하겠다." 이 말씀을 듣고 안토니오스는 일어나 기도했고, 그의 몸으로 훨씬 더 큰 힘을 느낄 정도로 위로를 받았습니다.[9]

사막으로

세 번째 단계는 사막의 요새에 거한 것이었다. 안토니오스는 지금까지의 관습을 깨고 사막의 피스피르(Pispir) 산으로 가서 버려진 요새에 머물렀다. 이 단계에서 안토니오스는 철저히 은둔 생활을 추구했다. 그는 밖에 나가지 않는 것은 물론이고 외부에서 방문한 사람도 만나지 않았다. 단지 일 년에 두 번 빵만 받았을 뿐이다. 그것도 사람을 피하기 위해 지붕을 통해서 받았다. 그렇게 그는 20년을 오직 금욕 훈련에만 몰두했다. 하지만 아무리 안토니오스가 자신을 숨기려 해도 자신의 뜻대로 되지 않았다. 그에 대한 소문이 금방 퍼졌고, 사람들은 이 사막의 영웅을 몹시 보고 싶어했다. 결국, 친구들이 굳게 닫힌 요새의 문을 부쉈고, 안토니오스는 비로소 사람들에게 모습을 나타냈다. 아타나시우스는 안토니오스가 흠잡을 데 없는 신령한 모습이었다고 전한다.

이제 안토니오스는 지도자로서의 모습을 보여주었다. 그는 먼저 수도사들의 스승이 되었다. 수도사들은 안토니오스를 찾아와 조언과 가르침을 구했고, 안토니오스는 자신의 오랜 경험에서 얻은 영적 지혜를 전했다. 그는 세상의 것을 생각하지 말고 영적 진보에 힘쓸 것을 권하면서 주님의 도우심을 구하고 겸손하라고 말했다. 안토니오스는 수도사들이 뭔가 거창한 것을 이룩한 것이 아니라고 강조했다. 안토니오스는 특히 수도생활을 방해하는 사탄의 계략과 유혹을 길게 설명했다. 그에 따르면 사탄은 불손한 생각과 환영, 그리고 거짓 예언으로 수도사들을 끊임없이 유혹하고 공격한다. 이로 인해 수도생활을 포기하게 만드는 것이다.

안토니오스는 사탄을 두려워하지 말고 그들의 말을 듣지 말라고 주의를 주었다. 특히 사탄은 아무것도 할 수 없기에 그들을 철저히 무시하라고 주장했다. 사탄은 철저히 무능력하기 때문에 위협만 하는 것이다. 안토니오스는 대신 주님을 의지하고 기도와 금욕 훈련을 더 열심히 하라고 조언했다. 그는 사탄의 공격은 수도사들을 영적으로 더 강하게 만드는 주님의 도구라고 주장했다. 안토니오스의 가르침에 수도사들은 큰 용기와 힘을 얻었다. 아타나시우스는 안토니오스의 영향으로 사막이 천상의 공간으로 변해가고 있음을 묘사한다.

그 산 위에 은수자들의 거처가 있었는데, 마치 시편을 노래하고 하나님 말씀을 묵상하고, 단식하고 기도하고 미래의 선에 대한 희망으로 기뻐하고, 자선을 하기 위해 노동하고, 상호 사랑과 조화 속에 생활했던 천상 합창대원들로 가득한 처소 같았습니다. 그리고 우리는 진실로 구별된 땅. 즉 경건과 의의 땅을 볼 수 있었습니다. 거기에는 불의를 당하거나 세리들로 인해 한탄했던 사람이라곤 없었고 금욕가들의 무리가 있었습니다. 모두에게 유일한 걱정은 덕에 대한 것이었습니다.[10]

이 시기에 안토니오스는 잠깐 은수처를 떠난 적이 있었다. 4세기 초 막시미누스 황제의 박해로 인한 순교자들을 위로하기 위해 알렉산드리아를 방문한 것이었다. 지금까지 안토니오스는 도시로부터 멀어지는 삶을 살았는데 이번에는 도시로 다가갔다. 그는 광산과 감옥에 있는 증거자들을 위해 봉사했고 법정에서 그들의 용기를 북돋아 주었다. 안토니오스 그 자신도 순교를 몹시 갈망했지만, 주님이 이를 허락하지 않았다. 다시 은수처로 돌아온 안토니오스는 이전보다 훨씬 더 엄격하게 금욕생활을 했다.

안토니오스는 이 때부터 자신을 찾아온 병자들을 치유해주었다. 마르티니아누스라는 관리의 귀신 들린 딸이 안토니오스를 통해 회복되었다. 그러나 안토니오스는 자신을 의지하지 말고 믿음에 따라 하나님께 기도하라고 조언했다. 이 소문을 듣고 많은 병자들이 안토니오스에게 몰려들었지만, 안토니오스는 그들을 직접 만나지 않았다. 안토니오스는 그들에게 주님의 손을 의지할 것을 강조했고, 그들은 안토니오스의 독방 밖에 머물면서 믿음으로 기도하며 치료받았다.

더 깊은 곳으로

마지막 네 번째 단계는 내적 사막으로 물러남이었다. 안토니오스는 인적이 거의 닿지 않는 더 깊은 사막으로 물러나길 원했다. 무엇보다도 사람들로 인해 수도생활의 평화가 깨졌기 때문이었다. 하나님은 이런 안토니오스의 바람대로 그를 내적 사막으로 인도해 주었다. 그곳은 사막에서 가장 높은 산으로, 안토니오스는 여기서 홀로 머물며 약간의 농사를 지었다. 이는 빵을 공급해주는 수도사들의 수고와 번거로움을 덜어주기 위해서였다. 안토니오스는 이곳에서 창조 세계와도 조화롭게 지냈는데, 아타나시우스는 들짐승들이 안토니오스의 말에 순종했다고 전한다. 악령들은 여전히 그를 소리로, 불꽃으로, 여러 환영으로 못살게 굴었지만, 안토니오스는 기도와 금식, 십자 성호로 흔들림 없이 이를 이겨냈다.

세 번째 단계부터 이제 영적 전쟁은 안토니오스의 수도생활의 중심을 차지하지 않았다. 대신에 원숙한 금욕의 스승으로서 안토니오스는 모든 사람을 이끌었다. 그는 대중을 피하려고 했지만, 신기하게도 더 많은 사람들이 그를 따랐다. 시리아 수도사를 연구한 브라운의 적절한 지적처럼 세상에 대한 포기가 오히려 지도력을 얻게했다.[11] 안토니오스는 병자를 고치고 귀신을 내쫓았으며 예언하고 환상을 보았다. 특히 그는 신비한 체험을 많이 했는데, 여러 병을 고치며 사막에서 죽어가는 사람을 살렸을 뿐만 아니라 죽은 영혼이 하늘로 올라가는 것도 보았고 미래에 일어날 일도 예견했다. 하지만 안토니오스는 그 가운데서 겸손을 잃지 않으려고 노력했고, 주교와 사제를 존경하며 사람들에게 배우기를 주저하지 않았다. 이후 그의 영향력은 더욱 커져서 권력자와 고위층도 사막을 방문했고, 심지어 황제까지 그의 조언을 구했다. 그래도 그는 우쭐대지 않았다.

이 시기에 안토니오스는 변증 사역도 감당했다. 멜레티우스파, 마니교,* 아리우스주의를 비판했고, 이교도 철학자들과 기독교 신앙의 우위에 대해 논했다. 철학자들과의 논쟁은 놀라운 일이었는데, 안토니오스가 문맹이었기 때문이다. 그러나 그는 하나님의 지혜가 세속의 학문보다 훨씬 뛰어남을 증거하며 신앙에서 믿음이 이성보다 우선이라는 점을 가르쳤다. 아타나시우스는 안토니오스의 이러한 모든 선한 영향력을 감동스러운 언어로 표현한다.

> 고통 중에 그에게 갔다가 기쁨 중에 돌아오지 않는 사람은 누구입니까? 자신의 죽음을 탄식하면서 그에게 갔다가 즉시 슬픔을 내려놓지 않는 사람은 누구입니까? 화나서 그에게 갔다가 사랑의 감정으로 돌아서지 않은 사람은 누구입니까? 자신의 가난으로 괴로워한 사

---

* 멜레티우스파는 리코폴리스의 주교 멜레티우스(Melitius of Lycopolis, c.305-327)를 따르는 초대교회의 분파였다. 멜레티우스는 306-311년의 박해 동안 배교한 그리스도인들에 대한 관대한 태도에 이의를 제기하며 알렉산드리아 교회로부터 분리했다. 마니교는 '빛의 사도' 또는 최고의 '빛을 비추는 자'로 알려진 예언자 마니(Mani, c.210-c.276)가 페르시아에서 창시한 이원론적 종교운동으로 초대교회로부터 이단으로 정죄되었다. 마니교의 가르침에 따르면 선과 악은 완전히 구분되며, 소수의 선택된 자들만이 엄격한 금욕생활을 통해 악으로부터 완전히 자유로울 수 있다.

람이 안토니오스를 만나러 와서 그의 말을 경청하고 그를 보면서 부를 경멸하지 않은 적이 어디 있으며, 자신의 가난에서 위로를 발견하지 않은 적이 있단 말입니까? 수도사가 용기를 잃고서 안토니오스에게 갔다가 더 굳건해지지 않은 적이 있습니까? 젊은이가 산에 올라가서 안토니오스를 보고서 즉시 쾌락들이 사라지는 것을 느끼지 않은 적이 있습니까? 절제를 사랑하지 않은 적이 있단 말입니까? 악령의 괴롭힘을 받은 누군가가 안토니오스에게 갔다가 악령에게서 자유로워지지 않은 적이 한 번이라도 있단 말입니까? 생각들로 괴롭힘을 당한 누군가가 안토니오스에게 갔다가 정신의 평화를 발견하지 않은 적이 있단 말입니까?[12]

사막의 수도사 안토니오스는 어느덧 105세가 되었다. 흥미롭게도 그는 자기 죽음을 하나님으로부터 미리 통보받았고, 이를 따랐다. 『100세 철학자의 행복론』의 저자 김형석 교수는 100세가 되어보니 이제 인생이 무엇인지 보인다고 주장하면서 "나는 행복했습니다. 여러분도 행복하세요"라고 말한다.[13] 이 말은 단순하지만, 큰 울림을 준다. 안토니오스 역시 그렇지 않았을까? 사실 안토니오스에게 이때는 모든 일이 잘될 때였다. 그렇게 힘들었던 금욕 생활도, 사탄과의 싸움도 그저 평범한 일상에 지나지 않았을 것이다. 그는 원로 수도사로, 많은 사람의 영적 스승이 되었다. 가르침, 영적 체험, 기적과 치유 등이 최절정에 도달했다. 보통 사람이라면 지금을 더 누리고 싶었을 것이다. 어쩌면 이것이 안토니오스의 마지막 시험이었을지도 모른다. 하지만 안토니오스는 두 번도 생각하지 않고 하나님의 뜻을 받아들였다. 그는 생애 내내 하나님께 의문을 가지거나 따지지 않았고, 그저 순종했다. 안토니오스의 삶은 사막 수도 생활의 특징인 단순한 삶(simple life) 그 자체였다.

마지막으로 안토니오스는 수도사들에게 유언과 같은 가르침을 주었다. 이집트에는 거룩한 순교자의 시체를 땅에 묻지 않고 침대보에 싸서 집에 보관하는 전통이 있었다. 이는 일종의 순교자 공경이었던 것 같다. 안토니오스는 이를 비판하며 대신 매장해달라고 강권했다. 356년 안토니오스는 사랑하는 제자들의 품 속에서 숨을 거두었다. 그의 무덤은 제자들 이외에는 아무에게도 알려지지 않았고 남긴 재산이라고는 외투 몇 벌이 전부였다. 아타나시우스에 따르면 안토니오스는 마지막 모습까지도 어떤 흐트러짐이 없었다.

> 그는 노년에도 값비싼 음식에 대한 갈망에 굴복하지 않았고, 육체의 연약함으로 복식을 바꾸거나 발만이라도 씻으려는 유혹에도 넘어가지 않았습니다. 그럼에도 불구하고 그는 최상의 건강을 유지했습니다. 그는 눈이 매우 건강하여 잘 보았고(신 34:7), 치아를 하나도 잃지 않았지만, 나이가 많이 들어 잇몸 아래가 닳았을 뿐입니다. 손과 발은 건강했습니다. 다양한 음식을 먹고 항상 몸을 씻고 다양한 옷을 걸치는 사람들보다 안토니오스는 언제나 더 활기차고 강하게 보였습니다.[14]

2) 사막 수도 정신과 신앙의 본질

떠남과 분리: 근본정신

사막 수도사들이 추구한 참된 그리스도인의 삶은 구체적으로 어떠했을까? 몇가지 대표적인 요소를 『안토니오스의 생애』와 특히 사막교부들의 가르침을 모은 『사막 교부들의 금언집』을 통해 정리할 수 있을 것이다.[15] 첫째, 세상을 떠나는 것이다. 세상으로부터의 도피는 사막 수도생활의 본질이었다. 사막 수도사들은 세상의 권력과 부, 명성을 완전히 포기했는데, 이를 실제적으로 보여주는 것이 세상을 떠나는 것이었다. 『사막의 지혜』(Wisdom of Desert)라는 책에서 성공회 신학자 로완 윌리엄스(Rowan Williams)는 사막 수도의 본질이 사실상 도피가 아니라 함께 더불어 사는 삶이라고 설명했다. 즉, 수도생활의 본래 목적이 이웃의 유익과 구원에 있다는 것이다.[16]

물론 사막의 수도사들에게도 이웃 사랑은 간과할 수 없는 중요한 덕목이었지만, 사막 수도의 본질을 압도할 만큼은 아니었다. 그들에게 가장 중요한 문제는 자신의 구원문제였다. 안토니오스의 생애에서 보았듯이 그의 영적 훈련이 깊어질수록, 더 인적이 닿지 않는 깊은 곳으로 물러났고, 마지막은 세상을 떠나는 죽음이었다. 『안토니오스의 생애』에는 수도생활에 방해를 받지 않기 위해 사람들의 무리로부터 떠나는 안토니오스의 모습을 볼 수 있다. 이는 수도생활의 평온함 (tranquility)을 지키기 위해서였다. 안토니오스는 물고기의 비유를 들면서 떠남과 분리가 가진 독특한 힘을 표현한다.

물고기가 마른 땅에 오래 있으면 죽는 것처럼, 수도사가 독방 밖에서 어슬렁거리거나 세상 사람들과 시간을 보내면 고요함의 힘을 잃어버립니다. 그러므로 바다로 돌아가려고 서두르는 물고기처럼 우리도

독방으로 돌아가려고 서둘러야 합니다.[17]

　사막 교부에게는 세속과의 분리에서 오는 범접할 수 없는 영혼의
고귀함과 위엄이 있었다. 그러나 수도사가 세상에 오래 있으면 그 힘
을 잃어버린다. 안토니오스는 사람들의 요청으로 어쩔 수 없이 도시
를 방문했지만, 곧장 자신의 독방으로 돌아갔다. 도시에서는 영혼의
평화를 누릴 수 없었기 때문이었다. 한때 황실의 가정교사였던 아르
세니우스(Arsenius)역시 같은 생각을 가졌다. 그는 여러 번 하나님께
구원의 길로 인도해달라고 기도했는데, 그럴 때마다 같은 응답을 받
았다.

> 압바 아르세니우스가 아직 황궁에 살던 시절에 하나님께 이렇게 기
> 도했습니다. "주님, 저를 구원의 길로 이끄소서." 그러자 이런 소리가
> 그에게 들려왔습니다. "아르세니우스, 사람들을 피해라. 그러면 구원
> 받을 것이다."
> 고독한 생활로 물러난 후 그는 다시 같은 기도를 했고, 이렇게 말하
> 는 소리를 들었습니다. "아르세니우스, 달아나라, 침묵하라, 항상 기
> 도하라. 이것들이 무죄함의 원천이기 때문이다."[18]

　사막교부에게 구원은 떠남으로부터 시작되었다. 그들은 번잡한
도시에서는 세속적인 욕망과 죄를 이길 수 없다고 생각했다. 그렇기
에 사막의 많은 압바들은 죄 많은 세상으로부터의 도피를 수도생활
의 핵심 요소로 꼽았다. 원숙한 압바 마카리우스(Macarius the Great)

는 압바 아이오(Aio)에게 다음과 같이 조언했다.

> 압바 아이오가 압바 마카리우스에게 청했습니다. "한 말씀 해 주십시
> 오." 압바 마카리우스가 말했습니다. "사람들을 피하십시오. 독방에
> 머무십시오. 자기 죄에 대해 우십시오. 사람들과의 대화에서 기쁨을
> 얻지 마십시오. 그러면 구원받을 것입니다."[19]

사람 피하기, 독방에 머물기, 자기 돌아보기와 회개, 침묵. 이 중
에 단연 으뜸은 사람들로부터 피하기이다. 앞서 말한 아르세니우스
는 사막에서도 관계의 즐거움을 누리지 않았다. 그는 주변의 동료나
제자들을 만나지 않았는데, 이에 대해 압바 마르쿠스가 불만을 제기
했다. 이때 아르세니우스는 그들을 사랑하지만, 하나님과 함께 하는
것과 사람들과 함께 하는 것은 같이 갈 수 없다고 답했다. 압바 포이
멘(Poemen)은 심지어 가족도 멀리했다. 어느 날 포이멘의 어머니가
그와 형제들을 만나기 위해 찾아왔다. 수도사의 가족들은 이렇게 한
번씩 독방을 방문하곤 했지만, 포이멘과 형제들은 어머니를 보자마
자 단호하게 돌아서서 독방의 문을 닫아 버렸다. 어머니는 잠시만 만
나자고 울면서 간청했지만, 이는 이루어지지 않았다.

페르메의 테오도루스(Theodore of Pherme)는 수도사는 아예 동정
심 자체를 끊어야 한다고 단언한다. 영혼의 평화는 사람들 사이에서
는 얻을 수 없다.

> 그가 또 말했습니다. "독방의 감미로움을 알게 된 사람은 자기 이웃

에게서 달아납니다. 그러나 이웃을 경멸해서 그런 것은 아닙니다."
그가 또 말했습니다. "이 동정심들을 끊어 버리지 않는다면 저는 수
도사가 되지 못할 것입니다."[20]

세상을 떠난 사막 수도사는 영적인 순례를 시작했다. 떠남은 완결
이 아니라 천국을 향한 순례의 시작이었다. 오리게네스는 광야(사막)
를 통과하는 이스라엘 백성의 행진을 42단계로 이루어진 영적 여행
의 이미지로 묘사했다. 수도사는 한 단계씩 유혹을 정복하며 전진한
다. 파코미우스의 제자이며 후계자인 테오도루스(Theodore)는 수도
생활은 동방으로 가는 상징적 여정이라고 말한다. 그 길이 좁고 위험
하기 때문에 길을 완전히 잃지 않으려면 이쪽저쪽으로 조금도 벗어
나서는 안 된다. 길의 왼쪽에는 육적인 욕망이 있고 오른쪽에는 교만
이 있다. 테오도루스에 따르면, 동방에 잘 도착한 수도사는 보좌에 앉
아 계신 주님을 볼 것이며, 주님은 무사히 도착한 자에게 면류관을 씌
워 준다.

재산 버리기와 포기:
"네 모든 것을 버리고 나를 따르라"

둘째, 수도사는 세상에 속한 모든 것을 다 포기해야 했다. 이것을
가장 잘 보여주는 것이 재산을 버리는 것이었다. 고대교회는 이를 '자
발적 가난'(voluntary poverty)이라고 불렀다. 안토니오스는 수도사로
부름을 받고 부모님으로부터 받은 24만 평의 어마어마한 땅을 사람

들에게 나누어 주었다. 이것이 가능한 일이었을까? 왜 이렇게 했을까? 재산을 가진 채 수도생활을 할 수는 없을까? 안토니오스의 한 일화가 이에 대한 답을 준다. 어느 날 자신을 위해 어느 정도의 재산을 남겨둔 어떤 수도사가 안토니오스에게 찾아왔다. 안토니오스는 그에게 마을에서 고기를 사서 그의 헐벗은 몸에 묶고 다시 여기로 오라고 말했다. 수도사는 돌아오는 길에 개들과 새들의 공격으로 몸에 많은 상처를 입었다. 안토니오스는 갈기갈기 찢어진 수도사의 몸을 보면서 부를 유지하려는 수도사는 이렇게 사탄의 공격을 받을 것이라고 경고했다.

　소유욕은 인간의 본성이다. 사막 교부들도 이 본성 자체를 부정하지는 않은 것 같다. 문제는 절제가 되지 않는다는 점이다. 무언가를 가지면 더 가지고 싶고, 그러다 보면 욕심이 끝이 없다는 것이다. 바울이 말했듯이 탐심은 일만 악의 뿌리이다(딤전 6:10). 수도사들은 이 싹을 자르기 위해 소유를 버리는 길을 선택했다. 그만큼 인간이 약하기 때문이었다. 페르메의 테오도루스는 누군가로부터 받은 책 때문에 고민을 했다.

　　페르메의 압바 테오도루스는 양서 세 권을 얻었습니다. 그가 압바 마카리우스에게 가서 말했습니다. "저는 훌륭한 책 세 권을 가지고 있는데, 거기서 유익을 얻었습니다. 형제들도 그 책들을 사용하여 유익을 얻었습니다. 제가 어떻게 해야 하는지 말씀해 주십시오. 저와 형제들의 유익을 위해 그것들을 계속 가지고 있어야 합니까? 아니면 그것들을 팔아서 그 돈을 가난한 사람들에게 주어야 합니까?" 그러자 원로는 이렇게 답했습니다. "당신의 행동도 좋지만, 가장 좋은 것은 가난입니다(아무것도 소유하지 않는 것입니다)." 이 말을 듣고 그는 가서 자기 책들을 팔아 그 돈을 가난한 사람들에게 주었습니다.[21]

고대에서 책이 귀중품이었다는 점을 고려하면 마카리우스의 조언은 이해할 만하다. 그럼 생활필수품은 어떻게 했을까? 사막교부들은 여기서도 단호한 태도를 보였다.

> 갈라디아 사람 압바 대 바울(Paul the Great)이 말했습니다. "자기 독방에 몇 가지 필요한 작은 물건을 가지고 있으면서 그것들 때문에 마음 쓰며 외출하는 수도사는 악령들의 노리개입니다. 저 자신이 이런 경험을 했습니다."[22]
> 그(압바 팜부스, Pambo)가 또 말했습니다. "수도사는 자기 독방 밖에 두어도 사흘 동안 아무도 가져가지 않는 그런 옷을 입어야 합니다."[23]

사막 수도사들은 그야말로 생존을 위한 최소한의 소유만을 가졌다. 안토니오스는 낡은 옷 두 벌만을 남겼는데, 겉옷 하나, 외투 하나가 그의 소유의 전부였다. 수도사들은 이러한 것들도 탐심이 일어나지 않도록 가장 질이 낮은 것을 사용했다.

『사막 교부들의 금언집』을 읽다 보면 이상한 일들이 계속 반복되는 것을 볼 수 있다. 바로 교부들의 독방이 도둑맞는 장면이다. 정말 보잘것없는 물건을 훔쳐 가는 것도 신기하지만, 피해자의 반응이 더 이해되지 않는다. 대 마카리우스는 자신의 물건을 훔치는 도둑을 오히려 태연히 도왔다.

압바 마카리우스가 이집트에 있을 때 짐 운반용 동물을 가져와 그의 물건을 훔치는 사람을 발견했습니다. 그래서 그는 마치 낯선 사람처럼 도둑에게 다가와 짐 싣는 일을 도와주었고 매우 평화롭게 도둑을 배웅하며 말했습니다. "우리가 세상에 아무 것도 가지고 온 것이 없으매 또한 아무것도 가지고 가지 못하리니"(딤전 6:7). "주신 이도 여호와시요 거두신 이도 여호와시니 여호와의 이름이 찬송을 받으실지니이다"(욥 1:21).[24]

수도사들의 이러한 자발적 가난은 완전한 선으로 여겨졌다. 그들은 마태복음 19장 21절[**]을 온전히 지킨 사람들로 간주되었고, 이로 인해 수도사들은 일등 그리스도인이 될 수 있었다. 순교가 사라진 시대에 그들은 순교자의 영예를 안았으며, 존재 자체가 빛나는 자들이 바로 사막의 은자들이었다. 사막의 교모 신클레티카(Syncletica)에 따르면 가난은 수도사의 영혼을 강력하게 만든다.

복된 신클레티카는 가난이 완전한 선인지 질문을 받았습니다. 그녀는 말했습니다. "그럴 능력이 있는 사람에게 가난은 정말 완전한 선입니다. 가난을 견딜 수 있는 사람은 육체는 고통을 당하지만, 영혼은 평온합니다. 거친 옷을 발로 짓밟고 강하게 돌리면서 빠는 것처럼, 강한 영혼은 자발적 가난으로 인해 훨씬 더 강해집니다."[25]

[**] "네가 온전하고자 할진대 가서 네 소유를 팔아 가난한 자들에게 주라."

욕망 다스리기

셋째, 엄격한 금욕생활이다. 사막 교부들은 인간을 대단하게 보지 않았다. 인간은 욕망 덩어리로, 조금만 방심하면 금방 욕망의 노예가 되고 만다. 이것이 수도사들이 때로는 기이할 정도로 금욕생활을 했던 이유였다. 사막 교부들은 성생활은 물론이거니와 먹고, 마시고, 자고, 이야기하고, 교제하는 것 등, 인간이 기본적으로 누릴 수 있는 모든 것을 최대한 절제했다. 압바 다니엘(Daniel)은 이러한 수도 정신을 다음과 같이 요약했다.

> 압바 다니엘이 다시 말했습니다. "영혼이 쇠약해진 만큼 육체는 왕성해집니다. 육체가 쇠약해진 만큼 영혼은 왕성해집니다."[26]

사막 수도사에게 영혼과 육체는 함께 갈 수 없는 것이었다. 포이멘에 따르면 온갖 육체적인 안락은 혐오스러운 것이다. 안일함과 편안함은 수도생활을 파괴하고 주님에게서 멀어지게 한다. 이런 점에서 사막 수도생활은 점차적으로 몸을 죽이는 것이었다. 대표적인 훈련이 성욕 절제였다. 독신을 서약했지만, 수도사도 사람인지라 성욕에서 완전히 자유로울 수 없었다. 그래서 그들은 여자를 피했다. 압바다니엘은 여성 문제로 고민하는 제자에게 다음과 같이 답했다.

> "절대 여자와 함께 접시에 손을 담그지 마십시오. 그리고 절대 그녀와 함께 먹지 마십시오. 그렇게 함으로써 간음의 악령에게서 조금씩

달아날 것입니다."[27]

　사막은 시소에스(Sisoes)의 제자의 말처럼 여자가 없는 곳이었다. 여자와 함께 하는 것은 사막에서 금기였다. 어떤 수도사는 60년 동안 단 한 번도 여자를 보지 않았다. 자기를 기억해달라는 여인의 부탁에 아르세니우스는 오히려 그 기억을 지워달라고 기도했다. 사탄이 이 경로를 통해 공격하기 때문이었다.

　음식 역시 마찬가지였다. 사막 교부들의 주된 양식은 소량의 빵으로, 약간의 채소와 과일도 곱지 않은 시선으로 보았다. 메게티우스(Megethius)는 빵 한 개로 이틀을 보냈다. 크소이우스(Xoius)는 하루에 빵 세 개를 먹은 제자를 크게 책망했고, 또한 포도주를 마셔서는 안 된다고 경고했다. 한 원로 수도사는 수도사가 하루 한 끼만 먹어야 한다고 가르쳤는데, 만일 세 끼를 먹는다면 짐승이라고 정죄했다. 이러한 이유로 사막 수도사들은 금식을 자주했다. 사르마타(Sarmatas)는 40일 금식을 자주 하면서 더 이상 참을 수 없을 때 식사하고 물을 마셨다. 심지어 피오르(Pior)는 식사의 즐거움을 느끼지 않으려고 걸어 다니면서 식사했다.

　잠도 문제거리였기 때문에 아르세니우스는 밤새 기도하고 아침에 잠깐 눈을 붙였다. 잠을 "사악한 종"이라고 부른 아르세니우스는 수도사는 한 시간의 수면이면 충분하다고 주장했다. 베사리온(Bessarion)은 가시덤불 속에서 14일 동안 자지 않았고, 더 나아가 14년 동안 눕지 않았다. 시소에스는 잠을 이기려고 벼랑 끝에 매달리

기도 했다. 이외에도 수도사들은 여러 고행을 자처하면서 추위, 헐벗음, 악취, 태양에 그을리기, 야외에서 생활하기 등을 견뎠다. 암마 사라(Sarah)는 60년 동안 강가에 살면서 단 한 번도 경치를 보지 않았다.

영적 훈련과 자기 돌아봄

넷째, 사막 수도사는 영적 훈련을 통해 성장했다. 포이멘에 따르면 사막 수도사는 손노동, 한 끼의 식사, 침묵과 묵상, 기도, 모욕 참기를 하며 하루를 보낸다. 이는 손노동, 묵상, 기도로 요약되기도 했다. 사막 수도사의 삶은 기도의 삶이었다. 어떤 수도사는 하루에 700번까지 기도했는데, 사막 교부들은 "쉬지 말고 기도하라"라는 말씀(살전 5:17)에 따라 일하면서도 기도했다. 압바 아킬레스(Achilles)는 밤새 밧줄을 꼬면서 창세기 말씀을 묵상했다. 난쟁이 요한(John the Dwarf)은 다른 일을 마친 후 마음의 평정이 회복될 때까지 기도와 묵상과 시편 낭송에 전념했다. 사막의 수도사들은 모든 일을 성경에 따라 하도록 힘썼다. 사막은 영적 전쟁의 장소로, 악령은 수도사들을 유혹하거나 근심, 걱정에 휩싸이게 했다. 그들의 목적은 수도생활을 포기하게 만드는 것이다. 안토니오스와 같은 사막의 은자들은 영적 생활로 이러한 유혹을 이겼다. 이러한 영적인 일들과 함께 그들은 새끼꼬기, 돗자리, 그물 만들기, 필사 등 여러 가지 노동을 했다.

수도사들은 또한 자주 자신을 돌아보며 회개했다. 안토니오스의 말처럼 사막 수도사들은 세상을 떠났으므로 비교적 외부적인 유혹에는 자유로웠다. 이제 그들이 주의를 기울여야 할 대상은 바로 자신의 마음과 생각이었다. 알렉산드리아 대주교 테오필루스(Theophilus)는 니트리아 산에서 한 원로를 만났다. 수도생활의 가장 좋은 점이 무엇이냐는 테오필루스의 질문에 원로는 "항상 자신을 고발하고 책망하는 것"이라고 답했다. 니스테루스(Nisterus)는 아침, 저녁으로 하나님이 기뻐하시는 일을 했는지, 혹시 그분이 원하시지 않는 삶을 살지는 않았는지 항상 되돌아보았다. 그는 수도사는 이러한 회개를 평생 해야 한다고 가르쳤다.

자기 죄에 대해 울기와 맞닿아 있는 일이 타인에 대한 정죄 금지였다. 사막 교부들은 죄를 살피는 매서운 눈빛은 자신을 향해야 한다고 주장했다. 어떤 수도사의 죄를 판결하기 위한 모임이 스케티스에서 열렸고, 압바 모세(Moses)는 가기 싫었지만, 요청하는 사람들 때문에 어쩔 수 없이 참석했다. 모세가 그 자리에 물이 새는 주전자를 가지고 오자 사람들이 의아해하며 물었다.

> "압바, 이것이 무엇입니까?" 원로가 대답했습니다. "내 죄가 뒤로 줄 줄 새 나오는데, 나는 그것을 보지 못합니다. 그런데 오늘 나는 다른 형제의 잘못을 심판하러 왔습니다." 그들은 이 말을 듣고 그 형제에게 더 이상 아무 말도 하지 않고 그를 용서했습니다.[28]

모세는 "형제의 눈 속에 있는 티를 보기보다는 네 눈 속에 있는 들보를 보라"라는 말씀(마 7:3)을 몸소 실천하고 있었다.

고독과 침묵: 수도사는 독방에서 만들어진다

사막 수도생활과 제자도의 다섯째 특징은 바로 고독과 침묵이었다. 사막 수도사들은 대부분의 시간을 홀로 보냈다. 초기에는 동굴이나 무덤, 폐건물 등이 수도사의 거처였고 이후 점차적으로 독방(cell)이 만들어졌다. 사막 교부들은 공통적으로 수도사는 독방에서 만들어진다고 강조한다. 한 형제가 스케티스에 있는 모세에게 찾아와 수도생활에 대한 가르침을 구했다. 모세의 답변은 짧지만 울림이 있다. "가서 독방에 앉으십시오. 그러면 독방이 모든 것을 가르쳐 줄 것입니다."[29] 압바 세라피온(Serapion) 역시 자신을 찾아온 형제에게 같은 조언을 했다.

> "내 아들아, 만일 네가 유익을 얻고 싶다면 독방에서 인내하고 너 자신과 손노동에 주의를 기울여라. 이렇게 외출하는 것은 독방에 머무르는 것만큼 너에게 유익하지 않기 때문이다."[30]

하지만 온종일 독방에 머무르는 일은 따분했고, 수도사들은 자주 외출의 유혹을 받았다. 그럴 때마다 원로들의 조언은 한결같았다. 바로 독방에 머무르라는 것이었다. 아르세니우스를 찾아온 어떤 수도사에 관한 이야기이다. 그는 "자신은 금식도 노동도 할 수 없으니 병자를 방문하라는 생각에 시달리고 있다"라고 말했다. 그는 고통받는 이웃을 위로하는 것은 선하지 않냐고 은근히 아르세니우스의 허락을 구했다. 아르세니우스는 이것이 사탄의 유혹임을 깨닫고 다음과 같이 말했다.

> "가서 먹고 마시고 잠자고 일하지 마십시오. 하지만 오직 독방만은
> 떠나지 마십시오." 그는 독방의 인내가 수도사로서의 모습을 만든다
> 는 점을 알고 있었기 때문입니다.[31]

기도, 묵상, 노동은 사막 수도 훈련의 핵심적인 요소였지만, 이보다 더 중요한 것이 독방에 머무르기였다. 아르세니우스는 하고 싶은 대로 하되, 독방만은 떠나지 말라고 조언한다. 독방이 모든 것을 만든다는 모세의 가르침은 결코 과장이 아니었다.

수도사들은 또한 침묵을 강조했다. 그 목적은 내적인 평화를 얻는 것이었다. 대 마카리우스는 집회 직후 수도사들에게 말을 절제할 것을 상기시킨다.

> 압바 대 마카리우스가 집회를 마치면서 스케티스의 형제들에게 말했
> 습니다. "형제들, 피하십시오." 한 원로가 그에게 물었습니다. "우리가
> 이 사막보다 더 멀리 어디로 피할 수 있단 말입니까?" 그는 자기 입
> 술에 손가락을 대고 말했습니다. "이것을 피하십시오." 그리고 자기
> 독방으로 들어가 문을 닫고 앉았습니다.[32]

오랜만에 만난 수도사들이 얼마나 서로 이야기하고 싶었을까? 마카리우스는 이것이 수도사의 본분에 맞지 않다고 생각했다. 포이멘

에 따르면 침묵은 수도사에게 닥친 고통과 시련을 이기는 방법이다. 시소에스는 죄를 짓지 않도록 기도하기보다는 혀를 제어하도록 30년 동안 기도했다. 혀를 지키면 죄를 짓지 않기 때문이었다.

사막 수도사들의 가르침에서 침묵은 수도생활의 핵심으로 제시된다. 안드레아스(Andrew)는 수도사들은 유배, 가난, 침묵 속에서의 인내를 명심해야 한다고 말했다. 수도사가 해야 할 일에 대한 질문에 베사리온(Bessarion)은 침묵과 남과 비교하지 않기라고 답했다. 제논(Zeno)은 침묵이 금식보다 더 중요하다고 주장한다. 어느 마을에 금식을 많이 해서 '금식가'라고 불리는 수도사가 있었다. 제논은 그를 초청해서 같이 잠깐 기도하고는 아무 말도 하지 않았다. 긴 침묵에 지루해진 수도사는 마을로 돌아가겠다고 답했는데, 그때 제논은 일정한 시간(9시)에 식사하고 무슨 일을 하든지 침묵을 연습하라고 권했다.

안토니오스의 예에서 보았듯이, 영웅은 하루아침에 만들어지지 않았다. 수도사들은 스스로 다 이루었다고 자만하지 않았고, 부족함을 인정하고 완성을 위해 계속 노력했다. 수도생활에 염증을 느낀 어떤 수도사가 페르메의 테오도루스를 찾아왔다. 그는 8년 동안의 수도생활에도 불구하고 아무런 진전이 없어 보이는 자신이 답답하다고 불평했다. 이에 대해 테오도루스는 자신은 사막에 온지 70년이 지났지만, 아직도 만족할 만한 영적상태에 이르지 못했다고 답했다. 아가톤(Agathon)은 침묵에 익숙해지기 위해 3년이나 돌을 물고 다녔다. 사막의 은자들은 이상과 같은 요소들을 그리스도의 완전함에 이르는 길로 여겼다.

3장. 요한과 수도사의 완전함: 좁은 문으로 들어가는 수도사

1. 두 문(마 7:13-14)에 대한 해석

앞장에서 사막의 수도 전통은 참된 제자도에 대한 질문에서 시작되었다는 점을 보여주었다. 사막의 은자들은 떠남, 금욕, 포기, 영적 훈련 등으로 형성된 그리스도인의 정체성을 제시했다. 그렇다면 요한은 그리스도인다움을 어디에서 찾았을까? 3장에서는 이러한 배경 속에서 수도주의에 대한 요한의 입장을 다룰 것이다. 먼저 마태복음 7장 13-14절의 두 문에 대한 요한의 해석을 설명한 후, 안티오키아의 금욕주의에 대해 이야기할 것이다. 안티오키아의 수도생활이 참된 제자도에 대한 요한의 이해에 직접적인 배경이 되기 때문이다. 마지막으로 요한이 수도사만을 참된 그리스도인으로 본 이유들을 분석할 것이다.

두 문에 대한 해석과 관련하여 379년에서 383년 사이에 기록된 것 (29-33세)으로 추정되는 『수도적 삶 반대자』에서 요한은 마태복음 7장 14절의 '영생으로 인도하는 좁은 문'은 실피우스 산에서 거룩한 삶을 추구하는 수도사라고 해석한다. 이 시기는 악화된 건강으로 인해 수도생활을 단념하고 안티오키아로 돌아온 지 얼마 지나지 않은 때로 요한에게는 아직 수도적 삶에 대한 강렬한 열망이 남아있었을 것이다. 하지만 요한의 이러한 반응은 당시 세계에서는 낯선 것이 아니었다. 사막의 암마 테오도라(Theodora)는 수도사만이 영생으로 들어간다고 주장한다.

암마 테오도라가 말했습니다. "좁은 문으로 들어가려고 노력합시다. 나무들이 겨울 폭풍 전에 서지 않으면 열매를 맺을 수 없듯이 우리 역시 마찬가지입니다. 현 세대는 폭풍이므로 오직 많은 시험과 유혹 을 통해서만 우리는 하늘 나라의 유산을 얻을 수 있습니다."[1]

수도생활이 좁은 문이라면 '멸망으로 인도하는 넓은 문'은 도시에 서의 삶이었다. 요한은 사막과 도시를 이분법적으로 이해하면서 도 시에 거주하는 대다수 사람들의 구원은 보장되지 않았다고 경고한 다. 구원의 대한 관심은 사막 수도생활을 관통하는 주요 주제였다. 『사막 교부들의 금언집』에는 "한 말씀 해 주십시오", 구체적으로 "어떻 게 해야 구원받을 수 있습니까"라는 질문이 자주 등장한다. 이 질문이 바로 그들이 수도사가 된 이유였다. 이와 같이 안토니오스가 만든 기 독교적인 완전함이 당시 믿음생활의 표준이 되었다. 아우구스티누스 의 친구였던 베레쿤두스(Verecundus)는 수도적 삶 이외에는 어떤 회 심도 가치가 없다고 주장했다. 히에로니무스는 또한 흥미롭게도 씨 뿌리는 자의 비유를 기독교인의 위계질서 관점에서 해석했다. 100배 의 열매는 처녀(virgins), 60배는 독신과부(celibate widow), 30배는 결 혼한 일반사람들을 의미했다. 히에로니무스에 따르면, 처녀들의 등 급이 가장 높고 일반 성도들은 가장 낮다.

요한도 동일한 세계 속에서 수도생활을 바라보면서 성경의 경고 가 그리스도의 선언임을 명심하라고 지적한다. 좁은 문 설교에서 예 수님의 의도는 다수가 멸망 당하고 오직 소수만이 구원받는 것을 선 언하는 것이다. 요한은 이것을 분명하게 보여주는 예가 노아 이야기라고 말한다. 하나님이 홍수로 세상을 심판하실 때 오직 노아와 그의 가족 몇 명만이 살 수 있었다. 요한은 여기서 엘리자베스 클라크(Elizabeth Clark)의 연구가 보여주듯이 금욕주의적 관점으로 성경을 해석하면서 오래된 구약 본문과 청중 간의 간격을 줄이고 실제적인 적용을 제시하려고 한다.[2]

소수의 수도사만이 영생의 길로 걸어간다. 요한은 심지어 수도사들 가운데서도 구원받지 못할 사람이 있을 수 있다는 암시를 풍긴다. 사람들의 예상보다 훨씬 더 적은 사람이 영생에 이를 수 있을 것이다. 요한에 따르면 우리는 그리스도로부터 완전한 진리를 받았기 때문에 하나님의 진노와 심판은 노아 때보다 훨씬 더 크다. 그의 수도 여정을 고려해보면 이 사람들은 이집트와 시리아 수도 전통에서 최고의 단계로 여겨지는 독수도사일 것이다. 앞으로 좀 더 자세히 설명하겠지만 요한이 여기서 행위 구원론을 주장하는 것은 아닌 것 같다. 본문 자체가 제자의 삶과 구원에 대해 말하고 있기 때문이다.

좁은 문이 수도생활이라는 해석에 대해 요한이 세운 가상의 반대자(imaginary opponent)는 다음과 같은 질문을 제기한다. 모든 사람들이 하나님의 심판을 피하고자 모든 것을 버리고 산이나 사막으로 떠나야 하는가? 여기서 요한은 고전 수사학에서 가상의 대화자와의 질문과 답변 형식으로 자신의 논점을 설명하는 "대화 논증 기법"(διάλεξις, 디아렉시스)을 사용한다. 이에 대한 요한의 대답은 "아니다"이다. 단 조건이 있는데, 도시가 완벽한 덕의 장소가 된다면 아무도 수도사가 될 필요가 없으며, 기존의 수도사들은 도시로 다시 돌아와야 한다. 하지만 현실은 이와 반대다. 요한은 자신의 경험을 떠올리며 안티오키아와 같은 도시는 부정과 불의로 가득 차 있다고 주장한다. 악한 사탄이 도시를 완전히 장악하고 있고, 사람들을 유혹하여 선과 덕스러움 대신 죄와 욕망의 쾌락에 빠지게 한다.

요한은 이러한 상황 속에서 도시에서 그리스도인답게 사는 것은 거의 불가능하다고 판단했다. 이러한 생각은 사막 수도 운동이 출현하게 된 배경이기도 했다. 요한은 현실적으로 도시에 사는 사람들보다는 수도사들, 그리고 수도사 중에서도 완전한 수도적 삶을 실천하는 은자들이 구원에 더 가깝다고 믿었다. 얀 스텐저(Jan R. Stenger)의 지적처럼, 요한은 장소, 즉 도시와 시골(산)에 따라 거룩의 정도가 차이 난다고 생각했기 때문에 비록 힘들고 고난이 따르는 좁은 문이라도 해도 수도사가 되라고 권고한다.[3]

2. 4세기 안티오키아에서의 금욕주의

요한이 살고 있던 시리아 안티오키아에도 수도주의가 번창했다. 엄격한 형태의 금욕주의가 초대교회 시작부터 시리아와 메소포타미아에 발생했다. 파코미우스의 제자, 특히 마르 아우겐(Mar Awgen)이 시리아에 수도 운동을 소개한 것으로 알려져 있다. 안토니오스로 대표되는 이집트 수도 운동의 이상이 시리아에도 영향을 주었지만, 시리아 금욕주의는 또한 메소포타미아와 에데사(Edessa), 니시비스(Nisibis)에서 독립적인 형태로 발전했다. 이들은 복음서의 가르침에 따라 모든 재산을 버리고 집을 떠났다. 그들은 이 세상에서 천국으로 향하는 외국인이었기 때문에 세상으로부터 철저히 분리되려고 했다. 특히 결혼을 포기하고 이를 천사의 삶에 참여하는 것으로 간주했다. 어떤 공동체는 자신들을 '언약의 아들 혹은 딸'로 부르며 독신을 세례의 조건으로 요구했다. 시리아 수도사들은 독신 이외에도 단순한 삶과 자발적인 가난을 추구했는데 흥미롭게도 안토니오스의 후예들과는 달리 교회와 도시 사역에 적극적으로 동참했다.

시리아 교부 아프라하트(Aphrahat, c. 270-c. 345), 에프렘(Ephrem, c. 306-373)과 디오도로스(Theodoret of Cyrus, c. 393-c. 457)는 기이한 시리아 수도사의 이야기를 들려준다. 수도사들은 인적이 닿지 않는 곳에서 문명을 완전히 부정하며 마치 야생 짐승처럼 살았다. 그들은 맨바닥에서 추위나 더위를 그대로 맞서며 살았고, 옷도 입지 않고 뿌리식물이나 야생 열매를 먹었다. 수염과 머리털을 깎지 않아 덥수룩했고 손톱도 매우 길었다. 어떤 수도사는 자기 몸을 쇠사슬로 바위에 고정하기도 했고 목에 무거운 멍에를 메기도 했다. 심지어 순교를 열망하여 야생 짐승에게 뛰어든 사람도 있었다.

문명을 거부하는 삶의 형태는 타락 이전의 에덴동산에서의 아담의 상태로 돌아가는 것으로 여겨졌다. 이처럼 최초의 복된 상태로의 복귀는 수도 문헌의 공통적인 주제였다. 안토니오스가 깊은 산에 정착한 것은 아담과 하와가 은혜로부터 타락하기 전에 살았던 상황을 상기시킨다. 아타나시우스에 따르면 안토니오스는 그곳에서 정원을 가꾸었는데, 그 정원은 의심할 여지 없이 에덴을 상징했다. 안토니오스는 아담이 야생 동물을 지배했었던 것처럼 자신의 정원에 들어와 작물을 망가뜨린 야생 동물을 꾸짖었다. 동물을 지배하는 것은 다른 사막문헌에도 등장한다. 수도사 아모운(Amoun)은 황량한 사막으로부터 두 마리의 큰 뱀을 불러 그의 독방을 지키게 했다.

시리아 수도 운동은 안티오키아의 기독교 문화와 경건에 큰 영향을 주었다. 시리아 전통에 따라 안티오키아의 수도주의 역시 성적 금욕을 크게 명예롭게 여겼다. 이곳에도 메소포타미아의 '언약의 아들과 딸의 공동체'에 상응하는 자발적인 금욕모임이 있었는데, 이들 역시 독신과 자발적인 가난을 강조했다. 이러한 모임은 안티오키아 그리스도인들 사이에 유행이 되었고, 요한도 디오도로스의 수도학교에서 여기에 참여했다. 어떤 수도사는 요한이 동굴에서 그랬던 것처럼 자신의 욕망을 죽이기 위해 혹독하게 금욕생활을 했다.

4세기 중반 안티오키아에는 다양한 형태의 수도생활이 있었고, 크게 도시 내, 도시 외로 나눠졌다. 즉, 도시에 머문 수도사들이 있었고, 도시 밖에서 홀로 혹은 공동으로 수도생활을 하는 무리도 있었다. 마틴 이얼트(Martin Illert)는 안티오키아에는 도시 내 수도 운동이 훨씬 인기가 높았다고 주장한다. 사막이나 산에 거주하는 은수자의 수가 그렇게 많지 않았다는 것이다.[4] 하지만 4-5세기 교회 역사가 디오도로스는 이와 다른 증언을 한다. 그에 따르면 요한의 시대에 실피우스 산비탈은 수도사의 작은 오두막으로 가득 차 있었다. 디오도로스는 당시 유명했던 수도사 이름을 알려준다. "갈라디아 사람 페트루스(Petrus), 그와 이름이 같은 이집트인, 로마누스(Romanus), 세베루스

(Severus), 제노(Zeno), 모세(Moses), 말고(Malchus), 세상은 모르지만, 하나님은 아는 다른 많은 사람들이 있습니다."[5]

시리아 금욕주의의 큰 특징은 사막과 도시의 경계가 날카롭게 분리되지 않는다는 점이었다. 브라운은 시리아의 사막은 결코 사막이 아니라고 주장한다. 시리아에서 사막으로 간다는 것은 정착지의 변두리로 가는 것이다. 따라서 도시에 사는 사람은 주요 수도장소에 쉽게 접근할 수 있었다.[6] 안티오키아에는 실피우스 산이 가장 가까웠고 긴다루스(Gindarus)의 수도원이 있었던 아마누스(Amanus) 산, 텔레다(Teleda)산이 고요한 삶을 꿈꾸는 경건한 그리스도인에게 이상적인 장소였다. 텔레다는 5-6세기 시리아 수도원 확장의 중심이 되었다. 수도원이 도시와 가까웠기 때문에 많은 사람이 수도원을 자주 방문했다. 수도원은 기도와 도움, 영적 지도를 받고 싶어 하는 사람들로 붐볐는데, 그 중에서 단순한 호기심에 이끌려 오는 사람도 있었다. 시리아 수도사들은 대중으로부터 큰 존경을 받았다. 그리고 도시가 위기를 겪을 때 종종 수도사가 내려오기도 했는데 이때 고위 관료들이 그들을 영접했다.

3. 요한은 왜 수도사를 이상적으로 보았을까?

1) 참된 그리스도인

좁은 문과 넓은 문에 대한 요한의 해석은 수도생활에 관한 그의 평가에 기반을 둔 것이다. 요한은 왜 수도생활만을 구원의 길로 이해했을까? 먼저 앞에서 간단히 언급했듯이 요한은 수도사야말로 가장 완전한 그리스도인의 삶을 보여준다고 믿었기 때문이다. 만일 이 시기에 요한에게 "어떤 사람이 그리스도인인가?"라고 질문했다면 그는 망설임 없이 수도사라고 답변했을 것이다. 그는 수도사를 상당히 이상적으로 바라보고 있었다.

여기서는 요한의 이러한 생각을 잘 대변하는 두 개의 작품을 집중적으로 살펴볼 것이다. 먼저 『왕과 수도사 비교』(*Comparatio regis et monachi*)이다. 요한이 18세에서 21세이던 368년에서 371년 사이에 기록된 것으로 보이는 이 책은 수도사는 진정한 철학자이며 왕보다 더 탁월하다고 주장한다. 요한은 여기서 안티오키아의 그리스도인들에게 세상을 떠나 수도사의 삶을 살 것을 권한다. 이 작품은 수사학 장르 중 하나인 '비교'(σύνκρισις, 쉰크리시스)양식으로 기록되었다.[7] '왕보다 자유로운 삶'이라는 주제는 스토아 철학자 에픽테토스의 사상을 요약한 『편람』(*Encheiridion*)을 떠오르게 한다. 에픽테토스는 노예였지만 철학의 위대함을 찬양하며 철학자의 삶이 어떠한 왕보다도 더 자유롭다고 말했다. 수도주의에 심취해 있던 요한은 자신의 글에서 기독교 금욕주의와 그리스 철학과 문화를 비교하며 수도사의 우월성을 선언하고 있다.

또 다른 작품은 『수도적 삶 반대자』이다. 이 책은 수도사를 핍박했던 안티오키아 사람들을 대상으로 쓴 수도주의 변증서이다. 요한은 수도사는 최고의 그리스도인일 뿐만 아니라 그리스 교육이 지향하는 최고의 인간상이라고 주장한다. 따라서 그는 기독교인, 심지어 이교도 부모들도 자녀교육을 수도사에게 맡겨야 한다고 말한다. 이 책에 "경건한 기독교 황제들"(βασιλέων ὄντων εὐσεβῶν, 바실레온 온톤 유세본)이라는 표현이 등장하는데, 학자들은 이를 근거로 이 책이 니케아 신앙 지지자인 그라티아누스(Gratianus, 375-383)과 테오도시우스 1세(Theodosius I, 379-395) 시절인 379년에서 383년 사이에 기록되었을 것으로 추정한다.

완전한 신앙에 관한 논의를 보면, 『왕과 수도사 비교』에서 요한은 대부분의 사람들은 돈, 권력, 명예를 추구하지만, 수도사는 이러한 것들에 관심을 두지 않는다고 주장한다. 수도생활의 가장 큰 특징 중 하나는 세상을 떠나는 것이었다. 이는 세속적인 가치관을 단호하게 거부한다는 뜻이었다. 수도사는 세상의 것들에 얽매이지 않을 뿐만 아니라 내적으로도 강인하다. 그의 영혼은 평안하며 화, 시기, 탐욕, 쾌락, 욕망을 다스리며 심지어 죽음도 두려워하지 않는다. 그의 삶은 이만큼 고귀하고 거룩하다. 요한에 따르면, 수도생활은 "덕의 운동선수"로 불릴 만큼 모든 생활에 있어서 완벽하다. 또한, 수도사는 가지고 있는 것에 만족하며 단순하게 살아간다. 옷 한 벌로 한 해를 살아가고 물 한 잔을 마시면서 고급 포도주를 마시는 사람들보다 더 큰 기쁨을 누린다. 요한은 수도생활이야말로 고대 철학자들이 높게 여긴 내적 자유, 평정(평온), 자기 절제를 완벽하게 보여준다고 믿었다.

그들(수도사들)의 은둔처에서 즉시 그들의 평온함의 첫 징후를 관찰하십시오. 그들은 시장과 도시와 사람들 사이에서의 소란을 떠나 산에서의 삶을 선택했습니다. 그 삶은 현재의 것과 공통된 것이 아무것도 없고, 사람들의 불행과 세상의 슬픔, 비탄, 슬픔, 큰 걱정, 위험, 음모, 시기, 질투, 불법적인 정욕을 겪지 않습니다. 이런 종류의 것은 어떤 것도 없습니다. 이곳에서 그들은 이미 왕국의 일들을 묵상하며, 매우 조용하고 고독하게 숲과 산과 샘, 그리고 무엇보다도 하나님과 대화를 나눕니다. 그리고 그들의 독방은 모든 혼란으로부터 깨끗하며, 그들의 영혼은 모든 욕망과 질병으로부터 자유롭고 세련되고 가벼우며 가장 깨끗한 공기보다 훨씬 더 순수합니다. 그리고 그들의 일은 태초, 범죄 이전의 아담이 영광을 입고 하나님과 자유롭게 대화하며 큰 축복이 가득한 곳에 살았던 것과도 같습니다.[8]

수도사들은 기도와 묵상, 참회의 삶을 살아간다. 저녁 식사 혹은 성찬 후 다 함께 찬양을 부르는 수도사들의 모습은 경외심을 불러 일으킨다. 요한은 이 거룩한 찬양을 배워야 한다고 말한다.

나를 어릴 때부터 먹이시며 모든 육체에게 먹을 것을 주시는 찬송 받으실 하나님, 우리 마음을 기쁨과 즐거움으로 가득하게 하사 우리가 항상 넉넉하여 우리 주 그리스도 예수 안에서 모든 선한 일에 넘치게 하길 원합니다. 그리스도와 성령과 함께 당신께 영광과 존귀와 능력이 영원히 있기를 바랍니다. 아멘. 오 주님, 당신께 영광을 드립니다. 오 거룩하신 분이여, 당신께 영광을 드립니다. 오 왕이시여, 당신께 영광을 드리니 우리 마음이 기쁘도록 우리에게 양식을 주시길 원합니다. 우리를 성령으로 충만하게 하사 당신께서 각 사람에게 그의 행한 대로 갚으실 때 우리가 주 앞에 부끄럽지 않고 만족스럽게 되길 원합니다.[9]

수도 문헌에는 모든 것을 초탈한 수도사의 모습이 자주 등장한다. 아타나시우스는 그의 영웅 안토니오스를 이같이 묘사한다. 안토니오스는 20년 이상 홀로 요새 속에 숨어 살았지만, 그의 몸과 정신은 누구보다 건강했다. 그가 55세라는 점이 믿기지 않을 정도였다. 안토니오스를 본 모든 사람은 놀랐다. 앞서 인용한 부분을 다시 한번 보자.

> 안토니오스는 처음으로 작은 요새 밖에서 자기를 찾아왔던 사람들에게 모습을 드러냈습니다. 그의 몸은 보통 때처럼 건강해 보였습니다. 운동 부족으로 인해 비만이지도 않았고 단식이나 악령들과의 싸움으로 인해 마르지도 않았습니다. 그는 고독 속으로 물러나기 전 그들이 보았던 그대로였습니다. 그의 영혼은 순수했습니다. 그는 슬픔으로 수척하지도 않았고 쾌락으로 고삐가 풀리지도 않았으며 웃음이나 고뇌에 사로잡히지도 않았습니다. 그는 군중을 보는 것에 불안을 느끼지 않았고, 많은 사람이 자기에게 인사했다고 즐거워하지 않았습니다. 오히려 마치 이성을 지배하는 누군가처럼 그리고 자기 원래 상태에 있는 사람처럼 온전히 한결같은 모습으로 남아있었습니다.[10]

수도사는 타락한 세상에서 유일한 희망이었다. 수도사를 완전한 그리스도인의 전형으로 본 요한은 모든 그리스도인이 이 길을 걸어가야 한다고 주장했다. 비록 현실에서의 가능성은 거의 없지만, 초기에도 그의 기본적인 입장은 모든 신자들이 수도사처럼 살아야 한다는 것이었다. 요한이 안티오키아의 성도들을 설득하기 위해 수도사의 모범을 사용한 것은 고대 덕 철학(virtue ethics)을 배경으로 하고 있다. 고대 철학자, 특히 스토아 철학자는 대중들을 덕스러운 삶으로 인도하기 위해 예로부터 존경받던 인물들에 관해 자주 이야기했고, 사람들은 이런 이야기에서 용기와 힘을 얻었다. 요한 역시 이같은 방법을 사용하여 성경의 위대한 신앙의 선조들, 아브라함, 요셉, 모세, 욥, 바울, 신약의 여성 등을 덕의 모델로 제시하면서 그들의 삶을 본받으라고 권고했다. 요한은 스토리텔링의 대가였고 수도사 역시 중요한 모범으로 사용했다.[11]

문제는 당시 사람들의 잘못된 편견이었다. 『수도적 삶 반대자』에 따르면 사람들은 수도사가 평범한 사람보다 더 높은 삶의 기준을 가지고 있다고 생각했다. 수도사는 일류 천국 시민이요, 일반 사람은 이류이다. 수도사는 특별하고 거룩한 사람들이기 때문에 세속의 사람들이 범접할 수 없는 기준이 있다고 여겼다. 사막의 금욕주의는 사람들이 모르는 사이에 영적 엘리트주의를 만들고 있었다. 이러한 생각은 일상을 살아가는 신자의 신앙의 태만을 정당화하는데 오용되기도 했다. 요한은 이런 분리를 비판하면서 모든 사람은 동일한 삶의 기준을 가진다고 주장한다. 수도사와 일반 그리스도인의 차이는 결혼 여부밖에 없다. 요한은 어떤 사람이 죄를 짓는다면 그가 수도사인지 아닌지 상관없이 하나님으로부터 똑같은 심판을 받을 것이라고 말한다.

> 만일 여러분이 세상 사람에게 이런 기준이 있고 수도사에게는 다른 기준이 있다고 생각한다면 여러분 자신을 완전히 속이며 크게 실수하는 것입니다. 이들의 차이점은 한 사람은 결혼했고 다른 한 사람은 그렇지 않았다는 것입니다. 모든 점에서 그들은 같은 이야기를 해야 합니다. 세상에 사는 사람이든지 수도사든지 이유 없이 형제에게 화내는 사람

은 똑같이 하나님을 대적합니다. 여자를 음흉하게 쳐다보는 사람은 그의 삶의 형태가 어떠하든지 상관없이 간음에 대한 동일한 심판을 받을 것입니다.[12]

요한에 따르면 우리가 분리를 만든 것이지 그리스도는 수도사와 사람들 간에 어떠한 구분도 하지 않았다. 요한은 예수님뿐만 아니라 바울 역시 모든 사람이 수도사의 완전함에 도달해야 함을 가르친다고 말한다. 그들은 수도사처럼 검소하게 살아야 하며 화를 절제하고 돈을 사랑하지 않고 헛된 명예와 세상의 가치를 추구해서는 안 된다. 또한, 그리스도가 제자를 사랑하신 것처럼 모든 사람도 서로 사랑해야 한다.

> 바울이 우리에게 수도사와 제자뿐만 아니라 그리스도 그 자신을 본받으라고 명령하고 그들을 본받지 않는 자들에게 가장 큰 심판을 말했는데 어떻게 여러분이 이 삶의 방식이 더 높다고 말할 수 있습니까? 모든 사람은 반드시 같은 지점에 도달해야 합니다! 수도사만이 완전함을 보여야 하며 나머지 사람들은 느슨하게 살아가도 된다는 것은 온 세상을 뒤집어엎는 생각입니다. 이것은 사실이 아닙니다! 정말 아닙니다! 오히려 바울은 모든 사람에게 같은 철학이 요구된다고 말합니다. 그리고 저 자신 역시 이 점을 가장 강력하게 단언합니다. 아니 제가 아니라 우리를 심판하실 그분께서 그렇게 하십니다.[13]

여기서 요한은 '고대 철학적 삶'을 염두에 두었을 것이다. 고대에서 철학은 프랑스 철학자 아도가 잘 지적했듯이 이론과 논리에 머무는 것이 아니라 궁극적으로 어떻게 살아야 하는가의 문제, 즉 삶의 방식(way of life)에 관한 것이었다. 고대 철학자들은 어떤 삶의 방식이 인간의 참된 본성을 실현하고 행복한 삶에 이르게 하는지 고민했다. 철학적 삶의 요소는 내적 평화와 자유, 자발적 가난, 음식과 성생활 자제 등의 금욕생활, 욕망 억제, 자연에 대한 묵상 등이었다.[14] 견유학 파(Cynics)와 스토아학파는 검소함, 특히 음식과 마실 것의 검소함을 강조했다. 사실상 다른 철학 학파도 단순한 삶의 정신을 공유했다.

이러한 사상적 배경 속에서 요한은 기독교 수도주의는 '새로운 철학'(new philosophy)이라고 주장하며 몇 가지 차별성을 둔다.[15] 우선 이는 모든 사람이 추구해야 하는 바이다. 철학자들은 자신의 학파의 고유한 삶을 모든 사람에게 제시하지 않았다. 그것은 학파 사람들, 특히 시민 이상의 소수의 엘리트에게 제한되었다. 그러나 요한은 참된 철학적 삶인 수도주의는 그리스도인이라면 남녀노소 관계없이 누구나 따라야 한다고 주장한다. 사회 공동체 모두에게 같은 윤리 규범을 제시하는 것은 고대사회에서 기독교의 큰 기여이기도 했다. 교회는 탁월한 덕의 공동체를 추구했다. 둘째, 요한은 성도들에게 세상 사람들과 구별될 것을 요구한다. 플라톤과 스토아 철학자들은 온화함, 인내, 악을 선으로 갚기 등 높은 도덕성을 강조했다. 이에 대해 요한은 우리는 하나님의 말씀에 따라 이교도보다 훨씬 더 높은 도덕적인 삶을 살아야 한다고 주장한다. 이를 위해 우리는 부름 받았다. 요한은 "그리스도인은 더 힘든 전쟁터에서 더 높은 이상을 추구해야 합니다"라고 말한다.[16]

2) 천사와 같은 삶: 한 마음, 한 영혼

요한에 따르면 수도사는 이 땅에서 천사와 같다. 시리아 수도 전통에서 천사적인 삶의 중요한 요소는 독신과 성적 금욕이었다. '언약의 아들들 혹은 딸들'로 불린 공동체는 독신을 세례의 조건으로 넣었고 그 상태를 계속 유지할 것을 엄격하게 요구했다. 시리아 번역 성경 누가복음 20장 35-36절을 바탕으로 독신 수도사들은 결혼하지 않는 천사들의 삶에 이미 참여하고 있다고 믿었다. 즉, 부활의 영광스러운 상태를 현재 누리고 있는 것이다.[17] 페트루스 크리솔로거스(Peter Chrysoslogus, c. 380-c. 450)는 한 걸음 더 나아가 동정녀가 천사보다 훨씬 낫다고 주장한다. 천사가 본성으로 가지고 있는 가장 복된 상태를 그들은 덕으로 직접 얻었기 때문이다. 천상의 삶의 사는 금욕의 삶은 자연스럽게 구원에 있어서 특권의 길로 간주되었다.

4세기 중반쯤에 이르면 이 개념은 더 확장되어 금욕생활의 거의 모든 특성, 즉 독신, 욕망의 절제, 기도, 말씀 묵상, 구제 등을 포괄했다. 수도주의는 또한 순교의 의미도 가지게 되었다. 박해가 사라진 시대에 수도생활은 금욕에 의한 매일의 순교였다. 히에로니무스는 자신의 지도하에 있는 수도사들에게 "피 흘리는 데만 순교가 있다고 생각하지 말길 바랍니다. 순교는 항상 있습니다"라고 말하며 위로했다.[18] 갈리아 지방의 교회사가이자 성인전기 작가(hagiographic writer)인 술피키우스 세베루스(Sulpicius Severus, c. 363-c. 425)는 4세기 초에 죽은 투르의 마르티누스(Martin of Tours, c. 316-397)의 고귀한 삶을 높이며 순교의 영광을 부여했다.

> 비록 시대의 추세가 그에게 순교를 제공할 수 없었지만, 그는 순교자
> 의 영광을 잃지 않을 것입니다. 왜냐하면, 소원과 덕에 의해 그는 순
> 교자가 될 수 있었으며, 기꺼이 그렇게 되려 했기 때문입니다. … 비
> 록 그가 이러한 일[즉 실제적인 순교의 고통]을 겪지 않았지만, 피 흘
> 리지 않은 방식으로 순교에 이르렀던 것입니다. 배고픔과 잠을 자지
> 못함과 벌거벗음과 금식과 질투하는 자들의 가혹한 말과 불의한 자
> 들의 박해와 병든 자를 돌보는 일과 위험에 처한 자를 염려하는 일
> 등, 그가 인간의 슬픔과 고뇌 앞에서 영원에 대한 소망을 가지고 견
> 디지 않은 것은 무엇입니까?[19]

금욕생활이 천사의 삶이라는 것을 부정하지 않지만, 요한은 이러
한 전통과 다르게 천상의 삶에 접근했다. 요한은 수도사들이 하나님
과 친밀하게 교제하며, 예배와 시편 찬송과 기도로 그들을 꾸민다고
칭찬한다. 그들은 명예와 권력, 부를 버리고 스스로 낮아지는 길을 선
택했다. 무엇보다 수도사를 천사와 동일하게 보는 가장 중요한 특징
은 수도원에는 '사회적 불평등'(inequality)이 없다는 것이다. 학자들은
금욕생활과 묵상 대신에 불평등이 없는 공동체를 천사의 삶으로 묘
사하는 것은 요한만의 독특한 접근이라고 지적한다.[20] 수도원은 완전
한 일치와 하나 됨을 실현했다. 천사들에게 불평등이 없듯이 모든 수
도사는 한 평화, 한 기쁨, 한 영광을 함께 나눈다. "네 것" 혹은 "내 것"
의 구분이 완전히 사라졌고, 수도원에는 부자도, 가난한 자도 없으며
모든 사람이 소유를 공유한다. 요한은 심지어 수도사들은 같은 한 영

혼을 가지고 있다고 주장한다. 세상의 갈등, 분쟁, 싸움이 없으며 완벽한 조화와 연합이 이루어진다.

> 천사들 가운데 불평등이 없는 것처럼, 어떤 천사들은 풍부함을 누리는데 다른 천사들은 불쌍하게 사는 것이 아니라 그들 모두가 한 평화, 한 기쁨, 한 영광을 함께 하는 것처럼, 수도원에서는 아무도 가난을 멸시하거나 부를 높이지 않습니다. 모든 것을 뒤집어 엎어 버리는 '너의 것'과 '나의 것'이라는 구분이 완전히 폐지되었습니다. 모든 것들은 공동의 음식이며 집이며 옷입니다. 수도사들이 심지어 하나의 동일한 영혼을 공유하고 있다면 이러한 말이 놀랍습니까? 모두가 같은 존귀함으로 존귀하고, 같은 종의 모습으로 종이며, 같은 자유로 자유롭습니다. 거기서 여러분들은 모두를 위한 하나의 부, 참된 부와 하나의 영광, 참된 영광을 발견합니다. 모두를 위한 하나의 기쁨, 하나의 열망, 하나의 소망을 발견합니다. 참으로 모든 것이 마치 법칙과 규범처럼 완벽하게 제어됩니다. 거기는 불평등이 없는 반면 질서와 균형과 조화, 그리고 깊고 정확한 일치와 만족을 위한 지속적인 근거가 있습니다.[21]

하나 됨은 본래 초대교회의 중요한 본질이었다. 초대교회는 다양성 속에서 일치를 추구했다. 키프리아누스는 『보편교회의 일치』(De ecclesiae catholicae unitate)에서 교회에 대한 세 가지 주요 이미지(어머니, 방주, 처녀-신부)를 사용해서 교회 일치를 설명한다. 교회는 한 가족의 어머니로서 가족에게 구원의 영양분을 공급한다. 교회는 또한 승객을 안전하게 인도하는 유일한 방주이다. 마지막으로 교회는 오직 그리스도를 위해 사는 처녀-신부이다. 그녀는 순수하고 정결하며 한 침상의 신성함을 지킨다. 하지만 키프리아누스의 이상과 달리 부유해진 현실의 교회는 다투고 나뉘었지만, 희미해진 일치의 이상이 이제 수도원에서 빛나고 있었다. 수도사들이 하나의 같은 영혼을 가지고 있다는 요한의 말은 삼위 하나님의 하나 되심을 반영하는 것 같다. 그들은 성부, 성자, 성령의 친밀한 관계를 몸에 지녔다. 수도원에 대한 요한의 비전은 사도행전 4장 32절의 회복과 관련이 있다. "믿는 무리가 **한 마음과 한 뜻이 되어** 모든 물건을 서로 통용하고 자기 재물을 조금이라도 자기 것이라 하는 이가 하나도 없더라" 카시아누스는 수도생활이 원시교회 삶의 가장 완벽한 재현이라고 강력하게 주장한다. 그에 따르면 수도사의 계보는 사도에게까지 거슬러 올라간다.

수도 공동체는 완전한 사회로 간주되었다. 요한은 수도원에는 도시에서 볼 수 있는 악이 발생하지 않는다고 주장한다. 오직 수도사만이 평온함(tranquility)을 누리고 살며, 다른 배가 폭풍 속에 침몰하더라도 수도사는 천국에 있는 것과 같은 고요함을 누린다. 이러한 평온함은 고대 로마의 시인이자 철학자인 루크레티우스(Lucretius, B.C. 99-55)가 『사물의 본성』(De rerum natura)에서 노래한 바이기도 했다. 스토아 철학자 파나이티오스(Panaetius, 185-109)의 평정 개념도 이 속에 녹아있다. 철학자들은 이성의 도움으로 내적인 평정을 누리며 타인과 평화로운 관계를 맺을 수 있다고 생각했다.[22] 요한은 이성 보다는 수도 공동체의 연합과 친교에 주목했다. 이것이 일반 학문의 개념을 기독교적으로 변형하는 요한의 방식이었다. 영혼의 평화가 이성적인 작용이 아닌 신앙 공동체의 힘으로 이루어진다는 것이다. 수도원에는 싸움과 분쟁의 빌미가 되는 사유재산이 없을 뿐만 아니라 어떠한 일도 모든 구성원이 자신에게 일어난 일로 여긴다. 수도사들은 기쁨과 슬픔을 함께하고 나눈다. 타인의 행복을 자기 행복으로 알고 타인의 불행을 자신의 불행으로 여긴다. 요한은 특히나 슬픔은 모두가 함께 나눌 때 쉽게 사라진다고 말한다.

3) 고대사회의 이상 실현: 사회의 희망

『왕과 수도사 비교』와 『수도적 삶 반대자』는 수도 정신이 교회를 넘어 그리스-로마 사회의 전통과 문화 가치보다 훨씬 뛰어남을 설명한다. 『왕과 수도사 비교』에서 요한은 왕이 아니라 수도사가 참된 철학자라고 주장한다. 그는 여기서 스승인 리바니우스의 연설(12, 13번 연설) 중 세 문장을 인용한다. 이는 모두 율리아누스 황제의 금욕생활을 찬양하는 내용으로, 요한은 이를 수도사에게 적용했다. 율리아누스는 콘스탄티누스 이후 유일하게 반기독교 정책을 펼쳤던 황제로, 그리스도인들은 그를 '배교자'(apostate)라고 불렀다. 율리아누스는 의도적으로 교회에 우호적인 법률을 폐지하고 전통 종교의 부흥을 꾀했다. 로마에는 다시 빅토리아 여신의 제단이 설치되었고 예루살렘에도 신전을 재건하려고 했다. 기독교인들은 고위 관직에서 쫓겨나고 교직에서도 물러났다. 리바니우스 역시 이교 문화 전통을 소중히 여겼기 때문에 황제를 칭송하는 데 주저하지 않았다.

요한은 고대 수사학의 인용 기법을 사용하여 그의 스승과 황제 모두를 비판하며 기독교 수도생활의 우월성을 내세운다. 요한은 다음과 같이 말한다. "그(수도사)는 화, 질투, 쾌락을 진정으로 다스리는 왕입니다. 그는 하나님의 법으로 모든 것에게 명령합니다. 그의 마음은 자유롭고 쾌락의 힘은 그의 영혼을 지배하지 못합니다."[23] 수도사는 새보다 더 일찍 일어나 노래하고 수수한 옷을 입으며 음식에 욕심부리지 않는다. 그의 식탁 친구는 덕의 운동선수이다(athletes of virtue). 수도사는 이와 같이 존재만으로도 빛난다.

수도사의 덕은 더 나아가 철학자의 덕을 능가한다. 요한은 소크라테스(Socrates, B.C. c.470-399)에게 바치는 리바니우스의 찬가 『소크라테스 변호』(*Apologia Socratis*)에서도 두 문장을 인용한다. 소크라테스의 금욕생활에 대한 스승의 묘사를 인용하여 "수도사는 옷 하나로 일 년을 생활하고 다른 사람이 고급 포도주에서 느끼는 기쁨보다 더 큰 기쁨으로 물을 마십니다"라고 말한다.[24] 수도사는 많은 사람이 원하는 부와 기쁨, 사치를 바라보지 않기 때문에 죽음도 두려워하지 않는다.

요한에 따르면, 수도사는 철학자보다 훨씬 더 큰 영광을 얻는다. 사람들은 철학자들을 존경한다. 요한은 플라톤, 소크라테스, 디오게네스(Diogenes the Cynic, B.C. c.412-323)의 영광이 유명한 통치자 시라쿠스의 디오니소스(Dionysius of Syracus, B.C. c.432-367), 헤롯 아켈라오(Herod Archelaus, B.C. 23-A.D. 18), 알렉산드로스 대왕(Alexander the Great, 356-323)보다 더 크다고 지적한다. 철학자는 살아있던 당시에는 가난하고 무명했다. 반면, 권력자는 부와 권력을 자랑했다. 그러나 지금은 소크라테스와 플라톤은 기억해도 과거에 높은 권력을 자랑했던 왕들의 명성은 사라졌다. 왜 그럴까? 요한은 그 이유를 "명성과 영광은 장소나 옷이나 위엄이나 권력이 아니라 영혼의 덕과 철학에 머무르기 때문입니다"라고 말한다.[25] 철학자들이 금욕적인 삶으로 이러한 영광을 받았다면 수도사들의 영광은 그 이상이다. 그들의 덕이 철학자들의 덕을 넘어서기 때문이다.

요한은 수도사를 또한 참된 교사라고 주장한다. 수도사의 지혜의 탁월함은 수도 문헌에 자주 등장하는 주제이다. 수도사의 지혜는 세속의 지혜를 능가한다. 안토니오스는 분명 글을 읽지 못했지만, 그의 기억은 매우 예리하여 들은 모든 것을 기억했다. 그리스 철학자들이 방문했을 때 안토니오스는 성경으로부터 갖춘 상식과 지식만으로 그들과 겨루어 이겼다. 요한은 『수도적 삶 반대자』에서 그리스 교육제도, 특히 수사학 교육을 신랄하게 비판한다. 수사학 교육이 학생의 인격 형성이라는 본래의 목적을 상실한채, 단지 출세와 성공을 얻기 위한 수단으로 전락했다. 부모들 역시 이를 위해 자녀들을 수사학 학교에 보낸다. 요한은 수사학 교육이 오히려 학생들의 영혼을 망친다고 주장한다. "비록 혀는 매우 날카로워졌을지라도 만일 영혼이 타락한다면 엄청나게 큰 해가 따를 것입니다. 말에 능숙해지면 질수록 그 해로움은 더 커질 것입니다."[26]

최고의 교육이 성공의 조건이라는 관념은 허상에 불과하다. 요한은 스키타이 출신의 철학자 아나카르시스(Anacharsis)와 디오게네스, 그의 제자 크라테스(Crates of Thebes, c. 365-c. 285)의 예를 제시한다. 그들은 수사학 교육에는 큰 관심이 없었지만, 삶의 철학을 위해 모든 생애를 보냈다. 그 결과 눈부신 삶을 살았고 유명해졌다. 소크라테스 역시 마찬가지로 수사학이 중요하다고 생각하지 않아서 배우지 않았다. 요한은 오직 수도원이 고전교육이 실패했던 덕을 형성하고 길러주는 교육의 이상을 온전하게 실현할 수 있다고 믿었다. 수도사는 참된 선생이며 수도원은 덕의 학교이다. 그는 신자들에게 자녀양육을 수도사에게 맡기라고 조언한다. 만일 이 일이 가능하지 않다면 잠시라도 수도원에서 교육받은 후 다시 집에 돌아와 교회와 공동체를 섬기는 것도 좋은 방법이라고 권한다.

4) 새로운 리더십: 수도사는 세상을 지킨다

『왕과 수도사 비교』는 탁월한 덕스러운 삶을 구현하는 수도사가 사회의 진정한 지도자라고 주장한다. 요한은 대부분의 사람은 수도사가 되기를 원하지 않는다고 지적한다. 대신 그들은 돈과 권력, 명예를 누리는 왕처럼 되기를 원한다. 하지만 요한에 따르면 수도사는 도시와 지역을 다스리는 왕보다 뛰어나다. 그 이유는 수도사는 마음을 다스릴 수 있기 때문이다. 요한은 마음을 다스리는 것이 국가를 다스리는 것보다 훨씬 어렵다고 주장한다. 수도사는 화, 질투, 탐욕과 욕망, 그리고 다른 어떤 악에도 굴복하지 않고, 항상 깨어 욕망과 죄를 멀리한다.

하늘의 무기로 무장한 수도사는 도시를 사탄의 공격으로부터 지킨다. 요한에 따르면 사회의 진짜 문제는 사탄의 활동이었는데, 특히 이는 당시의 우상숭배와 관련 있었다. 로마제국은 다신교 국가로 제국에 해가 되지 않고 비도덕적이지 않으면 타 종교에 관용을 베풀었다. 이는 아마도 정복과정에서의 불필요한 갈등과 적대감을 줄이기 위한 전략이었던 것 같다. 제국의 확장으로 유입된 이주자들은 가는 곳마다 자신들의 고유한 신도 함께 가지고 갔고, 수세기에 걸쳐 로마는 다종교 사회가 되었다. 그 결과 국가종교, 가정종교, 사적 종교, 신비종교, 점성술, 신탁, 마법 등 온갖 종류의 종교가 난립하게 되었다. 이러한 상황 속에서 로마인들은 한 신을 섬기고 있으면서 다른 신을 선택하는 데 어려움이 없었다. 자신의 상황과 기호에 맞는 신에게 찾아가 그들의 도움을 구했다. 항해를 떠나는 이들은 안전한 항해를 위해 포세이돈 같은 해신에게 기원하고, 병의 치료를 위해서는 아스클레피오스 신전에 찾아갔다. 애정 문제로 어려움을 겪는다면 아프로디테에게 호소하고 장사나 사업을 위해 조합원이 숭배하는 신을 예배했다.

로마는 마치 '신들의 뷔페식당'처럼 되었고, 사회 곳곳이 우상숭배로 가득찼다. 테르툴리아누스는 "광장이나 법정, 목욕탕, 마구간, 가정 등 어디에서도 우리는 우상으로부터 전혀 자유롭지 못합니다"라고 기록한다.[27] 3세기 기독교 변증가 아르노비우스(Arnobius of Sicca, ?-c.330)가 남긴 벽난로의 수호신 라테라누스(Lateranus)와 그 밖의 신들에 대한 풍자적인 글을 보면 로마의 우상숭배가 일상의 가장 사소한 문제에까지 침투해 있음을 쉽게 알 수 있다.

그[벽난로의 신]는 인간이 사는 부엌을 둘러보며 벽난로에서 불붙이는 나무의 종류가 무엇인지 살펴봅니다. 그는 불꽃이 흙으로 만든 그릇을 금 가게 하지 않도록 합니다. 그는 사물의 본래 맛을 모든 사람이 즐기는 미각에 도달하게 하며, 양념이 적절히 배어 있는지 터득함으로써 감정사의 역할까지도 합니다. 푸타(Puta)는 나뭇가지를 치는 역할을 맡고 있으며, 페타(Peta)는 탄원을 하는 신입니다. 숲의 신은 네메스트리누스(Nemestrinus)입니다. 파텔라나(Patellana)는 파텔라(Patella)와 같은 신으로, 한쪽은 이미 공적으로 된 일을 책임지며, 다른 한쪽은 앞으로 공적으로 될 일을 맡고 있습니다. 노두티스(Nodutis)는 씨뿌린 것을 곡식단으로 만들며, 노두테렌시스(Noduterensis)도 마찬가지로 탈곡하는 것을 돌보기 때문에 신으로 불립니다. 우피빌리아(Upibilia)는 길을 잃어버렸을 때 길을 안내해줍니다. 오르보나(Orbona)는 아이를 잃은 부모를 돌보는 반면 나에니아(Naenia)는 죽음에 이르는 사람을 보살핍니다. 오실라고(Ossilago)는 어린아이의 뼈를 강하고 단단하게 하는 여신이며, 멜로니아(Mellonia)는 벌떼 사이에서 강력한 힘을 발휘하는 여신으로 꿀의 단맛을 지키고 보존합니다.[28]

키프리아누스는 사탄이 우상과 이교 제의 속에 활동하면서 사람들을 망하게 한다고 한탄한다. 악령들은 조각상이나 우상 속에 숨어 점쟁이와 신탁을 구하는 사제의 마음 안에 자신의 생각을 불어넣는다. 그들은 참과 거짓을 혼동시키며 사람들의 생활을 혼란스럽게 하고 은밀하게 사람들을 공포에 빠트리고 더 나아가 사지를 망가뜨린다.

요한은 어떤 교부보다도 사탄과 마귀의 활동에 주목했다. 사탄은 성도를 속이고 빼앗아서 결국 그들이 구원의 피난처에 도달하지 못하게 한다. 그들은 심지어 교회까지 숨어 들어와 성도의 영혼을 노린다. 이러한 상황에서 요한은 수도사야말로 도시의 수호자라고 주장한다. 그들은 날카로운 칼과 같은 기도의 무기로 사탄에 사로잡힌 자들을 해방하고 보호한다. 수도사의 기도는 늑대를 잡기 위한 칼보다 더 무섭다. 따라서 사람들은 고통을 겪을 때 왕이 아닌 거룩한 수도사에게 도움을 구한다. 요한에 따르면 수도사는 모든 사람의 빛이다. 수도사를 만난 사람들에게는 기적과 치유, 위로와 기쁨이 넘쳐났다. 하나님의 능력이 수도사에게 있었기 때문이다.

> 만일 우리가 고통당하는 자를 수도사들에게 데리고 간다면 그들은
> 무엇보다도 모습으로, 옷으로, 거처로 즉시 그에게 희망을 줄 것이며
> 인간의 일은 어떤 것도 생각하지 않도록 설득할 것입니다. 그 후 그
> 는 수도사들의 교훈으로 쉽게 구름을 떨쳐낼 것입니다.[29]

요한 역시 안토니오스의 선한 영향력 때문에 수많은 사람들이 회복과 치유를 얻었다는 정서를 공유하고 있었다. 앞서 인용한 안토니오스의 예를 다시 살펴보자.

> 고통 중에 그에게 갔다가 기쁨 중에 돌아오지 않는 사람은 누구입니
> 까? 자신의 죽음을 탄식하면서 그에게 갔다가 즉시 슬픔을 내려놓
> 지 않는 사람은 누구입니까? 화나서 그에게 갔다가 사랑의 감정으로
> 돌아서지 않은 사람은 누구입니까? 자신의 가난으로 괴로워 한 사
> 람이 안토니오스를 만나러 와서 그의 말을 경청하고 그를 보면서 부
> 를 경멸하지 않은 적이 어디 있으며, 자신의 가난에서 위로를 발견하
> 지 않은 적이 있단 말입니까? 수도사가 용기를 잃고서 안토니오스에

게 갔다가 더 굳건해지지 않은 적이 있습니까? 젊은이가 산에 올라가서 안토니오스를 보고서 즉시 쾌락들이 사라지는 것을 느끼지 않은 적이 있습니까? 절제를 사랑하지 않은 적이 있단 말입니까? 악령의 괴롭힘을 받은 누군가가 안토니오스에게 갔다가 악령에게서 자유로워지지 않은 적이 한 번이라도 있단 말입니까? 생각들로 괴롭힘을 당한 누군가가 안토니오스에게 갔다가 정신의 평화를 발견하지 않은 적이 있단 말입니까?[30]

요한은 수도사들을 그리스도의 군사라고 주장한다. 우리가 사막에 간다면 그리스도의 군사들의 막사를 볼 수 있다. 그 막사에는 군사용 텐트, 번쩍이는 창, 황금 외투와 놋쇠 투구는 없지만, 어느 곳보다 강력한 영적인 군대가 있다.

수도사들의 지도력과 권위는 어디에서 왔을까? 요한의 대답은 바로 삶의 모범으로 사실 이는 초대교회 초기부터 강조한 바였다. 무엇보다 말과 행동의 일치가 지도자에게 중요하다. 디모데전서 3장 2절에서 7절은 감독의 자질과 그의 인격을 연결한다.

감독은 책망할 것이 없으며 한 아내의 남편이 되며 절제하며 신중하며 단정하며 나그네를 대접하며 가르치기를 잘하며 술을 즐기지 아니하며 구타하지 아니하며 오직 관용하며 다투지 아니하며 돈을 사랑하지 아니하며 자기 집을 잘 다스려 자녀들로 모든 공손함으로 복종하게 하는 자라야 할지며 (사람이 자기 집을 다스릴 줄 알지 못하면 어찌 하나님의 교회를 돌보리요) 새로 입교한 자도 말지니 교만하여져서 마귀를 정죄하는 그 정죄에 빠질까 함이요 또한 외인에게도 선한 증거를 얻은 자라야 할지니 비방과 마귀의 올무에 빠질까 염려하라

『디다케』역시 예언자는 주님처럼 살아야 한다고 말하면서 만일 그렇지 않다면 그는 거짓 선지자라고 주장한다. 즉, 참된 교사는 가르친 바를 삶으로 보여주어야 한다. 당시 거짓 순회 설교자들이 물질을 요구했기 때문에 예언자는 검소함으로 자신의 진실성을 입증해야 했다.[31] 이러한 전통이 사막과 시리아 수도 전통에도 그대로 흘러 들어갔다.

이러한 이유로 요한은 왕도 곤경에 처했을 때 수도사의 도움을 받아야 한다고 자신 있게 선언한다. 왕은 기근 시에 부자들의 집 앞에서 구걸하는 가난한 사람들처럼 수도사를 찾아야 한다. 요한은 성경에서 선지자들에게 도움을 구했던 왕들의 예들을 제시한다. 아합은 가뭄과 기근의 때에 엘리야의 기도에 소망을 두었고, 유대의 왕들은 전쟁이 일어났을 때 군대가 아닌 엘리야의 기도를 구했다. 히스기야 역시 하나님이 이사야의 기도를 들으시고 이스라엘을 도와주실 것이라고 믿었다. 고대 후기 시리아의 거룩한 사람들(수도사)에 대한 연구를 통해 브라운은 이러한 현상을 잘 설명했다. 브라운에 따르면 수도사들은 실제로 사회적인 리더십을 발휘했다. 사람들이 자신들과 다르게 사는 수도사들을 매우 존경해서 그들의 기도와 가르침에 능력이 있다고 믿었기 때문이었다.[32] 수도사들은 권력을 포기했지만, 아이러니하게 권력이 그들에게 찾아왔다. 마지막으로 요한은 수도사는 사람들과 도시뿐만 아니라 온 우주 만물까지 다스린다고 주장한다. 모든 피조 세계는 수도사에게 속해있다.

4장. 참된 그리스도인 됨에 대한
요한의 새로운 깨달음

1. 변화된 해석: 세상 속에서도 수도사처럼 살 수 있을까?

요한은 안티오키아 사역 초기까지는 사막의 수도생활을 좁은 문으로 해석한 것 같다. 수도사는 이 땅에서 천상의 삶을 사는 존재로 모든 그리스도인이 따라야 할 완벽한 삶의 모범이다. 세상의 모든 욕심을 버리고 하나님과의 친밀한 교제를 추구하는 수도사는 종교의 영역을 넘어 사회의 진정한 지도자이며 고대 그리스 문화가 추구했던 덕스러운 삶을 보여주었다. 이러한 점에서 요한은 수도사만이 참된 그리스도인이며 신앙의 본질을 보여준다고 생각했다. 수도사는 마치 칠흑같이 어두운 세상에서 밝게 빛나는 별과 같은 존재였다. 그렇다면 그는 이 입장을 계속 고수했을까? 이 장에서는 이를 풀어내고자 한다. 먼저 『부자와 나사로』에 나타난 두 문에 대한 요한의 해석을 살펴보면서 요한의 해석이 어떻게 달라졌는지 살펴볼 것이다. 다음으로 요한이 사역했던 안티오키아의 상황을 설명하고, 마지막으로 참된 그리스도인 됨에 대한 요한의 입장 변화에 어떠한 요소들이 작용했는지 분석할 것이다. 이러한 과정을 통해 요한의 새로운 사상은 무엇이며, 그것이 사막의 은자들과 어떻게 다른지 설명하고자 한다.

먼저 두 문에 관한 요한의 해석은 어떻게 되었을까? 이전과 동일했을까? 아니면 어떤 변화를 겪었는가? 우리는 『부자와 나사로』에서 이전과 달라진 견해를 볼 수 있다. 크리소스토모스는 388년 혹은 389년(38-39세)에 누가복음 16장 19-31절에 등장하는 부자와 나사로 비유를 연속적으로 강해했다. 이때는 요한이 수도생활을 마치고 안티오키아로 돌아온 지 10년 정도가 지난시기이다. 두 문에 관한 해석이 나오는 일곱 번째 설교는 초반부터 경마장과 검투사 경기, 이교 연극과 전차경주를 즐겨 찾는 안티오키아 신자들을 강하게 비판한다. 설교 초반에 등장하는 세상의 오락거리는 이 설교의 주제인데, 고대 수사학 전통에 따르면 연설의 주제는 거의 초반에 등장한다.

요한은 이런 이교의 오락들이 신자들의 영혼을 해롭게 한다고 단호하게 거부한다. 조금의 물러섬도 없다. 요한에 따르면, 이교 오락은 상당히 화려하고 사치스럽다. 또한, 신화적인 내용으로 가득하고 폭력적이며 자극적인 장면이 많이 등장한다. 중간 휴식(half-time) 시간에는 외설적인 공연이 삽입되어 있다. 요한은 '보는 것'의 중요성을 강조하면서 시각이 영성과 인성에 큰 영향을 준다고 주장했다. 그렇다면 살인과 불법, 음란이 난무하는 고대 엔터테인먼트(entertainment)에 계속 노출된다면 어떤 결과가 벌어질까? 요한에 따르면 성도들의 마음에 잘못된 생각, 욕망, 탐욕, 음란과 불경건함 등 온갖 종류의 죄악이 들어온다. 교부들의 설교에는 주일에 교회가 아닌 축제에 가는 성도들에 대한 질책과 허망함이 기록되어 있다. 성도들이 변화되기에는 교회에서 보내는 시간이 너무 적고 제한적이었다.

요한은 세상의 유흥거리를 좋아하는 성도들의 모습이 이교도들의 회심을 막는다고 말한다. 그들이 세상 사람과 똑같은데 어떻게 선한 영향을 줄 수 있느냐는 말이다. 그리스도인의 거룩하고 선한 삶이 4세기 이전의 교회 성장에서 큰 역할을 했지만, 교회는 이제 예전의 빛을 잃어가고 있었다. 4세기 안티오키아의 기독교는 상당한 세력을 얻었지만, 이교주의는 여전히 사회를 지배하고 있었다. 안티오키아에는 여러 이교 신전과 성전이 있었고 전통 신과 이와 관련된 많은 축제와 오락거리가 있었다. 많은 사람들이 전차경주와 희극과 연극, 그리고 게임을 즐겼다. 이런 이유로 안티오키아 시민들은 쾌락을 좇는 사람들로 알려지기도 했다.

해로운 오락거리들을 비판한 후 요한은 마태복음 7장 13-14절의 말씀에 따라 회중들에게 넓은 문과 쉬운 길로 걸어가지 말고 좁은 문으로 들어가라고 권고한다. 말이 권고이지 어조는 상당히 세고 강하다. 그런데 신기하게도 두 문에 대한 요한의 해석이 이전과 같지 않다. 좁은 문은 '덕', 넓은 문은 '세상 속에서의 악'이다. 즉, 욕망과 세속적인 가치에 사로잡혀 사는 사람이 넓은 문으로 들어가는 사람이다. 단지 수도사가 아니라는 이유로 멸망하지 않는다. 요한의 설교가 이어지면서 넓고 쉬운 문으로 들어가는 사람들에 대한 묘사가 비교적 상세하게 나온다.

> 전차경주와 다른 사탄적 오락들에 열광하는 사람들, 절제에 관심이 없고 덕에도 관심 없는 사람들, 부주의하게 행동하는 사람들, 사치와 탐식에 굴복된 사람들, 돈의 정신 이상과 광기 속에서 매일 흥청망청 살아가는 사람들, 현세적인 것을 얻는데 열중하는 사람들, 이러한 사람들이 넓은 문과 쉬운 길로 걸어가는 자들입니다.[1]

『수도적 삶 반대자』는 수도사를 제외한 대부분의 사람들을 넓은 문으로 들어가는 자들로 제시했다면, 『부자와 나사로』는 정체성(수도사/나머지 사람들)과 장소(산/도시)가 아니라 어떠한 삶을 사느냐에 따라 넓은 문이 정해진다. 수도사라도 욕망에 따라 살아간다면 넓은 길로 걸어가는 자이며, 세상 속에 살아가는 사람이라도 천국을 소망하고 절제하며 살아간다면 좁은 문으로 들어가는 것이다.

부자와 나사로의 비유에 등장하는 부자는 넓고 쉬운 길을 걸어가는 사람들에 대한 전형적인 예이다. 요한은 부자의 예를 들어 멸망으로 인도하는 길을 묘사한다. 부자는 사치, 방종, 비웃음, 음탕함, 해이함, 탐식, 술 취함의 죄를 지었다. 그는 돈을 쌓아두며 경솔하게 옷을 입고 끝도 없는 사치를 누리며 현세적인 쾌락을 추구한다. 그리고 이를 위해 돈을 아끼지 않지만, 그의 집 앞에 누워있는 거지 나사로에 대해서는 전혀 관심이 없다. 부자는 영생과 마지막 심판은 무시한 채 오직 현재의 즐거움을 삶의 목적으로 삼았다. 요한이 말하는 넓은 문의 악덕은 다음과 같다. 세상의 오락을 향한 무모한 욕망, 끝이 없는 돈 욕심, 이기적인 부 누림, 방종한 삶, 가난한 자들의 필요 무시이다.

좁은 문에 대한 설명은 이 설교에 구체적으로 제시되어 있지 않지만, 우리는 넓은 문에 대한 요한의 해석을 근거로 좁은 문을 추론해 볼 수 있다. 이는 절제, 순결, 거룩, 가난한 자들을 돌봄, 내세에 대한 소망 등이다. 믿음의 길이 힘들고 어려울지라도 하늘의 상급을 바라보며 당당히 걸어가는 것이 좁은 문의 삶이다. 또한, 부를 남용하지 않고 가난한 자들을 위해 나눠주는 것이 좁은 문이다. 이렇게 좁은 길을 걷는 자의 전형이 바로 나사로이다.[2]

『부자와 나사로』 설교는 좁은 문을 이 세상에서 덕스럽게 사는 것,

즉 그리스도인답게 사는 것으로 말한다. 이 설교에는 예전 『수도적 삶 반대자』에서 말한 수도사의 완전함이 나오지 않는다. 여기서 요한은 세상이 악하기 때문에 성경의 가르침에 따라 완전한 삶을 살고자 하는 사람들은 모두 도시를 떠나야 한다고 주장했다. 하지만 이제 수도사가 되는 것보다 더 중요한 것은 수도 정신에 따라 사는 것이다. 악에 물들지 않기 위해 도시를 떠나야 한다는 소극적인 자세가 아니라 현실은 변한 것이 없지만, 그곳에서 적극적으로 수도사처럼 살기 위해 힘써야 한다고 강조한다. 시편 1편 1-2절 말씀처럼 성도의 삶은 세속과 죄에 물들지 않는 영성과 함께 여호와의 말씀을 주야로 묵상하고 이를 세상 속에서 나타내는 '빛'의 삶으로 구성된다. 요한은 전자를 전제하고 이제 후자의 삶을 요청하고 있다. 요한은 더 이상 신앙의 본질을 단지 세상과의 분리나 엄격한 금욕생활에서 찾지 않았다.

2. 안티오키아의 기독교

안티오키아의 상황을 알면 요한의 주장을 더 잘 이해할 수 있다. 요한이 부자와 나사로 설교를 했던 안티오키아는 시리아 지역의 대표적인 도시였다. 이 도시는 주전 300년 알렉산드로스 대왕에게 총애를 받은 장군 중 한 명인 셀레우코스 1세(Seleukos I Nikator, B.C. 358-281)에 의해 건설된 도시로, 4세기 로마제국의 도시들 가운데 가장 번성했던 도시 중 하나였다. 안티오키아의 인구는 대략 15만에서 30만 명 사이로, 로마보다는 규모가 작았지만, 고대 기준으로 보면 대

도시(metropolitan city)였다. 안티오키아는 지중해 상업의 핵심지역에 위치했다. 농업은 번창했고 도시는 부유했으며, 많은 유명한 학교와 선생들이 안티오키아의 명성을 높였다. 안티오키아는 또한 동방 로마제국의 행정과 군대의 전략적 요충지였다. 여기에 시리아 총독(consularis)뿐만 아니라 동방 군사령관(magister militum per Orientem)의 본부가 있었다. 안티오키아를 임시적인 수도로 삼은 황제 역시 때때로 이곳에 머물렀다.

안티오키아는 다양한 민족과 인종, 언어와 문화가 결합하여 오늘날의 관점에서 보면 다문화 사회였다고 볼 수 있다. 공식 언어는 헬라어였지만, 시골 소작농은 아람어의 방언인 시리아어(syriac-speaking)를 사용했다. 시리아어는 에데사, 아미다, 에메사, 니시비스와 같은 안티오키아 동부 도시에서 주로 사용되었다. 안티오키아는 헬레니즘 전통과 함께 셈족 문화의 영향도 강하게 남아있었다. 이러한 유대 전통이 안티오키아 기독교 형성에 큰 영향을 주었을 것이다.

요한이 태어났을 때 로마제국은 급격한 변화를 겪고 있었다. 제국은 동과 서로 분리되었고(375년) 콘스탄티노폴리스가 동방 제국과 교회의 새로운 강자로 등장하고 있었다. 하지만 안티오키아만큼 새로운 기독교 도시의 분위기를 보여준 곳도 없었다. 고대 동방 수도주의를 연구한 필립 루소(Philip Rousseau)에 따르면 3세기 후반부터 6세기까지의 고대 후기 제국의 상징과 변화의 바로미터가 바로 안티오키아였다.[3] 이곳의 가장 분명한 변화는 전통 이교 전통이 점차 기독교로 대체된 것이었다. 안티오키아는 20세기 초반의 독일 교회사 학자 아돌프 폰 하르낙(Adolf von Harnack)이 지적한 "기독교의 헬라화"가 아닌 "헬라의 기독교화"가 진행되고 있었다.[4]

안티오키아는 초대 기독교 시작부터 강력한 기독교 공동체가 있었다. 사도행전 11장 26절에 따르면 어떤 신자들이 이곳에서 처음으로 그리스도인으로 불렸다. 안티오키아의 기독교인의 수는 심지어 박해 때도 계속 증가했고, 콘스탄티누스의 회심 이후에는 대다수 시민이 기독교인이 되었다. 결국, 니케아 공의회(325년)는 로마와 알렉산드리아와 같이 안티오키아 주교좌(episcopal see)에 특별한 지위를 부여했다. 안티오키아는 이 지역들과 더불어 초대교회 교리와 신학, 성경해석의 독특한 전통을 만들었고, 기독교가 점점 도시 대부분의 삶에 영향을 미쳤다. 물론 이러한 긍정적인 면과 함께 여러 문제도 공존했다. 콘스탄티누스의 기독교 공인 이후 교회는 제국의 정치와 밀접한 관련을 맺었다. 이러한 이유로 안티오키아는 정치 문제로 몸살을 앓았다. 특히 콘스탄티노폴리스, 알렉산드리아와 동방교회의 수장 자리를 놓고 심한 갈등을 겪었다.[5] 교회 내적으로는 대립 주교들이 등장해 주교좌를 손에 넣으려고 했다. 이로 인해 교회 내 심각한 분열과 분파가 발생했다. 안티오키아는 또한 동방지역에서 교리발전의 중심지였기 때문에 삼위일체론과 기독론 논쟁으로 인한 갈등을 경험하기도 했다.

안티오키아에 기독교가 번창했다고 해서 다른 종교들이 완전히 자취를 감춘 것은 아니었다.[6] 그리스-로마 전통에 뿌리 박은 이교주의가 여전히 대중의 삶에서 큰 자리를 차지하고 있었다. 이교도들의 수도 상당했는데, 특히 리바니우스와 같은 지식인과 고위층에 많았다. 이교제사는 법적으로 금지되었지만 많은 사람이 아직 그리스 신화와 관련된 경마, 극장, 고대 축제, 게임을 즐겼다. 그래서 안티오키아 시민들은 '쾌락을 좇는 사람들'(pleasure-seekers)이라고 불리기도 했다. 안티오키아의 교육제도는 전적으로 이교적이었고 이교 신전과 사당(shrines)도 많았다.

안티오키아의 이교보다 더 큰 문제는 사실 유대교였다. 유대교는 안티오키아의 기독교 분열의 원인이기도 했다. 크고 잘 조직된 유대 공동체가 안티오키아에 여러 개 있었다. 심지어 기독교인들 중에도 유대교 제의를 흠모하는 사람들이 있었다. 그들은 유대 절기나 안식일을 지키기도 했고 심지어 할례를 받기까지 했다. 이런 문제로 인해 요한은 유대교로 귀의한 성도들을 때때로 혹독할 정도로 강하게 비판했다. 이 때문에 요한은 반유대주의 뿌리로 오해받기도 했지만, 그의 비판 대상은 유대교나 유대인 자체가 아니라 유대교에 빠진 기독교인들이었다.[7] 이러한 안티오키아의 배경 속에서 기독교의 새로운 비전이 자라고 있었다. 헬레니즘 문화와 유대교의 유혹이 기독교인들의 정신세계를 매혹하기도 했다. 안티오키아 교회는 전통적인 종교와 정신과 투쟁하면서 황제 숭배 관행과도 단절하려고 했다.

3. "수도사의 한계를 뛰어넘어야 합니다"

: 분리가 아닌 사랑으로

1) 수도사의 약함과 한계

그렇다면 왜 수도사와 신앙의 본질에 대한 요한의 입장이 변화되었을까? 여기에는 몇 가지 이유가 얽혀있었다. 첫째, 요한이 수도사의 약함과 한계를 깨달았기 때문이었다. 안티오키아에서 교회사역을 다시 시작한 요한은 곧 수도사들에게 실망했다. 그들이 교회사역을 거부하는 모습을 보았기 때문이었다. 381년 혹은 382년(31-32세)에 작성된 것으로 보이는 『참회에 대하여』(*De Compunctione*)는 이러한 변화된 심경을 잘 보여준다. 이 작품은 두 권의 논문으로 구성되어 있는데 각 책의 수신자는 다른 수도사였다. 첫 번째 책은 데메트리우스(Demetrius)를, 두 번째 책은 스텔레키우스(Stelechius)를 대상으로 하고 있다. 이 논문은 『수도적 삶 반대자』가 써진 직후에 저술된 것으로 추정된다.

첫 번째 책은 교회 공동체에 대한 봉사와 사역을 거부한 채 오직 자신의 영적 생활에만 관심을 가지는 수도사들을 비판한다. 그들은 교회 사역에 동참하는 것을 영적 훈련의 진보를 가로막는 장애물로 간주했다. 어떤 사람이 봉사를 요청할 때 그들은 항상 휴식, 곧 묵상을 위한 시간을 확보할 수 있는지 물어보았다. 이는 수도사들이 공동체를 위한 수고를 꺼려했다는 점을 보여준다. 내적 평화의 우선성은 사막 수도 전통의 중요한 요소였다. 이미 보았듯이, 찾아오는 사람들로 인해 더 이상 고독 속에 머물 수 없음을 깨달은 안토니오스는 더 깊은 사막으로 떠났다. 이런 이유로 사막의 교부들은 타인의 일에 개입하지 않는 것을 미덕으로 여겼다. 압바 니스테루스(Nisterus the Cenobite)의 일화를 보자.

> 압바 니스테루스는 수도원에서 골치 아픈 일이 있을 때마다 아무런 말도 하지 않았고 결코 개입하지도 않았습니다. 압바 포이멘이 니스테루스에게 어떻게 이러한 덕을 얻을 수 있었는지 물었습니다. 니스테루스가 대답했습니다. "압바, 용서하십시오. 내가 처음 수도원에 왔을 때 스스로에게 말했습니다. '너와 당나귀는 같다. 당나귀는 매를 맞아도 말을 하지 않는다. 나쁜 취급을 받아도 대꾸하지 않는다. 너도 시편 저자가 말하는 바처럼 해야 한다. 저는 당신 앞에 짐승과 같습니다. 그러나 저는 늘 당신과 함께 있습니다(시 73:22-23)."[8]

교부들 역시 자주 관조하는 삶(*vita comtemplativa*)과 세상 가운데서의 활동적 삶(*vita activa*) 사이의 갈등을 경험했다. 요한은 사역 중 자신을 억눌렀던 많은 짐에 대해 하소연했다. 그는 불평과 배은망덕으로 인해 고통을 안겨다 주는 과부를 돌보는 일, 가난한 사람들에 대한 배려, 나그네 대접, 병자 심방, 처녀의 관리, 상벌의 공정한 분배, 간혹 누군가를 교회의 교제로부터 잘라내는 고된 임무, 마지막으로 감독이 하는 모든 일을 마치 시간이 남아도는 사람들처럼 정밀 검사하는 사방의 눈을 견뎌야 한다고 말했다. 그래서 감독 역시 사역의 고통과 걱정, 번민에서 벗어나 홀로 주님과의 깊은 교제를 갈망하기도

했다. 이런 측면에서 수도사들의 반응은 이해가 된다. 하지만 교부들은 이 두 가지 삶의 갈림길에서 섬김을 선택해야 한다고 강조했다. 아우구스티누스는 수없이 많은 복잡한 일에 휘말리는 것보다 고요하게 기도하는 것이 얼마나 좋은지 여러 번 언급했다. 그러나 변화산에서의 베드로를 설교하면서 감독이 있어야 할 곳은 비록 번잡할지라도, 세속 한가운데라고 말한다.

베드로는 이것[주님의 영광]을 보고 인간의 지혜대로 말합니다. "주님, 우리가 여기에 있는 것이 좋겠습니다." 그는 무리가 귀찮았습니다. 그러던 차에 그는 산의 적막함을 발견했고, 영혼의 양식인 그리스도와 함께 있을 기회를 얻었습니다. 하나님에 대한 거룩한 사랑과 거룩한 심정을 가지고 있을 때, 왜 그가 거기를 떠나 고생과 슬픔으로 다시 돌아가야 합니까? …
"베드로야, 내려가거라! 너는 산에서 쉬기를 원했다. 그러나 내려가거라! 때를 얻든지 못 얻든지 열심히 말씀을 전하고 죄를 깨닫게 하고 꾸짖고 권고하고 계속 인내하여 가르치거라! 주님의 빛나는 옷이 의미하는 바, 사랑으로 행하는 선행의 광채와 아름다움을 소유하기 위해 수고하고 땀 흘리고 고난을 참으라."
우리는 사도 [바울]이 쓴 사랑의 찬가에서 "사랑은 자기의 것을 구하지 않는다"라는 구절을 읽습니다. 사랑은 자기가 가진 것을 나누어주기 때문에 자기의 것을 구하지 않는 것입니다. … 베드로가 그리스도와 함께 산에서 살고 싶다고 했을 때, 그는 아직 주님을 이해하지 못한 것입니다. "베드로야, 주님은 그것을 너의 죽음 이후를 위해 준비해 두셨다." 그러나 지금은 주님께서 말씀하신다. "내려가라. 땅에서 수고하고, 땅에서 섬기고, 멸시당하고, 땅에서 십자가를 져라. 생명은 죽임을 당하기 위해 내려오셨다. 빵은 주리기 위해 내려오셨다. 길은 도중에 지치기 위해 내려오셨다. 샘은 목마르기 위해 내려오셨다. 그런데 너는 수고하기를 거부하느냐? 너의 것을 구하지 말라. 사랑을 가지고 진리를 가르치라. 그러면 너는 영원에 이를 것이고, 거기서 안전을 찾을 것이다."⁹

『참회에 대하여』 두 번째 책에서 요한은 수도생활이 완전한 그리스도인의 삶에 이르는 길을 보장하지 않는다고 주장한다. 오히려 도시에 살면서 덕을 실천하는 것이 수도생활보다 더 우월하다. 요한은 분주한 도시에 살면서 수도사들보다 하나님을 더욱 사랑했던 사도 바울과 다윗 왕의 예에 호소한다. 바울은 비록 세상 속에서 살았지만, 세상에 대해 못 박혔다. 그는 그리스도에 대한 사랑으로 경건한 삶의 모범을 보여주었다. 반면 수도사라고 해서 세상의 염려에서 완전히 자유롭지 않다. 요한은 자신의 수도생활을 되돌아보면서 무슨 음식을 먹고 어떤 음료를 마실지에 몰두한 경험이 있었다고 솔직하게 말한다. 수도원에 있다고 하나님의 나라와 의만 생각하는 것이 아니다 (마 6:33). 요한은 다음과 같이 고백한다. "산꼭대기나 골짜기나 계곡이나 접근할 수 없는 고독한 장소"가 심란하고 혼란스러운 영혼을 차분하게 만드는 것은 아닙니다.¹⁰

『수도적 삶 반대자』에서 요한은 세상에서 그리스도인답게 사는 것은 거의 불가능하다고 단언했다. 세상은 불법과 부정으로 가득 차 있어서 경건하게 살고자 하는 사람은 세상을 떠나야 한다. 이런 점에서 수도사야말로 가장 이상적인 그리스도인이었다. 세속을 버리고 육신을 쳐서 복종시키는 순결한 영혼의 소유자였다. 그러나 『참회에 대하여』는 스텍의 지적처럼 사회와 격리되어 홀로 사는 것이 더 이상 거룩함을 보장하지 않는다는 것을 분명하게 선언한다.[11] 오히려 그리스도에 대한 사랑으로 마음이 뜨거워진 사람이 그러한 거룩함에 이를 수 있었다. 요한에 따르면 이 사랑이 바울에게 있었다. 요한은 이제 이분법적인 영성의 한계를 깨닫게 시작했다. 수도사는 불완전하며 한계를 가진 인간일 뿐이다. 오히려 공동체를 위한 희생을 거부하며 자신만을 바라보는 이기적인 모습을 보여주기도 한다.

요한은 이와 비슷하게 다윗 왕과 수도사를 비교한다. 다윗은 왕국을 돌보는 무거운 짐을 졌음에도 홀로 사는 수도사들보다 훨씬 더 많이 그리스도를 사랑했다. 요한은 홀로 됨의 목적이 홀로 됨의 장소보다 더 중요하다고 지적한다. 공동체에 대한 희생과 봉사를 거부하는 수도사들을 보면서 요한은 이제 이상적인 수도주의 개념에 의문을 던졌다. 수도주의는 더 이상 기독교적인 완전함에 이르는 길이 아니었다.

2) 교회 사역에 부적합함

둘째, 요한은 수도사가 여러 면에서 교회 사역을 감당하기에 부족한 점이 많다고 생각했다. 요한은 『사제직에 대하여』 6권에서 사제와 사막의 은둔자를 비교하면서 사제가 수도사보다 훨씬 우월하다고 주장한다. 사제직의 영광과 본질을 논하는 이 책은 요한의 전성기인 386년부터 391년(36-41세) 사이에 저술된 것으로 보인다. 먼저 요한은 목회의 어려움과 막중한 책임감에 대해 이야기한다. 수도사는 자기 영혼만 돌보면 되지만, 사제는 맡겨진 모든 성도의 영혼을 책임져야 한다. 히브리서 13장 17절 말씀처럼 사제는 자기 영혼을 돌보듯이 성도들의 영혼을 생각해야 한다.

만일 사제가 죄와 나태함으로 이 임무를 다하지 못하면 영원한 형벌이 기다리고 있다. 요한은 작은 자 중 한 명이 실족하면 차라리 연자 맷돌을 매고 바다에 빠지는 것이 낫고(마 18:6), 약한 형제의 양심을 상하게 하는 일이 곧 그리스도에게 죄를 짓는 것(고전 8:12)이라고 성경이 경고한다면 한두 명이 아닌 많은 사람을 파멸에 빠트리는 일이 얼마나 큰 심판을 불러올지 반문한다. 사제는 이에 대해 어떠한 핑계도 댈 수 없다. 그는 성도들의 무지를 깨우고 사탄과의 전쟁을 가르치며 다가올 심판을 경고해야 한다.

따라서 요한은 사제의 영혼은 수도사보다 더 순결해야 한다고 말한다. 요란한 도시를 떠나 사막에 사는 수도사도 큰 주의가 필요하지 않음에도 갖가지 안전책을 만들어 흠이 없는 생활을 위해 할 수 있는 최선의 노력을 다한다. 요한은 사제는 더 많은 유혹거리와 시험이 있으므로 끊임없는 자기 부정과 훈련이 필요하다고 주장한다. 요한은 사제가 겪는 여러 어려움을 열거하면서 먼저 성 문제를 말한다. 사막은 여자가 없는 곳이지만, 도시의 사제는 많은 여성을 만나고 상대해야 한다. 요한은 여성의 아름다움과 화장, 값비싼 옷과 향수뿐만 아니라 심지어 그 반대의 경우도 사람의 마음을 동요시킬 수 있다고 말한다. 수도 문헌에 따르면 수도사는 이성과의 잠깐의 만남으로 욕망에 넘어가기도 했다.

이뿐만 아니라 도시에는 명예욕과 아첨과 교만의 유혹이 많다. 사제는 따르는 사람이 많다. 그리고 후원하는 사람들에게 잘 보이기 위해 아첨을 하기도 하지만, 힘없는 사람들에게는 군림하기도 한다. 요한에 따르면 사막의 수도사는 이러한 유혹이 없다. 그들이 다스려야할 대상은 오직 자신의 나쁜 생각밖에 없다. 하지만 이 역시 미약하고 곧바로 극복될 수 있는 것이다. 수도사는 세상과 단절되어 있어서 타는 불길에 기름을 부을 만한 것이 아무것도 없기 때문이다. 나쁜 생각(*logismos*)은 사막 수도생활의 주된 장애물이었지만, 요한은 이것을 가볍게 여겼다.

요한은 수도사와 사제 각각이 맡는 대상의 차이도 크다고 지적한다. 사막 수도생활은 주로 자기 돌봄이다. 때때로 원로 수도사가 제자나 따르는 무리를 맡기도 하지만 그 수는 적고 대부분 유순하다. 그들은 세상일에 큰 관심이 없고 아내와 자녀가 없기에 걱정거리도 많지않다. 또한, 제자들은 원로나 지도자에게 순종적이다. 그러나 세상 사람들은 그렇지 않다. 많은 사람들이 세상일에 빠져있어 영적인 의무에 큰 관심이 없다. 그들 중에는 엄청난 재산과 권력, 호화로운 생활로 인해 나태와 죄악에 빠진 사람들도 있다. 반대로 가난과 고통, 끊임없는 모욕을 당하는 사람들도 있다. 이들은 각자의 이유로 하나님의 신령한 것에 관심을 가지지 않는다. 사제는 이러한 사람들에게 말씀의 씨앗을 뿌려야 한다. 더 나아가 사제는 온 세상 사람들, 살아있는 모든 성도와 죽은 자들을 위해 기도한다. 요한은 사제의 기도가 모세와 엘리야의 기도 이상이라고 주장한다. 사제는 온 세상을 책임지는 것처럼 하나님께 나아가면서 세상 모든 곳에 전쟁과 소요가 끝나고, 평화와 번영이 임하며, 전염병이 그치기를 기도한다.

요한은 목양 대상이 다양하므로 사제는 분별력과 겸손, 신중함이 필요하다고 주장한다. 세상일에 대해서 일반 사람들보다 더 많이 알고 있으면서도 산속의 은둔자들보다 더 초월해야 한다. 사람을 대할 때도 한쪽으로 치우치지 않아야 하며 각 사람에게 맞는 기술과 지혜가 있어야 한다. 모든 사람을 같은 방식으로 대할 수는 없기 때문이다. 솔직하게 말해야 할 때가 있고 겸손해야 할 때가 있으며 부드러워야 할 때가 있고 엄할 때가 있어야 한다. 사제는 의사와 같이 각 사람에게 맞는 처방을 내려야 하는 것이다.

요한은 마지막으로 사제의 사역 자체가 영광스럽기에 그에게는 수도사보다 더 큰 순결함이 필요하다고 이야기한다.

> 그(사제)가 성령에게 간구하고, 그 경이로운 제사를 바치며, 우리 모두의 주님을 계속 접촉한다면, 말해보십시오. 우리는 그를 어떤 신분의 사람으로 여겨야 합니까? 그에게 요구되는 순결함과 경건함은 어느 정도여야 합니까? 이런 직무를 집행하는 손은 얼마나 흠이 없어야 하며, 이러한 말씀을 전하는 혀는 얼마나 거룩해야 하는지 생각하여 보십시오. 이 위대한 영을 맞이할 사람보다 더 순수하고 거룩한 영혼을 가진 사람이 있어야 합니까? 그때 천사들은 사제의 수종을 들며, 온 단과 성소는 그곳에 임재해 계신 분의 영광을 드러내기 위한 하늘의 권능들로 가득 찼습니다.[12]

요한은 사제와 수도사의 차이는 왕과 시민의 차이만큼이나 크다고 주장한다. 사실상, 이 둘은 비교조차 불가능하다. 요한은 이를 몸과 영혼에 비교하며 분명하게 설명한다. 요한에 따르면, 수도생활은 주로 육신의 훈련으로 이루어진다. 만일 수도사가 건강하고 체력이 좋다면 오랜 금식과 맨바닥에서 자기, 철야 기도와 고된 노동과 같은 금욕 훈련을 충분히 견딜 수 있다. 만약 건강하지 않다면 열정으로 이러한 것들을 극복할 수 있다. 마술사가 수레바퀴, 줄, 단검 등의 많은 도구를 필요로 하는 것처럼 수도사에게는 건강과 적당한 장소가 필요하다. 또한, 좋은 날씨가 있어야 한다. 금식으로 야윈 수도사에게 고르지 못한 날씨만큼 힘든 것은 없다.

이와 달리 교회사역은 체력만으로 감당하기 힘들다. 요한은 목회는 영혼의 일이라고 주장한다. 단지 힘이 센 것이 완고함, 성질 급함과 무분별함을 버리고 진지함과 신중함을 가지게 하는 데 도움이 되지 않는다. 요한은 "철학자가 영혼에 모든 기술을 저장하는 것처럼 사제는 영혼의 보물창고에 저장된 모든 기술을 사용합니다"라고 주장한다.[13] 수도생활과 목회를 각각 몸과 영혼에 비교하는 점은 의미심장하다. 고대사회는 플라톤 철학의 영향으로 몸을 무시했다. 영혼은 고귀하고 가치 있지만, 몸은 그렇지 못하다. 따라서 사막의 수도사들은 사막 수도생활이야말로 가장 고상한 영혼의 일이라고 주장했다. 어떤 수도사도 수도생활을 육신의 일이라고 생각하지 않았다. 압바 다니엘은 "영혼이 쇠약해진 만큼 육체는 왕성해집니다. 육체가 쇠약해진 만큼 영혼은 왕성해집니다"라고 말하며 사막 수도의 정신을 표현한다.[14] 요한이 살고 있던 당시 사람들 역시 수도생활을 가장 고상하다고 여겼기에 수도사들을 존경했다. 그러나 요한은 이러한 통념을 반박하면서 수도생활은 몸에 속한 하찮은 일에 불과하다고 말한다.

요한은 물론 수도생활이 인내의 전형임은 인정한다. 하지만 이것은 세상에서의 사역에 필요한 다양한 기술과 능력을 길러주지는 못한다고 비판한다. 요한에 따르면 사제는 사교성, 순수함, 순결함과 진지함, 경건과 인내, 절제가 있어야 한다. 그리고 수도사의 훌륭한 덕목을 가질 뿐만 아니라 그들보다 더 뛰어나야 한다. 그러나 수도생활은 이런 자질을 기르는 데 적합하지 않다. 요한은 수도사들의 미숙함을 재미있는 비유를 사용하여 묘사한다. "수도사의 삶의 방식은 다방면의(all-round) 영적인 기술을 얻는 데는 부적합합니다. 왜냐하면, 어떤 선장도 항구에서 자신의 기술을 보여주지 않기 때문입니다."[15]

따라서 요한은 수도사를 과도하게 칭찬하거나 존경할 필요가 없다고 주장한다. 그들은 단지 삶이 단순해서 유혹이 없을 뿐이다. 요한은 "수도사들은 다른 사람들과 어울리지 않기에 화내지 않고 여러 심각한 죄를 짓지 않습니다. 그들의 영혼을 괴롭히고 자극하는 것이 아무것도 없기 때문입니다"라고 말한다.[16] 요한은 과거 자신의 수도 경험을 회상하며 이를 극적으로 표현한다.

> 시장과 혼잡한 사회를 피한 저를 비난하는 사람이 많지 않다고 해서
> 놀라지 마십시오. 제가 자고 있어서 죄를 짓지 않았다면, 씨름하고 있
> 지 않아서 넘어지지 않았다면, 싸우지 않았기에 상처를 입지 않았다

면 저는 존경받을 자격이 없습니다. 말해보십시오. 누가 저의 타락을
비난하고 폭로할 수 있겠습니까? 이 지붕? 이 작은 독방? 그들은 말
조차 할 수 없습니다.[17]

사막의 영웅 안토니오스는 수도사는 "듣고 말하고 보는 유혹"에서
벗어났다고 자랑스럽게 말했다. 하지만 요한은 이러한 자랑 자체가
의미가 없다고 생각했다. 그가 보기에 사역의 현장에서 갖가지 유혹
을 참는 사제가 더 존경받을 만하다.

어떤 사람이 온 공동체를 위해 헌신하면서 모든 사람의 모욕을 참고,
폭풍우 속에서도 자신의 영혼을 평온한 것처럼 조종하며 여전히 굳
건하고 흔들리지 않는다면, 그는 모든 사람의 박수와 존경을 받을 자
격이 있는 사람입니다. 왜냐하면, 그는 자신의 능력에 대한 충분한 증
거를 제시했기 때문입니다.[18]

요한은 심지어 분리와 비활동성으로 특징지어지는 수도생활은
교회를 섬기는데 아무런 쓸모가 없다고 단언한다. 수도생활은 목회
를 준비하는 곳이 아니다. 요한은 자신의 경험을 바탕으로 사회와 분
리되었기 때문에 수도사들이 단지 자신의 무가치함과 결점을 보지
못했을 뿐이라고 주장한다. 오히려 사회 경험이 부족한 수도사들은
본래 가졌던 능력도 잃어버린다. 오랫동안 혼자만의 고요함과 평화
로움에 익숙한 은수자가 공동생활에 적응하지 못하는 것이다. 요한
에 따르면 이런 수도사가 공적 사역을 맡는다면 문제투성이가 된다.

분쟁을 경험해보지 못한 수도사가 교회 일을 맡는다면 그는 '밀랍인형 제작자'보다 낫지 못하다. 도시에서의 사역은 명예를 멀리하고 화를 참고 공동체를 이끌기 위한 요령이 필요하지만, 대부분의 수도사들은 이러한 자질을 연습할 기회가 없었다. 그들을 비판하거나 칭찬하는 사람은 소수이며, 또한 교회를 이끌어 나가기 위한 어떤 전략을 생각할 필요성도 없기 때문이다. 이러한 상황에서 친숙하지 못한 상황에 직면한 수도사는 크게 당황하고 혼란스러워하며 심지어 실족할 수도 있다.

> 그들이(수도사) 한 번도 연습해 본 적이 없는 갈등에 빠지면 그들은 갈피를 잡지 못하고 어리둥절하며 무기력해집니다. 그들은 덕을 향한 진전을 이루지 못하고, 게다가 시작했을 때 가졌던 좋은 자질도 종종 잃습니다. … 많은 결점을 가지고 있지만, 고립되어 생활함으로써 그 결점을 눈에 띄지 않게 할 수 있고, 어떤 사람과도 어울리지 않음으로 자신을 무장해제시킬 수 있는 사람은 사회생활로 복귀하면 웃음거리가 되는 것 외에는 아무런 성과도 얻지 못할 것이며 그보다 더 큰 위험을 감수하게 될 것입니다. 이런 일이 저에게 일어날 뻔했습니다.[19]

성급하거나 속이 좁고 화를 쉽게 내는 수도사가 교회 지도자가 된다면 교회를 원만하게 이끌어가기 힘들다. 수도사는 또한 명예와 권력욕, 탐욕과 사치에 취약할 수 있다. 화와 모욕 참기, 세상의 욕망 버리기 등은 본래 사막 수도생활도 추구한 핵심적인 실천이다. 하지만 요한은 수도생활이 이러한 덕을 보장하지 않는다고 비판한다. 우리

속담에 "늦바람이 무섭다"라는 말이 있는데, 세상으로 돌아온 수도사가 그렇게 될 수 있다는 것이다.

이러한 맥락에서 요한은 수도사의 성적 금욕을 문제 삼는다. 앞서 언급했듯이 도시에는 영혼을 자극하는 것들이 매우 많은데, 그중에서 가장 심각한 것은 성적 유혹이다. 수도사는 여자를 거의 만나지 않았지만, 도시의 상황은 다르다. 사제는 목회적인 이유로 여성을 정기적으로 만나야 한다. 그들이 병들었을 때 찾아봐야 하고, 슬픔에 빠졌을 때 위로해야 하며, 고통받고 있을 때 도와주어야 한다. 요한은 이런 경험이 없는 수도사는 정숙한 여성을 보는 것만으로도 성욕에 사로잡힐 수 있다고 경고한다. 그리고 사제직은 많은 사람들의 판단을 받는 자리이다. 성도들 중에는 좋은 사람도 있지만, 트집 잡기를 좋아하고 어떤 설명도 듣지 않으려는 사람들도 있다. 사제는 이런 사람들의 비판에도 겸손히 대할 줄 알아야 한다. 그러나 수도사는 이런 경험 자체가 거의 없다.

이와 같이 『사제직에 대하여』는 강인하고 절제하며 어떠한 욕망과 유혹에도 흔들리지 않는 수도사, 참된 지도자로서의 수도사의 모습을 보여주지 않는다. 오히려 수도사는 세상은 말할 필요도 없이 자신의 영혼도 다스리지 못하고 있다.

3) 진정한 그리스도인이 되는 새로운 길: 이웃 사랑

셋째, 수도생활에 관한 요한의 관점 변화에서 가장 중요한 점은 완전한 그리스도인에 대한 그의 생각이 달라졌다는 것이다. 요한은 예전에는 떠남과 분리(detachment and otherworldliness)라는 고대 철학적 개념에 따라 수도사의 완전성을 이해했다. 고대 철학자들은 세속을 떠나 자연과 인간의 본성에 대해 관조하는 삶이 세상에서의 활동적삶보다 우월하다고 여겼다. 관조적 삶의 개념의 발전을 생각해보면, 이 개념은 우선 플라톤에게서 유래되었다. 『고르기아스』(Gorgias)에서 플라톤은 공공의 삶에 대한 참여를 거부함으로 평정심을 추구하는 것(ἀπραγμοσύνη, 아프라그모쉬네)을 철학적인 삶으로 규정했다. 참된 철학자는 관상적인 삶을 사는데, 『테아이테토스』(Theaetetus)에 따르면 철학자는 아고라(광장)에 가는 길도 모르는 은둔자이다.

아리스토텔레스(Aristotle, B.C. 384-322)는 같은 개념을 세상 밖에서의 황홀경을 선호하며 세속의 삶을 포기하는 것(βίος θεωρητικὸς, 비오스 테오레티코스)으로 발전시켰다. 『절제에 관하여』(On Abstinence)에서 포르피리우스(Porphyry, 234-305)는 도시로부터 분리된 피타고라스의 제자들의 삶을 보여준다. 그들은 인적과 가장 동떨어진 곳 혹은 최소한 도시의 일로 방해받지 않는 장소에서 산다. 이러한 세상과의 분리 개념의 최종적인 단계를 신플라톤주의자들에게서 볼 수 있다. 그들은 어떠한 실천도 거부하고 철학적인 삶을 오직 관상과만 관련시켰다.

고대 철학의 관조적 삶의 개념이 유대-기독교의 금욕주의 전통에도 흘러들어왔다. 요한의 『수도적 삶 반대자』에 영향을 준 유대 철학자 알렉산드리아의 필로(Philo of Alexandria, B.C. c.20-A.D. c.50)의

『관조적 삶에 대하여』(De vita contemplativa)는 유대 수도사와 철학과 관상을 동일시한다. 필로는 고독한 삶(solitude)을 변호하며 욕망으로 가득한 도시의 삶을 비판한다. 그리스 사상을 수도주의에 도입한 아타나시우스는 안토니오스의 세상과의 분리와 관상을 수도사의 완전함으로 설명한다. 세상과의 분리와 수도사의 완전함에 대한 이해는 동방 수도주의의 주요 교리가 되었다. 451년 칼케돈 공의회는 모든 수도사에게 세상을 떠나 고요함과 평정(ἡσυχία, 헤쉬키아)을 실천할 것을 요구했다.[20] 이처럼 공공의 삶에 대한 거부는 수도생활의 핵심적인 요소가 되었다.

요한은『수도적 삶 반대자』에서 관조적 삶의 개념을 사용하여 수도사의 모습을 그린다. 요한은 위대한 이교도 철학자들과 정치가들이 관조적 삶을 따랐음을 보여준다. 그들은 세상의 분주함과 정치에서 벗어나 자발적인 가난 속에서 단순하게 살았다. 요한은 이들이 부와 권력을 가진 자들의 활동적인 삶보다 우월하다고 주장한다. 요한에 따르면 수도사들이 바로 이러한 철학적 삶의 이상을 실현하고 있다. 그들은 돈, 권력, 명예와 같은 세속적인 가치로부터 자유로울 뿐아니라 세상 그 자체에서 벗어난 삶, 즉 관조적 삶(ὁ ἀπράγμων βίος, 호아프라그몬 비오스)을 구현하고 있다. 요한은『수도적 삶 반대자』에서 도시는 악으로 가득 차 있기 때문에 이곳에서는 구원을 받을 수 없다고 주장한다. 이는 공공의 삶이 영혼에 주는 해로움 때문에 세상을 떠나야 한다는 스토아 철학 전통과 유사하다. 스토아 철학자들은 모든 자연 만물이 현자(sage)에게 속했기 때문에 그는 아무것도 필요 없다고 주장한다. 이 같은 개념이 수도사에 대한 요한의 묘사에도 등장한다. 『수도적 삶 반대자』가 그리는 수도사는 스토아 철학의 현자와 매우 비슷하다. 세상과의 엄격한 분리로 인해 수도사는 영혼의 위엄과 지도력을 가진다. 이처럼 '세상으로부터 분리' 개념이 요한의 초기 수도사상을 지배하고 있었다. 수도사는 도시에서의 삶을 포기했기 때문에 모범적인 그리스도인이며 참된 지도자인 것이다.

안티오키아에서의 사역 가운데 요한은 이제 완전한 기독교적인 삶에서 세상과의 분리보다 이웃, 특별히 가난한 자들을 사랑하는 것이 더 중요하다는 점을 깨닫는다. 즉, 사랑이 없이는 아무도 완전히 질 수 없으며, 세상과 동떨어진 것이 흠이 없는 그리스도인을 만들지 않는다. 386년에 기록된 『하나님의 불가해성에 관한 여섯 번째 설교』(*De incomprehensibili Dei natura homila 6*)에서 요한은 "이웃을 위하고 그들의 구원을 위해 힘쓰는 것보다 예수님을 믿고 사랑하는 사람을 더 참되게 특징짓는 것은 없습니다"라고 주장한다.[21] 요한은 하나님이 모든 사람을 형제로 만드셨기에 형제의 필요는 곧 모든 사람의 필요라고 말한다.

요한은 성경연구를 통해 철학적 삶에 대한 개념을 변혁시켰다. 초기 작품이 보여주는 요한의 모습은 이교도 철학자와 비슷하다. 그는 스승 리바니우스를 포함한 많은 그리스, 로마 고전 작가들의 글을 인용했다. 하지만 안티오키아에서 다시 사역을 시작하면서 요한은 성경을 깊이 묵상했다. 프란시스 영(Francis M. Young)은 기독교적인 완전함에 대한 요한의 태도의 변화는 그의 수도주의 사상이 더 깊어진 것이라고 주장한다.[22] 요한은 그리스도인의 삶에 대한 성경의 가르침에 주목했다. 예수님은 제자들에게 그들이 서로 사랑한다면 모든 사람이 그들이 예수님의 제자임을 알게 될 것이라고 말씀하셨다(요 13:35). 예수님은 오직 사랑의 계명만을 새 계명으로 주셨고(요 13:34), 친구를 위해 목숨을 버리는 사람이 가장 크다고 말씀하셨다(요 15:13). 바울에 따르면 사랑은 율법의 완성이며, 어떤 영적인 은사도 사랑이 없으면 아무런 유익이 없다(롬 13:8-10; 고전 13:1-13). 요한은 덕의 시작과 끝은 사랑이라고 주장한다. 덕은 사랑에 뿌리와 터전을 두고 있으며, 덕의 정상 역시 사랑이다. 그는 "사랑이야말로 최고의 덕이며, 그리스도의 제자도의 표징이며, 가장 높은 영적인 선물입니다"라고 말한다.[23]

요한은 기독교의 사랑은 무조건적인 사랑임을 강조한다. 사회관계는 대부분 개인의 이해관계에 기초해있지만, 예수님은 우리에게 인종과 성별, 출신과 신분을 초월하는 사랑을 요구하신다. 이 사랑은 원수도 사랑하고 아무런 대가를 바라지 않는다. 예수님은 자신을 십자가에 못 박은 자들까지도 사랑하셨다. 요한은 예수님이 십자가에서 완전한 사랑을 보여주셨다고 주장한다. 예수님이 먼저 우리를 사랑하셨기에 우리가 이웃을 사랑하는 것이다. 요한은 세상에는 여러 종류의 사랑이 있지만 그중 가장 위대한 사랑은 가난하고 고통 받는 이웃을 향한 돌봄과 섬김이라고 주장한다.

기독교적인 삶의 최고봉은 이웃 사랑이다. 요한은 이웃 사랑과 구제가 사막의 금욕생활, 즉, 금식, 맨바닥에서 자는 것, 철야기도, 말씀 묵상, 심지어 독신(virginity)보다 더 중요하다고 주장한다. 가난한 자들을 돌보지 않는다면 이 모든 덕은 헛된 것이다. 금욕생활은 자기 영혼을 위한 것이지만, 구제는 타인의 유익을 위한 것이기 때문이다. 요한은 먼저 구제하고 기도해야 한다고 주장한다. 이때 기도는 날개를 달며 사탄을 대적하는 무기가 될 수 있다.

> 여러분의 기도가 지겹고 응답을 받지 못하다면, 얼마나 자주 가난한 사람이 외치는 소리를 들었는지를, 그리고 듣고서도 얼마나 자주 그들의 바람을 들어주지 않았는지를 생각해 보십시오. 여러분이 손을 뻗기 때문에 여러분의 기도가 응답되는 것이 아닙니다. 여러분의 손을 하늘이 아니라 가난한 자들에게 뻗으십시오![24]

요한은 여러 차례 수도생활은 자기 돌봄이라고 지적한다. 그러나 기독교의 덕은 자기 돌봄에 그치지 않는다. 요한은 이웃 사랑이 없이는 구원받을 수 없다고 선언한다. 사랑이 신앙의 본질이기 때문이다. 요한은 어리석은 처녀 비유를 설교하면서 다음과 같이 말한다.

> 구제를 본받읍시다. 이것이 없이는 아무도 구원받을 수 없습니다. 어리석은 다섯 처녀와 바리새인 이야기가 이 점을 보여주었습니다. 처녀성 없이는 하나님 나라를 볼 수 있지만, 구제 없이는 불가능합니다. 구제는 본질적이며 모든 사람이 붙잡아야 하는 것입니다. 그렇다면 우리가 이것을 덕의 중심이라고 부르는 것이 전혀 부자연스럽지 않습니다.[25]

요한은 공동체를 돌보지 않은 채 혼자만의 영적인 여가에 몰두하는 수도사들을 신랄하게 비판한다. 그들은 봉사를 영적 진보를 가로막는 장애물로 여기면서 섬김을 요청하는 사람들에게 그것이 영적 훈련을 방해하는 것은 아닌지 물어본다. 요한은 사랑과 섬김이 없는 수도생활은 이교도의 이기적인 자기 돌봄일 뿐이라고 책망한다. 오히려 타인의 필요를 채워주기 위해 약간의 덕을 잃는 것이 이웃을 무시한 채 묵상의 절정에 도달하는 것보다 낫다고 주장한다.

> 산꼭대기로 물러나 세상에 대하여 자신을 못 박은 모든 수도사들은 이 말에 주의를 기울이길 바랍니다. 기도와 공감과 사랑으로 교회의 지도자들을 격려하면서 그들을 모든 힘을 다해 지원해주십시오. 만일 하나님의 은혜로 걱정과 위험에 노출된 사역자들을 비록 멀리 떨어져 있지만 모든 힘을 다해 돕지 않는다면 여러분은 모든 지점을 잃으며 여러분의 종교적경건은 쓸모없는 것으로 드러난다는 점을 깨닫기를 바랍니다.[26]

사랑과 신앙의 본질에 대한 요한의 가르침은 새로운 것이 아니었다. 초대교회는 계속 이러한 입장을 견지해왔다. 초대교회는 자선과 구호 사업에 힘썼는데, 이는 단지 윤리적 차원에 머문 것이 아니라 '복음(믿음)이 무엇인지'에 대한 더 근원적인 문제에 토대를 두고 있었다. 성경은 가난하고 소외된 자들에 관한 관심과 돌봄을 강조하면서 이를 참된 신앙의 표지라고 선언한다(출 22:21-27; 레 19:9-10; 신 14:28-29; 잠 19:17; 단 4:27; 마 6:19-24; 19:16-30; 25:31-46; 롬 13:8-10; 약 2:14-17; 벧

전 4:7-9; 요일 4:20 등). 초대 그리스도인들은 믿음과 선행은 분리되지 않으며, 오히려 참된 믿음은 선행을 동반한다는 것을 배웠다. 하나님 사랑과 이웃 사랑은 하나이며 더 나아가 이웃 사랑이 하나님 사랑을 보여준다. 즉, 믿음은 사랑으로 완성되는 것이다(갈 5:6, *fides caritate formata*, faith shaped by love). 이는 사랑으로 형성되는 믿음의 통전성을 보여주는데, 하나님의 사랑을 받은 신자들이 그 보답으로 이웃을 사랑하는 것이다. 대표적인 말씀인 야고보서 2장 14-17절을 보자.

> 내 형제들아 만일 사람이 **믿음이 있노라 하고 행함이 없으면** 무슨 유익이 있으리요 그 믿음이 능히 자기를 **구원하겠느냐** 만일 형제나 자매가 **헐벗고 일용할 양식이 없는데** 너희 중에 누구든지 그에게 이르되 평안히 가라 덥게 하라 배부르게 하라하며 **그 몸에 쓸 것을 주지 아니하면** 무슨 유익이 있으리요 이와 같이 행함이 없는 믿음은 그 자체가 죽은 것이라

초대교회의 복음 이해는 통전적이기 때문에 믿음을 말하면서 행함을 보았다. 이를 현대 신학자 한스 큉(Hans Küng)이 잘 지적했다. 그에 따르면 기독교의 근본은 어떤 이념, 체계 혹은 원리나 규범이 아니라, 예수님이라는 역사적 인물을 따르는 것이다. 이것의 가장 궁극적인 표현이 사랑이다.[27] 로저 올슨(Roger Olson)은 이러한 고대교회의 믿음 이해가 바울의 믿음과 은혜의 종교가 도덕적, 율법적 종교로 퇴락한 것이라고 주장한다.[28] 그러나 이는 초대교회의 믿음의 통합성을 충분히 이해하지 못한 것이다.

성경의 가르침을 이어받은 고대교회는 생성 초기부터 이웃 사랑과 자비, 원수 사랑과 복수 금지를 강조했다. 3세기까지의 기독교의 독특성을 연구한 래리 허타도(Larry Hurtado)는 로마의 어떤 종교도 기독교만큼 교리와 행동에서 사랑의 실천을 중요하게 여기지 않았다고 주장한다. 이러한 점에서 고대 기독교는 종교의 차원을 넘어 삶의 문제를 다루는 철학이었다고 주장한다. 당시 종교는 제의(제사) 중심이었지만, 기독교는 그렇지 않았기 때문이다.[29] 로마 사회는 본래 사회적 약자에 관한 관심이 거의 없었다. 당시 사회, 경제제도였던 기부, 즉 선물 주고받기(gift exchange)는 시민들 사이에 이루어지던 문화 관습으로, 여기서 약자와 사회의 주변인들은 거의 배제되었다. 서로 주고 받는 상호 호혜(reciprocity)가 사회의 덕이 되었던 시대에 이들은 되돌려 줄 능력이 없었기 때문이었다. 되돌려 받지 못하는 기부는 아무런 소용이 없으며, 갚지 못하는 사람은 악하다고 간주되었다.[30] 그러나 고대교회는 이러한 문화의 약점을 극복하면서 가난한 자를 향한 관심과 돌봄을 종교의 가장 핵심적인 실천의 반열에 올려놓았다.

2세기 이후 자비와 구제 활동은 교회의 봉사로 체계적으로 제도화되었고, 이에 따라 사회로부터 버림받은 가난한 자들을 돌보고 그들을 그리스도의 이름으로 존귀하게 여겼다. 교회는 재산 나눔, 과부와 고아, 빈민 구제, 죄수 돌봄과 노예 해방, 죽은 이의 매장, 손님 후대의 활동 등의 광범위한 구호활동을 펼쳤다. 기독교 공인 이후 교회의 사랑 실천의 범위는 더욱 넓어져서 약자, 가난한 자, 병든 자와 외국인과 여행객 등을 위한 병원, 고아원, 호스텔을 만들었다. 가장 대표적인 예가 바실레이오스가 만든 일종의 사회복지복합 센터였던 '바실리아드'(Basiliad)였다. 주교들이 구호사업에 대한 궁극적인 책임을 맡았고, 부제들이 실제로 이를 실행했다. 교부들은, 부자들은 하나님의 청지기로, 그들의 재산은 그들만의 것이 아니라 가난한 자들과 함께 나누어야 한다고 설교했다. 부는 이기적인 누림이 아닌 다른 사람을 돕는 수단으로 사용었을때, 비로소 그것의 본래의 가치를 실현할 수 있다고 강조했다.

특히 전염병이 돌 때에 기독교인들의 사랑의 실천은 놀라웠다. 주후 165년, 251년 로마에 큰 전염병이 일어났을 때 당국은 이를 신의 심판으로 여기고 대부분 방치했다. 사람들은 시체를 버려두고 도망가기 바빴고, 여기저기에 죽은 시체들이 널려 있었다. 이때 기독교인들이 그 시체들을 치우고 병자들을 치료했다. 이러한 이유로 그들은 '파라볼라노이'(παραβολάνοι), '위험을 무릅 쓴 자들'이라고 불렸다. 교인들은 목숨이 위협받고 있는 상황에서도 사랑의 실천을 주저하지 않았다. 교회가 얼마나 구제를 많이 했으면 4세기 기독교 공인 이후 유일한 이교도 황제인 율리아누스는 퇴락하고 있는 그리스-로마의 종교가 부흥하기 위해서는 기독교의 자선을 배워야 한다고까지 말했다. 황제는 기독교인들처럼 가난한 자들에게 재산을 나누어주고 여관을 지어 나그네들을 영접해야 한다고 말하면서 그렇지 않으면 이교 종교에 희망은 없다고 지적한다.

그리스 종교가 기다려왔던 것만큼 아직 진전되고 있지 않다면 그것은 **그 신앙을 고백하는 우리에게 원인이 있습니다.** 신들을 섬기는 찬란하고 위대한 예배는 그 어떤 맹세나 그 어떤 희망보다도 더 큰 것입니다. 아드라스테이아(Adrasteia)신이 우리가 하는 이런 말을 참아주길 바랍니다. 그 어떤 것(기독교)도 이렇게 짧은 시간 안에 이렇게 큰 변화를 감히 시도하거나 원하지 못했을 것입니다. 무슨 뜻이냐고요? 우리는 그 정도면 괜찮다고 생각하고 있는 것인가요? 무신론을 퍼뜨리는 데에 가장 기여한 **그것(기독교)이 나그네를 맞아들이고 죽은 자를 장사지내는 데에 열성이며** 인생에 대해 거짓된 엄숙함을 갖고 있다는 것을 우리가 모르고 있나요? 내가 보기에 우리에게 필요하고 각자가 진실로 실천해야 할 행동이란 바로 그런 것입니다. 그대만 그렇게 행하는 것으로 충분하지 않습니다. 갈라티아의 모든 사제는 예외 없이 그렇게 행해야 합니다. …

각 도시에 **많은 공동숙소를 세워** 나그네가 우리의 환대를 기뻐하도록 해야 할 것입니다. 우리의 신앙을 고백하는 자들뿐 아니라 **곤궁에 처한 다른 어느 누구든지** 맞아들여야 할 것입니다. 이것을 위한 재원을 충당하기 위해 당장에 세운 계획은 다음과 같습니다. 나는 매년 갈라티아 전체에 밀 3만 모디우스와 포도주 60만 크세스타를 공급하라고 명령했습니다. 그 중 1/5은 사제직을 맡고 있는 가난한 자들에게 지급하고 나머지는 우리에게 오는 나그네와 걸인들에게 나눠줘야 합니다. 유대인들에게는 단 한 명의 걸인도 없고 **경건치 못한 갈릴리인들(기독교인)은 자기네뿐 아니라 우리 쪽 사람들까지 먹이는 반면,** 우리가 도와줘야할 우리 사람들이 도움을 받지 못한다면 수치스러운 일입니다. 그리스 종교를 따르는 자들을 가르쳐서 **이런 공적인 일에 헌신하도록** 하십시오. 그리스 종교를 따르는 마을 사람들을 가르쳐서 신들에게 첫 소산을 바치도록 하십시오. 그리스 종교를 갖고 있는 자들이 **이런 자선의 일에 익숙하게** 해야 합니다. 그것이 **오래전부터 있던 우리의 관습임을** 가르쳐야 합니다.[31]

초대 그리스도인들은 사랑과 섬김의 실천으로 후기 로마 사회를 변혁했다. 교회의 구호 사업의 영향 아래 로마의 가난한 자들은 사회의 가치 있는 구성원으로 인정받게 되었는데, 이는 예전에 없었던 새로운 문화가 창조된 것이었다. '후기 고대'(late antiquity)라는 분야를 유행시킨 전설적인 역사학자 피터 브라운(Peter Brown)은 가난한 자들을 향한 그리스도인들의 섬김은 이교도들이 산만하게 행하고 있던 것을 체계적이며 대규모로 행한 정도가 아니라 아예 없었던 개념을 새로 만든 것이었다고 지적한다. 이는 혁명과 같은 사건으로, 새로운 언어와 사회적 상상력을 불러일으켰고 이전의 어떤 사건도 이와 견줄 수 없을 만큼의 엄청난 효과와 파장을 일으켰다. 문명사적으로는 고대에서 중세로의 전환을 이끌어낸 역사적인 사건이었다.[32]

종교학적인 접근으로 정통 기독교의 정당성에 자주 의문을 제기하는 바트 어만(Bart D. Ehrman)조차도 이 점은 인정했다. 그는 기독교 성장의 원인에 대한 인상 깊은 평가를 남겼는데, 스무 명에서 시작한 갈릴리 하층민들의 종교가 400년도 지나기 전 3천만 명이나 될 수 있었던 결정적인 요인으로 고대교회가 만들었던 사랑의 이데올로기를 제안했다. 초대교회는 강자만을 위한 로마의 지배 이데올로기를 약자를 위한 사랑의 이데올로기로 전환하여 가난하고 병든 자를 위한 섬김의 문화를 만들었고, 이것이 기독교의 성장으로 이어졌다는 것이다. 어만의 목소리를 직접 들어보자. 이는 비록 길지만, 충분히 인용할만한 가치가 있다.

기독교가 승리하기 전 로마 제국은 경이로울 만큼 다양성을 보유한 사회였지만 그럼에도 주민들이 문화적, 윤리적으로 공통으로 상정한 가치들이 있었다. 그 당시의 **공통적인 사회적, 정치적, 개인적 가치 기준의 정수**를 한 단어로 담는다면 그 단어는 **'지배'(dominance)**일 것이다. 지배의 문화에서는 힘을 쥔 자들이 보다 약한 자들에게 자기 뜻을 강요하는 것이 당연시된다. 통치자는 백성을, 후원자는 피후원자를, 주인은 노예를, 남자는 여자를 지배하는 것이 당연시된다. 이 이데올로기는 단순히 냉소적인 권력 탐욕도, 의식적으로 택한 압제 수단도 아니었다. 그것은 **상식**이자 약자와 소수자를 포함해 사실상 **모두가 받아들이고 공유한, 천 년이나 지속된 가치관**이었다. … 이런 이데올로기가 지배하는 세계에서는 사회적 약자, 즉 가난한 자와 집 없는 자, 굶주린 자와 억압받는 자들을 도와줄 **정부 차원의 복지 프로그램**을 기대할 수 없다. 또한 병들고 다치고 죽어가는 이를 도와줄 병원이 있을 거라 기대할 수 없다. 어려운 이들을 돕는 **민간 자선 기관**이 존재하기를 바랄 수도 없다.

고대 로마에도 그런 것들은 존재하지 않았다. 그런데 기독교도들은 **다른 이데올로기**를 설파했다. 교회 지도자들은 **사랑과 봉사 윤리**를 설파하고 촉구했다. 어느 한 사람이 다른 사람보다 더 중요하지 않다고 설교했다. 신 앞에 모두가 평등하다고 했다. 주인이 노예보다 더 가치 있지 않고, 후원자가 피후원자보다 중요하지 않으며, 남편이 아내보다 중요하지 않고, 힘 있는 자가 약자보다, 또 튼튼한 자가 병든 자보다 중요하지 않다고 했다. … 기독교도들이 권력을 잡으면서 위의 이상들도 **대중의 사회생활**에, 또 그 정수를 실현할 의도로 만들어진 **민간 기관**에, 그리고 **정부 정책**에 파고들었다. 사회가 빈자와 병자, 소외된 자들에게 봉사해야 한다는 관념 자체가 뚜렷이 기독교적인 것이 되었다. **기독교가 고대사회를 지배하지 않았더라면 우리는 가난한 자를 위한 복지를 제도화하거나 아픈 사람을 위한 의료 장치를 마련하지 않았을지도 모른다.** 수십억의 사람들이 사회란 소외된

자를 도와야 한다는 생각을 받아들이지도, 궁핍한 사람의 안녕을 걱정하게 되지도 않았을 것이다.[33]

약자에 대한 지배가 당연시되었던 사회에서 교회는 그들에 대한 사랑, 돌봄, 평등과 정의를 부르짖었다. 초대 기독교의 승리는 단지 종교적인 문제로 그치지 않고 세상을 바라보는 시각과 행동을 완전히 바꿔놓았고, 약자를 향한 돌봄과 복지의 문화를 만들었다. 어만은 오늘날 우리가 너무 당연하다고 여기는 약자를 향한 관심과 복지의 인류사적인 기원을 초대교회로 돌렸다. 요한은 바로 이러한 전통 위에 서 있었다. 요한 역시 믿음과 사랑은 전체적으로 하나라고 생각했다. 믿음은 그 자체로 사랑의 행동을 내포하고 있고, 믿음은 반드시 행위 차원으로 나타난다. 요한의 믿음 개념을 연구한 조나단 탤론(Jonathan Tallon)은 요한에게 믿음은 인지적 혹은 명제적 동의 이상의 관계적인 차원을 포괄하고 있다는 점을 보여주었다. 요한에 따르면 믿음은 동의 차원을 넘어 하나님에 대한 신실함, 충성, 순종을 의미하며, 이는 인간관계에서의 신실함으로 이어진다. 요한은 하나님에 대한 믿음이 군대, 경제, 가정과 같은 신자들의 일상생활에 영향을 미친다고 주장했다.[34] 이러한 믿음 이해 위에서 요한은 '가난한 자의 대변자'로 불릴만큼 구제를 강조했던 것이다.

이러한 신앙은 오랜 시간이 흘러 루터에게도 나타난다. 지금까지 우리는 루터 하면 흔히 '이신칭의'(믿음으로 의롭게 된다)만을 강조했다고 오해한다. 이는 학자들의 세계에서도 마찬가지인 것 같다. 민음에 관한 연구는 많지만, 행위, 그중에서도 사랑에 관한 연구는 거의 없다. 하지만 루터는 믿음은 그 자체로 사랑을 요청한다고 주장했다. 루터는 믿음으로 시작한 신앙은 반드시 사랑으로 열매 맺는다고 믿었다. 구원받기 위해 사랑을 실천하는 것이 아니라 구원받았기 때문에 사랑이 열매로 나타난다는 것이다. 루터 연구가 김선영 교수는 루터에게 믿음과 사랑은 한 쌍이며 이는 그의 신학을 이해하는데 있어서 결정적인 열쇠라고 주장한다.[35] 이것은 무엇을 뜻하는가? 루터에게 있어서 믿음과 사랑은 하나이며 떼어놓을 수 없다는 의미이다. 그는 믿음의 신학자인 동시에 사랑의 신학자(theologian of love)이다. 둘 중에 어느 하나가 없으면 잘못된 신앙이라는 것이다. 루터 역시 초대교회 전통의 믿음의 통전성을 말하고 있다.

루터의 『요한일서 주석』이 이러한 측면을 잘 보여준다. 루터에 따르면, 사랑의 삶은 먼저 하나님의 사랑으로부터 시작된다. 하나님은 "사랑의 용광로"로, 우리를 구원하기 위해 독생자 예수님을 세상에 보냈다. 이에 대한 보답으로 우리가 이웃을 사랑하는 것이다. 이런 점에서 우리는 '사랑받은 자'에서 '사랑하는 자'가 된다. 루터는 여기서 세 가지 사랑을 말한다. 먼저 하나님 사랑, 다음이 이웃 사랑, 마지막으로 자기 사랑이다. 하나님을 사랑하고 그 증거가 이웃 사랑이다. 루터는 갈라디아서 5장 6절을 설교하면서 믿음과 사랑의 하나 됨을 가르친다. "그리스도 예수 안에서는 할례나 무 할례나 효력이 없으되 **사랑으로써 역사하는 믿음**뿐이니라"

바울은 이 절에서 **그리스도인의 삶 전체**를 묘사하고 있다. 즉 그것은 **내적으로는 하나님을 향한 믿음**이며, **외적으로는 이웃을 향한 사랑** 혹은 행위이다. 따라서 한 개인은 【다음과 같은】 총체적 의미에서 그리스도인이다. 말하자면 내적으로는 신앙을 통해서, 우리의 행위를 필요로 하지 않으시는 하나님 앞에서, 그리고 외적으로는 【우리의】 신앙으로부터는 아무런 혜택을 얻지 않으나 우리의 행위나 사랑으로부터는 혜택을 얻는 사람들 앞에서.[36]

루터에 따르면 사랑의 구체적인 표현이 나눔과 구제로, 가난한 자들을 위해 마음과 정성, 시간과 물질을 바치는 것이다. 루터는 더 나아가 우리는 이웃을 섬기기 위해 부름 받았다고 주장한다. 이웃을 섬기는 일이라면 그것이 바로 하나님이 우리에게 주신 소명이며 성직이라고 말한다. 이러한 이웃을 위한 봉사가 곧 예배이다. 루터의 사회 윤리 사상은 예배, 특별히 성찬론에 기초해있다. 그에게 자선과 사회 복지는 예전 이후에 이루어지는 예전이다. 의식으로서의 예배가 삶의 현장에서 다른 사람들을 위한 섬김의 예배로 이어지는 것이다. 이처럼 루터의 소명론, 만인 제사장론, 성찬론과 사회 윤리는 서로 연결되어 있다.

『거룩하고 참된 그리스도의 몸의 복된 성례 및 형제단체』(*The Blessed Sacrament of the Holy and True Body of Christ, and the Brotherhoods*) 는 성찬과 구제의 관계를 상세하게 설명한다. 루터의 성찬론에 따르면 교회는 교제 공동체, 즉 그리스도와 성도들은 한 몸을 이루고 있다. 한 몸인 그리스도인의 공동체는 서로의 짐, 특별히 가난한 자들의 어려움을 함께 져야 한다. 루터는 이를 불행을 함께 공유하는 사랑의 성례라고 말한다. "사랑과 후원이 당신에게 주어진 것처럼, 당신 역시 궁핍한 자들 가운데 계시는 그리스도께 사랑과 후원을 돌려 드려야 합니다. 성례의 기초 위에서 그리스도인들은 궁핍한 자들을 위해 싸우고 일하며 기도해야 합니다."[37] 크리소스토모스 역시 구제를 사랑의 성례라고 주장했다. 성례의 본질은 사랑이며, 가난한 자들 가운데 그리스도께서 계시기 때문이다(마 25:31-46).[38] 루터는 다음과 같이 말한다. "궁핍한 이웃을 돕고 섬기면서 그리스도인의 사랑을 실천하는 것보다 하나님을 더 잘 섬기는 것은 없습니다. 그리스도께서는 마지막 날에 이에 따라 심판하실 것입니다(마 25:31-46)"[39] 그리스도는 지극히 작은 자들, 가난한 자들 가운데 계신다. 루터는 이와 같은 신앙으로 사회복지제도를 만들어 빈민들과 구걸자들, 병자들이 사람답게 살 수 있도록 도와주었다.

우리는 루터에게서 초대교회와 요한이 주장했던 사랑과 신앙의 본질에 대한 가르침을 볼 수 있다. 하지만 루터에게 한 가지 아쉬운 점은 초대교회의 사랑으로 완성되는 믿음이 완전하게 나타나지 않는다는 점이다. 초대교회는 통전적인 믿음 이해 속에서 행함을 바로 말했지만, 루터는 믿음 자체의 우선성을 강조한다. 믿음이 먼저이고 행함은 그 다음 열매인 것이다. 아마도 이러한 한계는 루터 시대의 환경과 관련이 있을 것이다. 이로 인해 후대로 가면서 독일의 신학자 디트리히 본회퍼(Dietrich Bonhoeffer, 1906-1945)가 적절히 지적한 '값싼 은혜' 즉 행함에 대한 강조가 사라지게 되었다. 이 한계를 뛰어넘는 일은 이제 우리의 몫일 것이다.

5장. 사랑의 원리를 중심으로 사막과 도시를 통합하다

1. 요한의 모범: 수도사-주교 모델

요한이 예전과 달리 수도생활에 대한 실망과 불만을 표시했지만 그렇다고 해서 수도주의를 완전히 버린 것은 아니었다. 오히려 그는 수도주의의 이상을 도시 생활에 접목하려고 했다. 요한 역시 6년간의 혹독한 수도생활을 거쳤기에 누구보다 사막 수도생활의 이상과 장점을 잘 알고 있었다. 플라비아노스의 사역을 도우면서 요한은 수도생활을 내면화하여 세상 속에서 수도생활과 정신을 실천하는 것을 강조한다. 단지 세상으로부터의 도피가 아니라 죄와 욕망으로부터 멀어짐이 그의 수도 사상에서 중요시되었고, 그 가운데서도 이웃을 향한 사랑의 실천이 가장 중요한 덕목이 되었다. 이러한 요한의 태도는 Either A or B(A가 아니면 B)가 아니라 양쪽의 장점을 모두 취하는 Both A and B(A, B 모두) 방식이었다.

5장에서는 사막(시리아) 수도 운동과 도시의 사역을 통합하려고 했던 요한의 전략을 살펴볼 것이다. 사막 수도사들은 여전히 요한에게 배울 바가 많은 대상이었다. 우리는 먼저 요한 자신이 수도사이자 주교였다는 점에 주목할 것이다. 비록 안티오키아 사역까지 요한은 주교가 아니었지만, 계속 멜레티우스나 플라비아노스의 목회 사역에 참여하고 있었다. 사막과 도시를 통합하려고 했던 요한의 시도를 설명하면서 이것이 바로 요한의 삶에서 나왔다는 점을 보여줄 것이다. 다음으로 요한이 실제로 이를 어떻게 수행했으며, 그 가운데 어떠한 점이 장애요소였는지 설명하고자 한다. 마지막으로 가난한 자를 향한 사랑의 실천을 도시의 덕목으로 만들려고 했던 요한의 노력을 살펴보면서 이것이 당시에 어떤 의미를 가지고 있었는지 설명할 것이다. 먼저 요한의 모범으로부터 글을 시작하려고 한다.

수도생활과 시민 생활의 통합은 먼저 요한 자신에게서부터 볼 수 있었다. 요한은 고대 후기의 대표적인 수도자-주교(monk-bishop)였다. 수도사주교는 수도생활을 경험한 후 주교가 되는 사람을 지칭하는 용어이다. 4세기 이후의 많은 주교들은 사실 수도사 출신이었다. 요한의 전기 작가 팔라디우스는 요한이 후대의 교회 지도자들이 따를만한 모범적인 주교로 섬기기 위해 하나님이 보냈다고 전한다. 팔라디우스는 요한이 순교자의 삶의 모습을 본받았으며, 교회를 이끌어 가는데 엄격한 금욕적 삶을 적용했다고 이야기한다.[1] 이는 요한이 수도생활을 통해 배웠던 것인데, 우리는 요한의 수도사 시절의 열심을 교회 역사가 소크라테스의 기록에서 볼 수 있다.

> 그는 에바그리우스의 모범을 따라 더 고요한 삶의 양식을 추구했습니다. 그는 일상의 습관을 버리고 부지런히 교회에 가서 온 맘을 다해 성경을 읽었습니다. 그는 더욱이 리바니우스의 동료 제자들인 데오도르스와 막시무스로 하여금 그들이 최우선으로 여기는 직업을 버리고 단순한 삶을 살도록 설득했습니다.[2]

요한은 수도생활 이후에도 먹을 것과 마실 것, 그리고 입을 것을 최대한 검소하고 단순하게 했고, 사람들을 이러한 생활방식으로 이끌었다. 특히 그는 사역 중에도 금욕생활을 엄격하게 지켰다. 콘스탄티노폴리스 총대주교 시절에는 교회의 지출과 자신에게 할당된 재정을 줄여 병원과 여행자들을 위한 쉼터를 만들고자 했다. 『요한 크리소스토모스의 생애』(*Dialogus de vita Joannis Chrysostomi*)는 다음과 같이 기록한다.

> 그는 재정 관리인의 장부를 면밀하게 살펴보았고, 교회에 아무런 유익이 없는 지출이 이루어진 것을 발견했습니다. 그는 모든 불필요한 지출을 그 즉시 중단하라고 명령했습니다. 그 후 또한 주교의 권속에 대한 지출도 검토했습니다. 여기서도 다시 과대한 지출을 발견했고, 이것의 많은 부분을 병원에 할당하라고 지시했습니다. 그는 더 많은 병원을 지었고, 거기에 독실한 사제 두 명과 의사, 요리사, 기타 미혼의 노동자들을 파견하여 그들을 돌보게 했습니다. 이로써 병에 걸린 낯선 사람들도 먼 곳에서 도시로 와서 적절한 치료를 받을 수 있었습니다.[3]

요한은 또한 사제들과 관련된 개혁을 추진하여 욕심 많고 방탕한 사제들을 엄하게 꾸짖었다. 그는 수도사의 덕목인 순결함, 침착함, 독실함, 인내, 검소함은 사제의 필수 덕목이라고 주장했다.

2. 요한의 목회전략:
수도주의를 일상의 모든 영역에 적용하기

레이얼레의 주장처럼 수도사-주교로서 요한은 수도 훈련의 방법과 가치를 성도들의 모든 삶의 영역과 상황에 적용하려고 했다.[4] 그는

"도시의 색이 경건으로 바뀌고 사람들이 술 취하지 않고 시편 찬송으로 즐겁고 기쁘게 살아가기를" 원했다.[5] 요한의 목회 철학과 방법은 바로 수도주의에서 나왔고, 이것은 그리스도인이 어떻게 살아야 하느냐에 대한 관점의 확장이었다. 여기서 장애물은 수도생활과 세상 사람들을 구분하는 안티오키아 그리스도인들의 잘못된 태도였다. 사막 수도사들이 제시하는 높은 기준을 일반 사람들은 따라가지 못했고, 결국 세상에서의 제자도를 포기하는 분위기가 팽배해졌다. 이에 대해 요한은 모든 그리스도인은 기독교적인 삶에 같은 기준과 규칙을 가지고 있다고 주장했다. 그러나 신자들 대부분은 수도생활과 그들의 일반적인 삶을 구별했다. 요한은 이러한 생각을 교정하려고 했다.

사람들은 수도사가 더 높은 기준을 가지고 있다고 간주하면서 그들은 수도사에게 죄가 되는 것들은 자신들에게는 죄가 되지 않는다고 생각했다. 왜냐하면, 자신들은 세상에서 살고 있기 때문이다. 수도사와 같은 죄를 짓더라고 그들보다 작은 형벌을 받을 것이라고 생각했다. 하지만 요한은 수도사이든 아니든 간에 상관없이 같은 죄는 같은 형벌을 받을 것이라고 주장한다. 사람들은 삶의 터전에서 수도사들처럼 산다는 것은 불가능하다고 반박했다. 그들은 성경을 읽고 기도하고 순결하며 가난한 자들을 돌보는 것은 영적인 전문가들, 수도사들에게만 해당한다고 여기고 있었다. 요한이 가정과 직업이 있는 성도들에게 성경 읽기를 권하면 그들은 "그것은 저에게 해당되지 않아요. 저는 세상을 떠나지 않았습니다. 그렇지요? 저는 수도사가 되지 않았습니다. 그렇지요?"라고 반문했다.[6] 사람들은 이러한 이분법을 당연시했고, 심지어 나태의 핑계로 삼았다. 수도사는 일등 그리스도인이며 거룩하고 자신들은 그렇지 않기 때문에 느슨하게 살아가도 괜찮다는 것이었다.

그러나 요한에 따르면 수도사나 일반 사람들이나 모두 같은 기준을 가지고 있으며, 예수님으로부터 같은 명령을 받았다. 그는 성경 어디에도 '세상에 사는 사람들', '산 위의 수도사들'과 같은 용어를 만들지 않았다고 지적한다. 수도사들만이 거룩하게 살아야 한다는 것은 인간이 만들어 낸 것이지, 예수님이 의도한 것은 아니다. 예수님의 산상 수훈은 수도사만을 위한 교훈이 아니라 모든 사람을 대상으로 한 것이었다.

물론 모든 사람이 수도사처럼 살아야 한다는 생각은 요한의 『수도적 삶 반대자』에서부터 등장한다. 거기서 요한은 좁은 문으로 들어가라는 예수님의 명령은 모든 사람에게 해당한다고 강조한다. 그는 가장 트집 잡기를 좋아하는 사람도 수도사나 일반 시민이나 동일한 높이에 도달해야 한다는 점을 부정하지 않을 것이라고 말한다. 하지만 이 당시에 요한은 이것이 거의 불가능하다고 판단했다. 그는 같은 기준을 말하지만, 실상은 세상이 악하기 때문에 그곳을 떠나야 한다고 생각했다. 하지만 혹독한 수도생활로 인한 건강 악화로 안티오키아로 다시 돌아온 후 요한의 생각은 달라졌다. 비록 아직 세상은 여전히 악하고 불의와 부정, 부패로 가득하지만, 모든 그리스도인은 수도 정신을 내면화하여 세상에서 수도사로 살아야 한다는 것이다. 일반 사람들이 수도사와 차이가 있는 것은 가정과 직업이 있다는 것 밖에 없다. 오히려 일반 사람들이 이 세상에서 수도사의 거룩하고 단순한 삶을 보여주어야 한다.

요한은 이러한 이분법을 반박하며 세상에 사는 사람들이 기도, 말씀 묵상, 회개, 금식, 철야 기도, 구제를 실천하며 수도사가 가졌던 완전한 그리스도인의 이상을 따라야 한다고 가르쳤다. 요한은 "도시에 사는 사람도 수도사의 자기 부인을 닮아야 합니다. 맞습니다. 아내가 있고 가정일로 바쁜 사람도 기도하고 금식하며 참회를 배워야 합니다"라고 주장했다.[7] 사막에서 훈련하는 절제와 모든 덕과 자기 부인은 도시로 와야 한다. 욕망을 통제하고 욕심없이 오직 하나님만을 즐거워 하는 경건은 이 세상에 필요하다. 요한은 세상에는 유혹이 더 많기 때문에 홀로 사는 수도사들보다 세상 속의 그리스도인들이 규칙적인 성경 읽기를 통해 더 많은 영적인 힘을 얻어야 한다고 주장한다.

> 제 말을 주의 깊게 들으십시오. 여러분에게 간청합니다. … 영혼에 약이 될 책을 손에 넣으십시오. … 최소한 신약성경 사본 하나를 구하십시오. 사도 서신과 사도행전과 복음서를 여러분의 계속적인 스승으로 모십시오. 여러분이 슬픔을 만나면, 약상자에 들어가듯이 신약성경 안으로 뛰어드십시오. 상실이든, 죽음이든, 관계 상실, 즉 사별로 인한 슬픔이든, 당신의 문제에 대한 위로를 거기서 얻으십시오. 단지 신약성경 속에 뛰어들지만 말고, 그 안에서 헤엄치십시오. 그것을 항상 마음에 두십시오. 모든 악의 원인은 성경을 잘 알지 못하는데 있습니다.[8]

요한은 이와 관련된 좋은 예를 성경에서 제시한다. 모세, 이사야,

에스겔과 같은 선지자들은 모두 결혼하고 재산을 가졌지만, 덕스러운 삶을 살고자 도시를 떠나지 않았다. 다윗과 바울 역시 도시에 살면서도 오히려 수도사들보다 더욱 뜨겁게 주님을 사랑했다. 사도행전의 초대 그리스도인들도 동일하게 결혼하고 도시에서 살았지만, 그리스도의 삶의 방식을 따랐다. 프란시스 영은 수도적 삶과 세상의 삶에 대한 요한의 통합 비전을 다음과 같이 잘 요약했다.

> 그의 지속적인 문제는 자신의 금욕주의 이상을 살아가고 그것을 이 세상의 모든 그리스도인을 향한 기준으로 설교하는 것이었다. 단순함과 순결함과 거룩함, 세상의 물질과 관심으로부터 독립, 오히려 가난한 자들과 하나님 나라에 관한 관심, 그러한 것들이 요한의 권고에 반복되는 주제들이다. 그리고 그가 호소한 예와 모범은 수도사와 금욕자이다.[9]

3. "그중에 제일은 사랑이라": 가난한 자를 사랑함

사막 수도생활의 내면화를 추진하면서 요한은 무엇보다도 구제를 강조했다. 요한은 성도들이 싫증을 낼 정도로 이 주제에 대해 자주 설교했다. 한 예로 90편의 마태복음 설교 중 구제는 40회 이상, 가난은 13번, 탐욕은 39번, 불의한 부와 그것의 사용은 20번 등장한다. 이는 당시 사회의 상황과 깊은 관련이 있다. 요한에 따르면 안티오키아 인구의 10분의 1이 부자, 10분의 1이 가난한 자, 나머지는 중산층이라고 했다. 하지만 이 중산층의 개념은 오늘날과 다르다. 대부분이 하루 벌어 하루 먹고 사는 정도였다. 사실상 로마 사회는 상위 8-10%를 제외하면 극빈층을 겨우 벗어나는 정도로 빈부의 격차가 심했다. 하지만 계급 사회였기 때문에 이러한 상황은 자연스럽게 받아들여졌고, 많은 사람들은 이를 체념했다.

대부분의 부자들은 가난한 자들의 고통에 관심이 없었다. 가난한 자들은 부자들을 위해 존재하는 사람들일뿐 돌봐야 할 대상은 아니었다. 부자들은 호화로운 생활을 즐겼고, 가난한 자들보다는 극장이나 전차경주에 더 많은 돈을 썼다. 요한은 사치를 일삼는 부인들이 옷이나 목걸이, 귀걸이에는 수만 달란트를 쓰면서 가난한 자들에게는 빵 한 조각도 주지 않는다고 비판했다. 부자들은 많은 노예와 호화로운 식사와 연회, 왕족과 귀족과의 친분 등을 자랑했다. 그들 중에는 교외 지역에 대리석 기둥과 큰 홀이 있는 대저택을 소유한 사람도 있었다. 어떤 벽은 금으로 도금되었고, 심지어 지붕도 금으로 입혔다. 어떤 부자는 은 변기를 만들기도 했다. 요한은 부자들의 탐심이 끝도 없어 커져 급기야 금 머리카락, 금 입술, 금 눈썹을 만들고 심지어 괴물처럼 금을 온몸에 바를 것이라고 한탄했다.

상류층의 호화로운 생활과는 달리 안티오키아의 가난한 자들은 그야말로 비참한 삶을 살았다. 가뭄과 같은 갑작스러운 자연재해의 결과로 가난이 발생하는 카파도키아(Cappadocia) 지역과는 달리 안티오키아의 빈곤층은 주로 사회 구조의 결과였다. 많은 사람이 소작농이었고, 부자인 지주들은 이들의 수입 대부분을 착취했다. 고리대금업으로 극빈층으로 전락하는 사람들도 있었다. 가난한 자들은 거리와 광장,

좁은 길거리에서 살았고 제대로 된 옷도 입지 못한 채 나뭇잎을 덮고 잠을 잤다. 구걸로 끼니를 때우고 하루 일거리를 찾기 위해 사방을 쫓아다니기도 했다. 일거리를 구할 수 없는 겨울은 생명이 위태로운 지경이었다.

고대 후기의 많은 문헌들은 안티오키아뿐만 아니라 제국 전역에서 살고 있던 가난한 자들의 비참한 현실을 보여준다. 앙카라(Ankara)의 어떤 교회의 바깥뜰은 항상 가난한 자들로 가득 찼다. 그들은 하루 양식을 얻기 위해 거기에 누워있었다. 추운 겨울 어느 날 자정, 한 여인이 교회 현관에서 아기를 낳았다. 아마세이아(Amaseia)라는 지역에서는 가난한 자들이 겨울밤을 견디기 위해 공공 목욕탕의 따뜻한 벽에 기대어 몸을 잔뜩 웅크리고 있었다. 벳산-스키토폴리스에는 주랑이 노숙자의 단골 장소였는데, 역겨운 냄새가 너무 심해서 그 곁을 지나갈 수도 없었다.

집이 있는 사람들의 상황도 크게 다르지 않았다. 『기독교의 발흥』(The Rise of Christianity)의 저자 로드니 스타크(Rodney Stark)는 안티오키아에 살고 있는 대다수 평민의 처절한 삶을 가슴 아프게 묘사한다.

사실 대다수의 사람들은 다층으로 된 공동주택의 자그마한 쪽방에서 살았다. … 거주민들은 소수만 제외하고는 죄다 "온 가족이 옹기종기" 단칸방에 모여 살았다. … 공동주택에는 굴뚝이 없었으므로 방들은 겨울이면 매연으로 자욱했다. 창문을 "닫는" 유일한 방법은 "빗물이 들이칠 때 천이나 가죽으로 덮는 것"이었다. 패커는 사람들이 이렇게 비좁고 지저분한 처소에서 실제로 장시간 거할 수 있을까 하는 의구심을 가졌다. 그는 평균적인 "거주지는 잠자고 물건을 보관하는 용도로만 썼을 것"이라고 결론지었다. … 스템바우는 대부분의 공동 주택은 전적으로 요강에 의존했을 것이라고 시사한다. … 야밤에 고층에서 창밖으로 요강을 비우는 일도 다반사였다.[10]

요한은 가난한 자들의 고통은 외면한 채 부를 누리기에 바쁜 부자들을 강하게 책망했다. 부자가 되는 것은 죄가 아니지만, 그 부를 나누지 않는 것은 심각한 죄라고 경고했다. 은 요강을 만드는 부자들에 대한 요한의 목소리는 상당히 엄중하다.

> 여러분은 그런 행동을 부끄러워해야 합니다. 그리스도께서 굶주림에 시달리고 계시는데 여러분은 그런 호사를 누리고 있습니다. 아니 더 옳게 말하면 그런 미친 짓을 하고 있습니다. 하나님의 형상으로 창조된 당신의 동료 인간이 추위에 얼어 죽습니다. 그런데 당신은 그런 세간살이를 마련하고 있습니까? … 만일 여러분이 이런 일을 계속한다면, 저는 그것을 용납하지 않을 뿐만 아니라 여러분을 맞이하지도 않고 여러분이 교회 문턱을 넘어오지도 못하게 할 것입니다.[11]

요한에 따르면, 부자는 하나님의 청지기이다. 부는 하나님의 선물로, 가난한 자들과 나누기 위해 주신 것이다. 요한은 집사가 교회의 재산을 관리하듯이 부자는 하나님의 재산을 관리하고 바른 용도, 즉 구제하는 데 사용해야 한다고 주장한다. 그는 가난한 자들을 향한 관심과 자비를 촉구한다. 요한은 구제금을 모으기 위해 가정에 만든 작은 상자를 보물 창고라고 불렀다. 그는 스스로를 가난한 자들의 대변자(an ambassador of the poor)로 여겼고, 후대에는 구제의 설교자(the preacher of alms)라는 별칭이 붙었다. 387년 겨울 어느 날 요한은 안티오키아의 교회로 오는 길에서 거리에 있는 수많은 불쌍한 거지들의 모습을 보았다. 이때 전했던『구제』(De eleemosyna)설교는 이렇게 시작한다.

> 저는 오늘 **정의롭고 유용하며 합당한 변호**를 하기 위해 여러분 앞에 섰습니다. 다른 사람이 저를 보낸 것이 아닙니다. 오직 우리 도시에 있는 구걸하는 자들이 저를 이를 위해 세웠는데 이는 말, 투표, 공동 의회의 결정이 아닌 **그들의 불쌍하고 너무나 심각한 모습** 때문에 그러한 것입니다. 즉, 여러분의 모임에 오기 위해 서두르는 중 시장과 좁은 통로를 지날 때 거리 중간에서 버려진 사람들을 많이 보았습니다. 어떤 사람은 **팔이 잘렸고** 어떤 사람은 **눈이 뽑혔고** 어떤 사람은 **썩은 고름과 낫지 않은 상처로 가득**했습니다. 그들이 그것들을 가려야만 하지만 썩은 것이 쌓여서 그 신체 부위를 드러낼 수밖에 없었습니다. 저는 **그들을 대신하여 여러분의 사랑**을 호소하지 않는 것은, 특히나 계절로 인해 그렇게 해야 하는 이때에 그렇게 하지 않는 것은 **가장 비인간적**이라고 생각합니다.[12]

요한은 참혹한 심정을 참지 못하고 안티오키아 교회의 성도, 특히 부자들에게 인류애를 호소했다. 요한에게 자선의 의미는 매우 넓다. 가난하고 고통받는 자들에 대한 자비와 연민의 마음에서 시작해 구체적인 행동 모두를 포함한다. 곧, 공감, 눈물, 한숨, 칭찬, 격려, 음식, 물, 옷, 돈, 환대, 병자들과 죄수 방문하기 등이 모두 구제이다

(마 10:40-42; 25:14-30, 31-46; 눅 21:1-4). 이는 아무것도 가지지 않은 빈자도 할 수 있었다. 물론 요한이 주목한 주된 대상은 부자이지만 가난하다고 해서 예외가 될 수 없었다. 각자 처한 형편에 따라 하면 되며, 무엇보다 중요한 것은 마음이었다.

이러한 가난한 자들을 향한 사랑에 대한 요한의 강조는 당시의 관념과 맞지 않았다. 그리스-로마 사회는 각각 다른 용어를 사용하여 두 가지의 가난을 구별했다. 첫째, 파우에르타스(*Pauertas*), 심플리키타스(*simplicitas*)와 프루갈리타스(*frugalitas*)는 자족 혹은 단순함을 의미했다. 로마의 정치가이자 철학자 키케로(Cicero, B.C. 106-43)는 이런 가난은 참된 철학자의 특징으로, 그들의 도덕적인 고귀함을 보여준다고 주장했다. 파우에르타스, 심플리키타스와 프루갈리타스는 고귀함과 철학적 삶과 연결되었다. 즉, 철학자의 고상한 자발적 가난(voluntary poverty)이었다. 첫 번째가 철학자의 가난이라면, 두 번째 유형의 가난은 이노피아(*inopia*)와 에게스타스(*egestas*), 그리고 멘디키타스(*mendicitas*)로 우리가 일반적으로 아는 가난한 자들이다. 이 단어들은 궁핍 혹은 극빈의 상태로 경멸적인 의미를 내포한다. 사실 가난한 자들은 고대사회에서 존재감이 없어서 이들을 지칭하는 용어도 모호한 경우가 많았다. 약자에 대한 돌봄과 사랑은 당시에 거의 존재하지 않던 이질적인 관념이었다. 스토아 철학자들은 심지어 자비의 감정을 영혼의 병으로 보았고, 현자는 이러한 감정을 가져서는 안된다고 주장했다. 당시 일반적인 관념은 가난은 게으름의 결과이며 사회 질서를 위협하는 악이라는 것이었다. 그래서 로마의 구제제도에서도 가난한 자, 병자, 노예, 노인, 외국인 등은 빠져있었다. 요한의 시대에도 사람들은 가난한 자들을 사회의 악으로 간주했고, 그들의 무능함을 경멸했다. 배고픔의 고통 속에서 자비를 호소하는 극빈자들을 이상하게 바라보았고, 작은 도움을 주면서 되돌려 줄 것이 없다면 우스운 행동이라도 하라는 굴욕을 주었다.

이러한 사회의 차별과 인식 앞에서 요한은 마태복음 25장 31-46절의 말씀을 근거로 가난한 자들을 그리스도와 동일시 했다. 마태복음 25장 31-46절은 최후의 심판에 관한 것으로, 그 핵심은 35-40절에 있다.

> 내가 주릴 때에 너희가 먹을 것을 주었고 목마를 때에 마시게 하였고 나그네 되었을 때에 영접하였고 헐벗었을 때에 옷을 입혔고 병 들었을 때에 돌보았고 옥에 갇혔을 때에 와서 보았느니라 이에 의인들이 대답하여 이르되 주여 우리가 어느 때에 주께서 주리신 것을 보고 음식을 대접하였으며 목마르신 것을 보고 마시게 하였나이까 어느 때에 나그네 되신 것을 보고 영접하였으며 헐벗으신 것을 보고 옷 입혔나이까 어느 때에 병드신 것이나 옥에 갇히신 것을 보고 가서 뵈었나이까 하리니 임금이 대답하여 이르시되 내가 진실로 너희에게 이르노니 너희가 여기 내 형제 중에 **지극히 작은 자 하나에게** 한 것이 곧 **내게** 한 것이니라

자신이 가난하고 병들고 고통 중에 있을 때 돌보았다고 말씀하시는 예수님에게 의인들은 그렇게 한 적이 없다고 반문하며 의아해했다. 그들은 단지 가난한 자들을 도왔을 뿐이다. 예수님은 바로 그 가

난한 자들 가운데 자신이 계시다고 말씀하신다.

요한은 이 말씀을 근거로 가난한 자들에게 존귀함을 부여했고, 존재감이 없었던 그들을 '사회적 존재'로 만들었다. 이 말씀은 요한뿐만 아니라 초대교회 구제 사상 형성에서 중요한 말씀이었다. 요한은 이를 "가장 감미로운 말씀"(the sweetest passage)이라고 불렀다.[13] 한국 개신교 선교 초기, 특별히 의료 선교에 헌신한 올리버 에비슨(Oliver Avison, 1860-1956)에게도 이와 같은 정신이 흘렀다.

> 에비슨 박사는 분명히 의학과 교회의 관계에 대한 이 문제에 대해 신중한 생각을 해왔습니다. 그는 말합니다. "교회의 가장 큰 사명은 그리스도를 전파하여 하나님에 대한 올바른 지식을 전하는 것입니다. 그리스도께서는 마태복음 25장 31-46절에서 그분의 가르침의 본질을 주셨는데, 그 구절들에서 그분은 복음이 만들기 원하는 사람의 유형을 밝히셨기 때문입니다. 그는 비참함과 고통을 덜어주기 위해 모든 기회를 활용하는 인간적 친절의 젖(milk)으로 가득 찬 사람입니다."[14]

요한은 그리스도가 가난한 자의 모습으로 우리를 찾아오신다고 말한다. "그리스도는 머물 곳이 아무 데도 없고, 나그네나 벌거벗은 사람, 굶주린 사람처럼 돌아다니십니다."[15] 요한은 예수님이 가난한 자들 가운데서 오늘도 우리의 구원을 위해 일하신다고 가르친다. 그리스도는 가난한 자들 가운데서 우리를 만나고 우리를 하나님을 닮아가게 만든다. 나눔을 통해 하나님은 우리에게 찾아오시고 우리는 하나님에게로 간다. 헤롯의 잔치에 대해 설교하면서(마 14:1-12) 요한은 당시의 문화 관습을 강하게 비판한다. 부자들은 축제 때 춤꾼들과 연극배우들을 집으로 초청해 성대한 잔치를 베풀었다. 요한은 부자들이 쾌락을 위해서는 돈을 아끼지 않으면서 가난한 자들의 필요는 무시한다고 책망하면서 가난한 자들을 그리스도로 여기라고 권한다. 가난한 자들이 다가올 때 그들의 추잡한 겉모습을 보지 말고 예수님이 그들의 집으로 들어오고 있다고 여기라고 말한다. 요한은 또한 부활하신 예수님의 발을 만진 여인들에 대해 말하면서(마 28:8), 지금도 그리스도의 발을 만질 수 있다고 주장한다. 그리스도의 발뿐만 아니라 손, 그리고 머리도 만질 수 있다. 요한은 그리스도는 지금도 거리를 다니고 있으므로 우리는 그를 볼 수 있다고 말한다.

요한은 가난한 자와 그리스도가 하나이기에 교회를 금과 은 장식물로 꾸미는 것보다 가난한 자들을 먹이는 것이 우선이라고 주장한다. 화려한 건물과 금 제단과 성찬 잔은 그리스도가 원하는 것이 아니다.

> 제가 여러분에게 이 말을 하는 것은 봉헌물을 바치지 말라는 것이 아닙니다. 단지 여러분이 봉헌물을 바치기 전에 구제하기를 간청합니다. … 주님의 식탁이 금잔들로 즐비한데 그분 자신이 굶어 죽으셨다면, 그것이 주님께 무슨 소용이 있겠습니까? 먼저 배고픈 이들을 충분하게 먹인 다음, 그 나머지 것으로 식탁을 장식하십시오. … 당신이 가난한 사람들을 도와주는 일을 성전을 장식하는 일과 더불어 또는 먼저 하기를 간절히 청하는 바입니다. 성전을 장식하는 일에 협조하지 않았다고 해서 고소당한 사람은 없었습니다. 그러나 가난한 이들을 소홀히 하는 사람은 꺼지지 않는 지옥 불에 떨어져 악마들과 함께 고초를 당하게 되어 있습니다. 그러므로 성전을 장식할 때 고통 받는

형제를 멸시하지 마십시오. 살로 된 성전이 돌로 된 성전들보다 훨씬
가치있기 때문입니다.[16]

가난한 자와 그리스도의 관련성에서 구제는 또한 성찬의 맥락에
서 설명된다. 요한에 따르면, 구제자는 가난한 자들을 섬김으로 사제
가 되며, 성찬의 빵과 포도주는 우리가 나누어 주는 음식과 음료로 대
체된다. 그리스도가 계시는 이곳은 교회의 제단처럼 경이롭다. 주일
예배와 성찬으로 그리스도의 몸과 피를 받고, 가난한 자와 함께 함으
로 삶의 성찬을 이어간다. 요한은 이러한 삶을 살지 않는 사람들을 책
망한다.

> 당신은 주님의 피를 맛보았으면서도 당신의 형제를 알아보지 못하고
> 있습니다. 당신은 이 식탁에 참여할 자격이 있는 사람을 당신의 음식
> 을 함께 나눌 자격이 없다고 판단하여, 바로 이 식탁 자체의 명예를
> 손상시키고 있습니다. 하나님께서는 그대를 모든 죄에서 구해 주시
> 고 이 식탁에 초대해 주셨습니다. 그런데도 그대는 조금도 더 자비로
> 워지지 않았습니다.[17]

요한의 이러한 목회 프로그램은 더 큰 배경에서 이해 할 수 있다.
고대에서 철학은 아도가 잘 지적했듯이 '삶의 방식'(way of life)으로, 이
론이나 교리가 아닌 어떻게 사느냐로 보여주는 것이었다.[18] 초대 기독
교는 당시 사람들에게 종교보다는 철학으로 인지되었을 것이다. 고대
의 종교는 윤리가 아닌 제의에 초점을 두었기 때문이다. 요한 역시 수

도주의를 '참된 철학'(new philosophy)이라고 불렀다. 요한은 기독교의 사랑의 삶의 방식을 보여주며 사람들에게 기독교라는 종교가 무엇인지 보여주려고 했고, 이는 더 나아가 로마 사회에 대안적인 윤리를 제공하려고 한 시도였다. 특히 이는 고대의 철학적 삶과 깊은 연관을 가졌다.

고대의 철학적 삶은 로마인들이 가장 고상하게 여긴 삶의 방식으로, 이것의 핵심은 단순함과 세상과의 분리였다. 고대교회 수도주의가 이를 따랐다. 그러나 분리된 삶의 한계를 느낀 요한은 금욕생활의 진정한 좌소를 세상으로, 가난한 자들을 돌봄을 최고의 덕으로 제시함으로 철학적 삶의 형태를 변혁시키려고 했다. 참된 철학적 삶은 사랑과 자비, 연민으로 이루어진다. 주교는 '가난한 자를 사랑하는 자', 모든 그리스도인은 사랑의 덕을 실천하는 자가 됨으로 기독교의 이웃 사랑의 덕을 시민적인 덕(civil virtue)으로 만들고자 했던 것이었다.

이러한 시도는 안티오키아의 그리스도인들에 대한 요한의 깊은 관심에서 나온 것 같다. 사막 수도주의가 설정한 높은 이상 앞에서 많은 사람들은 그리스도인답게 살기를 포기했다. 그들은 한낱 고귀한 수도사들의 도움만 구할 뿐 세상에서의 삶은 의미없는 것으로 여겨졌다. 요한은 이러한 인식을 반박하면서 그들이 얼마나 존귀한 존재들인지 깨닫게 도와주었다. 즉, 그들은 고대에서 가장 존귀한 삶의 형태인 철학적 삶을 기독교적으로 변혁한 삶을 실제로 살아갈 수 있다.

요한은 사막 수도주의의 한계를 극복하면서 이러한 메시지를 주고 싶었을 것이다. 요한의 목회사역과 금욕주의의 상관성을 연구한다나 로빈슨(Dana Robinson)은 이와 관련된 흥미로운 주장을 남겼는데, 그것은 바로 요한에게는 사막교부인 에바그리오스나 카시아누스와 같은 덕과 악덕의 위계질서를 제시하는 체계적인 훈련 프로그램이 없었다는 것이다.[19] 이는 아마도 일반 성도들을 향한 요한의 목회적 배려 같은데, 따라가기 힘들고 복잡한 어떤 이론체계를 제안하기보다는 기준을 낮추고 모든 사람들이 실천할 수 있도록 간략한 방법만을 필요한 시기마다 알려준 것 같다. 이미 언급했듯이 요한이 사역했던 대부분은 성도들은 하루 벌어서 하루 살기도 어려운 사람들이었다. 요한은 이러한 사람들에게 너무 난해하고 현학적인 신학을 요구하지 않은 것 같다. 이것이 데이비드 라야르스담(David Rylaarsdam)이 잘 보여준 요한의 맞춤교육 방식($\sigma\upsilon\nu\kappa\alpha\tau\acute\alpha\beta\alpha\sigma\iota\varsigma$, 쉰카타바시스, accommodation)이었다.[20]

이러한 시도를 통해 요한은 결국 안티오키아를 기독교 도시로 변화시키려 했다. 요한의 전략은 각 기독교 가정을 수도원처럼 만들고, 이러한 가정이 모여 도시 전체에 영향을 주는 것이었다. 이러한 전략은 아리스토텔레스의 모델에 기초한 것이다. 아리스토텔레스에 따르면 도시는 각 권속(households, $\mathrm{o\acute\iota\kappa o\varsigma}$)으로 구성되었다. 요한의 전략의 핵심은 성별 간의 기독교적인 위계질서 확립과 가난한 자들에 대한 기부 실천이다. 남자, 가장의 주된 역할은 아내와 자녀들의 신앙을 돌보는 것이며, 아내는 남편을 따르고 집안일을 맡는다. 가족의 모든 구성원은 절제하고 단순한 삶을 추구하며 소외된 자들을 섬긴다. 이러한 기독교 가정이 많아지면 세속의 가치와 문화를 변화시키는 핵심적인 도구가 될 수 있다. 이런 점에서 요한은 세상에 도덕적 감동과 영향을 주는 탁월한 기독교 덕의 공동체를 상상한 것 같다. 요한은 안티오키아가 완전히 변혁되어 더는 수도원이 필요 없는 곳이 되기를 오랫동안 꿈꿨다.

> 저는 수도원이 있을 필요가 없고, 훌륭한 질서가 도시를 지배하고 있기에 아무도 사막으로 가야 할 필요가 없기를 종종 기도합니다. …
> 저는 우리가 평화와 이러한 악들의 군주로부터 자유함을 누려 도시에 사는 사람들이 산으로 떠날 필요가 없을 뿐만 아니라 산에 거하는 자들 역시 오랜 포로 생활에서 귀환하는 도망자처럼 그들의 원래 도시로 돌아오기를 원하고 기도합니다.[21]

이는 안토니오스를 통해 사막이 천국으로 변한 것이 사막에만 국한된 현상이 아니라 바로 대다수의 사람들이 평범한 일상을 살고있는 안티오키아 도시와 세상에서 이루어지길 바랐던 요한의 비전이었던 것 같다. 요한은 사막과 도시를 이어주는 다리역할을 하면서 참된 신앙에 대한 사막의 은자들의 이상과 방법을 가난한 자들을 향한 사랑의 실천이라는 관점에서 변화시켜 일반 사람들의 눈높이에 맞추려고 했다.

6장. 예배,
사랑의 성품과 문화를 만들다

1. 고대교회와 예배

1) 초대 그리스도인의 정체성은 타고난게 아니라 예배를 통해 만들어졌다

이 장에서는 요한이 꿈꾸었던 참된 그리스도인에 대한 비전이 실제로 어떻게 구현되었는지를 이야기하고자 한다. 이 질문은 고대교회의 형성에 본질이었기 때문에 요한이 활동했던 4세기를 거슬러 더 근원적으로 1세기 교회를 살펴볼 것이다. 먼저 고대교회의 예배를 이해하기 위한 기본적인 사항들, 곧 예배시간, 장소, 성도들의 구성과 예배 형태 등을 개괄해 볼 것이다. 다음으로 고대교회가 어떤 방식을 사용하여 그리스도인을 형성했고, 그 실제적인 예로 1세기의 한 공동체를 분석할 것이다. 5장의 내용을 정리하면서 글을 시작해보겠다.

요한은 수도생활과 목회의 오랜 과정을 통해서 참된 그리스도인이 사랑의 사람이라는 점을 깨달았다. 여기서 한 가지 질문이 생긴다. 그렇다면 이러한 신자들은 어떻게 만들어졌을까? 분명한 점은 초대 그리스도인들은 제자도는 타고나는 것이 아니라 만들어진다고 보았다는 것이다. 그리스도인 됨의 과정에서 중요한 것은 태도, 습관과 성품으로, 이러한 태도와 습관의 변화는 예배를 통해 이루어졌다. 요한의 시대 이전 최초의 그리스도인들이 이를 잘 보여주었다. 4세기 이후는 고대 기독교의 황금기였지만, 이러한 요소가 약해지고 있었다. 따라서 기독교 공인(313년) 이전까지의 예배를 살펴보면 예배와 삶의 연관성을 분명히 볼 수 있다. 먼저 4세기까지 예배의 일반적인 특징을 알아보자.

초대교회에서 교회의 정신이 가장 잘 드러나는 곳은 예배였다. 예배는 삼위 하나님과의 만남이며, 그리스도의 구원 이야기에 대한 참여였다. 예배는 고대교회의 핵심으로 여기서 신학과 신자의 삶, 기독교 문화가 형성되었다. 즉, 기독교만의 독특한 정신과 사상, 품성과 인격, 관습이 여기서 생성되었다. 프란시스 영이 주장한 고대 기독교의 찬란한 문화는 바로 예배에서 시작된 것이다.[1] 신학→예배→삶의 순서인 오늘날의 교회와 달리 초대교회 신앙은 예배→삶→신학으로 전개되었다. 예배에서 먼저 삼위 하나님을 만나고 신학을 경험하며, 이를 바탕으로 기독교적인 삶을 훈련한 후 이론적인 신학을 배운다. 고대교회는 기독교적 삶이 없는 사람에게 신학을 가르치지 않았다.

교부들의 신학 작업 역시 마찬가지로 늘 예배와 연결되어 있었다. 그들은 먼저 예배에서 살아계신 삼위 하나님을 경험하고 기도하고 찬양했고, 또한 성찬에서 그리스도의 임재를 경험하고 그의 피와 살로 새 힘과 능력을 얻었다. 그리고 이를 신학이라는 지적인 작업으로 풀어냈다. 이러한 현상은 사르디스의 멜리토(Melito of Sardis, c. 100-c. 180)가 쓴 『유월절 설교』(On Pascha)에서 잘 나타난다. 유대교 유월절의 기독교적인 의미를 밝히는 이 설교는 기도로 시작해서 단락마다 송영으로 끝난다. 교부들의 이러한 신학 작업은 더 나아가 궁극적으로 삶의 실천으로 이어졌다. 초기 기독교의 사상을 탐구한 로버트 루이스 윌켄(Robert L. Wilken)은 이러한 상관관계를 명확하게 언급했다.

초기 기독교 사상의 독특한 특징은 몇 개의 문장으로 정리될 수 있다. 그리스도인들은 이스라엘과 예수 그리스도의 역사를 토대로, 기독교 예배의 경험으로부터, 그리고 성경으로부터, 곧 역사, 제의, 문헌으로부터 사고한다. 기독교 사상은 교회 생활에 기반을 두고 있으며, 시편 암송 같은 경건 활동으로 유지되고 예배, 특히 정기적인 성찬식 참여로 양분을 얻는다. 이론은 그 자체가 목적이 아니었다. 개념과 관념은 그것들이 가리키는 대상물 자체인 그리스도의 신비, 그리고 기독교적 삶의 실천에 더 깊이 침잠하도록 도움을 주었다. 목적은 이해뿐 아니라 사랑이었다.[2]

앞에서 보았듯이 고대 기독교는 형성 초기부터 신자다운 삶을 매우 강조했다. 이것이 신전, 사제, 제의와 같은 가시적인 형식을 강조했던 고대 종교와 다른 점이었다. 초대교회는 신학에 토대를 두었지만, 이것이 반드시 윤리로 열매를 맺어야 한다고 주장했다. 이러한 실천 중에 가장 중요한 것은 사랑의 실천, 특히 가난하고 병든 자들에 대한 사랑이었다. 하나님 사랑과 이웃 사랑은 하나이며 믿음은 사랑으로 완성된다(*fides caritate formata*, faith shaped by love). 초대 기독교는 철저히 예배, 신학과 교리, 삶이 연결되어 하나를 이뤘다.

2) 언제 예배를 드렸을까?

초대 그리스도인들은 우선 한 주의 첫째 날인 일요일에 예배를 드렸다(고전 16:2; 디다케 14.1). 321년까지 주일이 공휴일이 아니었기 때문에 신자들은 아침 일찍 모여 짧게 예배드린 후 일하러 갔을 것이다.

성도들은 매 주일 기쁨으로 주님의 부활을 기념했다. 주일 외에도 금식일인 수요일, 금요일에도 예배가 있었다. 수요일은 아마도 가룟 유다의 배신을 경계하기 위해, 금요일은 주님의 십자가 죽음을 기념하기 위해서 모였다. 이와 같이 모든 예배는 예수님의 생애와 구원 역사를 기초로 만들어졌는데, 이는 시간을 기독교화하는 것이었다. 동방교회에서는 토요일에도 예배가 있었고, 북아프리카의 경우 매일 예배를 드렸다. 또한, 1년을 단위로 하는 교회력(church calender)이 만들어졌는데, 이것 역시 그리스도 중심적이었다. 4세기 정도가 되면 부활절과 성탄절/주현절을 두 축으로 절기가 배열되었고, 그 중간에 성인들을 위한 날이 포함되었다.

　고대교회에는 이와 같은 예배 외에도 기도 모임이 있었다. 고대교회는 기도를 중요하게 여겼다. 알렉산드리아의 클레멘트(Clement of Alexandria, c. 150-c. 215)는 기도를 하나님과의 대화, 영혼의 호흡으로 정의했다. 교회에는 '성무일과'(divine office)로 불렸던 아침, 저녁 공동 기도회가 있었는데, 이는 보통 찬송-시편-성경독서-기도의 순서로 진행되었다. 4세기 말 수도원에는 하루 8번의 기도 시간이 만들어졌다. 5세기 이후 이러한 매일 기도 전통이 안타깝게도 점차 교회에서 사라지기 시작했다. 교부들은 개인 기도도 강조했기 때문에 적어도 하루에 세 번, 아침, 점심, 저녁에 주기도문으로 기도하라고 가르쳤다. 키프리아누스는 이를 삼위일체에 대한 신앙고백과 연결했다. 즉, 아침은 성부 하나님, 점심은 성자 예수님, 저녁은 성령 하나님을 기억하며 도움을 구했다. 『사도전승』(Apostolic tradition)에 따르면 2세기 로마의

그리스도인들은 하루 일곱 번의 기도를 드렸는데, 각각은 특별한 신학적 의미를 담고 있었다.[3]

	시간	신학적 의미
1	기상 후	
2	아침 9시	• 그리스도가 십자가에 못 박혔다. • 구약 성경에서 율법은 그리스도의 몸과 피의 예표인 진설병을 이 시간에 바치라고 명했다.
3	점심	• 그리스도가 십자가에 못 박혔을 때 낮이 끊어지고 어둠이 크게 덮였지만, 예수님은 이 십자가에서 기도했다.
4	오후 3시	• 옆구리를 창으로 찔린 그리스도는 물과 피를 쏟았고, 낮의 나머지를 비추면서 저녁으로 이끌었다.
5	침상에서 쉬기 전	
6	자정	• 초대교회 성도들은 이 시간에 창조 세계가 주님을 찬미하기 위하여 잠시 쉰다고 생각했다. • 별과 나무와 물이 잠깐 멈추고 천군 천사 모두가 의인들의 영혼과 함께 하나님을 찬미한다.
7	새벽 닭 울 때	• 베드로가 예수님을 부인했지만, 부활을 소망하는 아침이 밝아온다.

초대 기독교인들은 특히 한밤중 기도를 선호했다. 키프리아누스는 성도들의 등불이 어둠을 밝힌다고 주장했다. 클레멘트는 가정예배의 중요성을 말하며 두세 사람이 그리스도의 이름으로 모이듯이 (마 18:20), 가정에서 남편, 아내, 자녀가 모이면 주님이 그곳에 임재한다고 말했다.

3) 예배 장소

리차드 크라우트하이머(Richard Krautheimer)는 세 시대에 따라 초기 그리스도인들의 모임 장소를 구분하였다.[4]

	시기	주요 형태 및 특징
1	50-150	가정교회 • 개조가 이루어지지 않음 • 성찬 중심의 예배: 식사장소
2	150-250	도무스 에클레시아이(domus ecclesiae) • 공동체의 필요에 따라 가정교회 개조
3	250-313	아울라 에클레시아이(aula ecclesiae) • 독자적인 큰 건물

크라우트하이머는 313년 콘스탄티누스의 기독교 공인 이전까지의 교회 건물 형태를 분석했다. 이에 따르면 250년까지 주된 모임 장

소가 가정이었다는 점을 알 수 있다. 현존하는 최초의 교회 건물은 유프라테스 강변에 있는 두라-유로포스(Eura-Europos)에 세워진 가정교회이다. 이 교회는 주후 241-256년 사이에 개조된 것으로 보이며, 65명에서 최대 75명 정도를 수용할 수 있었던 것 같다. 『우리가 몰랐던 1세기 교회』의 저자 박영호 박사는 초대교회 가정교회가 우아한 집이라기보다는 사람들의 땀 냄새를 맡을 수 있을 정도의 작고 초라한 집이었다고 주장한다. 바울 당시의 교회는 대다수 사람들이 살았던 인술라(Insula), 즉 10평 남짓한 허름한 건물이었을 것이다. 인술라는 상당히 좁았을 뿐만 아니라 벽과 벽 사이는 허술했고, 건물 한쪽 끝에서의 소리와 냄새가 반대쪽까지 퍼졌다. 물론 하수도와 화장실이 없었기 때문에 오물과 쓰레기, 용변 등이 건물 곳곳에 있었다.[5]

물론 크라우트하이머의 연구에는 한계도 있다. 그의 구분과는 달리 이미 고대교회 초창기부터 다양한 건물 형태가 있었기 때문이다. 빌링스(B. S. Billings)와 에드워드 애덤스(Edward Adams)는 주택 이외에도 공장, 창고, 식당, 가게 등의 상업적 공간이나 손님 접대, 여가 활동을 위해 사용하던 다양한 장소를 초대교회 성도들이 사용했을 것이라고 추론한다. 여기에는 대중목욕탕, 공동 숙소, 순교자 묘지, 카타콤 등이 포함된다. 카타콤은 박해받던 성도들이 만든 지하 예배 장소이기 이전에 본래 고대교회의 공동무덤이었다. 학자들은 3세기 초·중반부터 독자적인 교회 건물이 건축되었다고 주장한다. 230년 케파르의 오트나이의 로마 군대 건물에 있었던 '그리스도인의 기도실'과 로마의 산 크리소고노 교회(310년)가 대표적인 예이다. 로마의 교회는 약 300명을 수용할 수 있었다. 기독교 공인 이후에는 바실리카(Basilica)라고 불리는 크고 웅장한 교회들이 세워지기 시작했고, 또한 공공건물이나 이교 신전이 교회로 바뀌기도 했다.

4) 예배자의 구성

초대교회 당시 교인의 구성은 어떠했을까? 우선 기독교인들의 수는 얼마나 되었을까? 미국의 사회학자 스타크에 따르면 313년 기독교인의 수는 500백만에서 750만 사이로, 이는 당시 제국의 10-12%에 해당하였다. 스타크는 주후 40년 1,000명으로 시작한 기독교가 260년 동안 매년 3.42%의 성장을 기록했다고 주장한다.[6] 스타크는 350년까지의 신자의 수를 대략 다음과 같이 추정했다.

연도	기독교인 수(명)	인구 가운데 비율 (퍼센트)
40	1,000	0.0017
50	1,400	0.0023
100	7,530	0.0126
150	40,496	0.07
200	217,795	0.36
250	1,171,356	1.9
300	6,299,832	10.5
350	33,882,008	56.5

이 표를 보면 초대 기독교인의 비율이 제국의 1%이상이 된 시기는 약 250년으로, 1%가 되는데 200년 이상이 걸렸다. 하지만 이 인구가 열배 늘어나는데 50년이 걸리지 않았는데(300년, 10.5%), 공교롭게도 250년 로마에 전염병이 있은 후였다.

그렇다면 고대교회 성도들의 성별, 나이, 사회적 지위, 교육, 인종, 언어는 어떠했을까? 우선 고대는 현대와 같은 인구 통계 자료가 거의 남아 있지 않기 때문에 이를 정확하게 파악하기 힘들다는 점을 고려할 필요가 있다. 전통적으로 초대교회 성도는 대부분 낮은 신분의 빈민계층이라고 여겨졌다. 대표적인 근거는 고린도전서 1장 26절이다. "형제들아, 너희를 부르심을 보라. 육체를 따라 **지혜로운 자**(wise)가 많지 아니하며 **능한 자**(powerful)가 많지 아니하며 **문벌 좋은 자**(noble birth)가 많이 아니하도다" 초대교회에 상위교육을 받은 사람들(지혜로운 자), 권력자들(능한 자)과 귀족들(문벌 좋은자)이 많지 않았다는 것이다. 최근에 학자들은 로마 제국은 극단적인 양극화 현상을 보였다고 주장한다. 즉, 귀족과 부유층(honestiores)은 상위 1%에 불과하며, 나머지 99%가 가난한 사람들(humiliores)이었다는 것이다. 이에 따르면 바울이 세운 교회는 소수의 최고위층을 제외하면 대다수는 절대 빈곤 상태에 있었을 것이다. 이들은 거의 하루 벌어 하루 먹고사는 사람들이었을 것이다.

이러한 경제적인 격차에도 불구하고 고대교회는 다양한 사람들로 구성되었을 것이다. 2세기까지 남아있는 1천 명의 기독교인 이름을 분석하면 이를 분명히 알 수 있다. 누가는 남자로 의사였다. 오네시모는 도망 노예였고, 브리스길라와 아굴라는 부부로 사업을 했다. 고넬료는 이방인으로 로마 이달리야 군대의 백인대장이었다. 사도행전 19장 31절을 보면 에베소에는 아시아 의회 의원들이 복음을 받아들였다. 빌립보서 4장 22절에 따르면 심지어 가이사 집 사람이 빌립보 교회를 출석했는데, 이들은 황제의 최측근으로 높은 권력을 누렸다. 이처럼 초대교회는 신분, 성별, 출신, 빈부와 상관없이 구성원 모두가 하나가 되었다. 바울은 "유대인이나 헬라인이나 종이나 자유인이나 남자나 여자나 다 그리스도 예수 안에서 하나"(갈 3:28)라고 말했다. 당시 사회를 구별 짓던 인종, 신분과 성별의 차별을 고대교회는 뛰어넘었다. 이는 일종의 혁명과 같은 일이었다.

오히려 교회는 여자, 노인, 아이, 노예, 외국인, 이주민, 범죄자와 같은 당시 사회의 약자를 소중히 여겼다. 그들 가운데 그리스도가 있다고 믿었기 때문이다(마 25:31-46). 당시 사회에서 인간으로 인정받지 못하던 여자나 노예가 교회에서는 상당한 위치와 역할을 차지했다. 프린스턴 대학교의 역사학자 브라운이 잘 지적했듯이 교회는 기존 체제에서 존재하지 않던 가난한 자들을 향한 구제와 약자 배려의 문화를 창조했다. 또한, 초대 기독교는 스타크가 보여주었듯이 전염병과 기근, 전쟁, 낙태, 짧은 기대수명(25년), 잦은 이주와 형편없는 사회보장제도 등으로 인한 사회 불안과 위기 해결에 공헌하는 공공 종교(public religion)이기도 했다.[7]

5) 예배 형태

초대 기독교 예배의 대표적인 두 가지 형태를 알아보고자 한다. 하나는 저녁연회였고 다른 하나는 아침 예배였다. 전자가 오늘날의 구역모임 혹은 소그룹 모임이었다면, 후자는 주일예배였다. 이들의 가장 큰 공통점은 식탁 교제 중심이었다는 것이다. 초기 기독교는 식사 공동체였다. 저녁연회는 식사와 심포지움, 아침 예배는 말씀 예배와 성찬 예배로 구성되었다. 이 둘 모두 애찬과 성찬, 성경 봉독과 토론, 가르침, 기도 등의 요소가 있었는데, 차이점이라면 전자는 형식적 요소가 덜하고 좀 더 자유롭고 예배이기보다는 교제 모임이었지만, 후자는 지도자 중심의 규범적이었다는 것이다. 하지만 모두 역동성과 상호 작용을 보여주었다.

저녁연회

초대 그리스도인들의 저녁 모임은 그리스-로마의 연회에서 기원하였다. 전통적으로 이 모임은 저녁 식사와 심포지움으로 이루어졌는데, 여기서 사람들은 몇 시간 동안 식사하면서 연설을 하고 대화를 나누며 포도주를 마셨다. 교회는 이러한 사회의 관습을 기독교적으로 변혁하여 애찬(*agape*)으로 만들었다. 이교의 문화가 서로를 격려하는 사랑의 식사 모임이 된 것이다.

200년경 북아프리카 테르툴리아누스의 공동체를 보면 첫 번째 부분인 식사는 기도로 시작되었다. 이후 참석자들 각자가 준비해 온 음식을 함께 먹었다. 음식과 음료는 소박했던 것 같다. 이 공동체는 빵과 포도주는 언급하지 않지만, 다른 모임에서는 이를 애찬으로 나누었다. 두 번째 부분인 심포지엄을 진행하기 위해 사람들은 손을 씻고 불을 밝혔다. 함께 모인 성도들은 성경 본문을 묻고 답하기도 했고, 자유롭게 찬양, 노래 혹은 간증과 예언을 하기도 했다. 이런 점에서 이 모임은 특정한 순서가 없었던 것 같다. 마지막으로 신자들이 함께 일어나 힘을 모으는 기도 시간으로 심포지움은 마무리되었다.

저녁연회의 사랑의 식탁에는 제한이 없었다. 모든 신분의 사람이 참석했고 때때로 이교도도 참석했다. 가난하고 소외된 계층도 격이 없이 다른 사람들과 어울렸다. 특히 가난한 자들도 배불리 먹을 수 있었고 말할 수 있었고, 이를 통해 신분과 계급이 낮아도 자기 목소리를 낼 수 있는 평등하고 자유로운 새로운 문화가 만들어졌다. 로버트 뱅크스(Robert Banks)가 쓴 『1세기 교회 예배 이야기』(*Going to Church in the First Century*)가 이를 생생하게 묘사한다. 사람들은 계급에 따라 앉지 않았다. 노예들도 일만 하지 않고 같이 먹고 이야기했고, 아이들은 웃으며 공기놀이를 했다. 가난한 자는 공손함과 식사 예절을 배웠고 부자는 낮은 사람들을 동등하게 여겼다. 모두가 하나가 되어 예배하고 기도하며 사랑과 평등, 나눔과 격려의 교회 문화를 만들었다. 초대 그리스도인들은 예배 가운데 그렇게 형성되었다.[8]

아침 예배

초대교회 성도들은 이른 시기부터 주일에 모였다. 112년 비시니아의 총독 플리니우스(Pliny the Younger)의 편지는 그리스도인들이 이른 새벽에 모여 그리스도를 찬양하고 절도와 간음 같은 부도덕한 죄를 짓지 않겠다고 맹세했다고 기록한다.[9] 초대교회의 주일예배는 저녁 연회보다는 좀 더 규범적이었고, 일정한 예배 순서가 정해져 있었다. 애찬이 성찬으로 대체되었고, 설교자의 말이 길어졌으며 사람들 간의 참여와 소통이 다소 줄었다. 하지만 주일예배 역시 상당한 형성적 힘(performative power)을 가지고 있었다.

주일 아침 예배는 크게 말씀 예배와 성찬 예배, 두 부분으로 나누어져 있었다. 저녁연회와 달리 말씀이 성찬보다 먼저 있었고, 이후 성찬 예배는 오직 세례받은 사람만이 참여할 수 있었다. 약 150년경 순교자 유스티누스(Justin Martyr, 100-165)에 의해 기록된『제1 변증서』(1 Apology)는 로마 교회의 예배 모습을 보여준다. 말씀 예배의 핵심은 설교였고, 이는 주로 사도들과 예언자들의 글을 읽고 이에 따라 살라고 촉구하는 형태였다. 초창기 교회의 설교는 그리 길지 않았던 것 같다. 3세기 이전까지의 초대교회 예배에서 설교보다 더 중요한 것은 성찬이었고, 설교는 기독교 공인 이후 중요성이 더 커졌고 길어졌다.

설교와 성찬의 중심에는 그리스도가 있었다. 성도들은 예배에서 태초부터 시작된 하나님의 원대한 구원의 이야기를 들었다. 이를 통해 이교 신화와 세상의 거짓된 이야기가 성경의 참된 세계와 이야기로 교정 혹은 대체되었다. 말씀을 통해 그리스도(복음서의 예수, 성례에서의 예수, 재림의 주님)를 듣고 만나고 체험했고, 이를 성찬을 통해 실제로 먹고 마시고 보았다. 교부들은 자신들을 영혼의 의사로 간주했기 때문에 교회의 모든 행위는 영혼의 치료제였다. 말씀과 성례로 드러난 그리스도는 최고의 영적 만병 치료제(panacea)로, 이를 따라올 수 있는 것은 아무것도 없었다. 성찬 이후 헌금 시간이 있었는데, 이는 고아, 과부, 환자들과 죄수들을 돕는 데 사용되었다. 성찬으로 교회의 하나 됨과 그리스도의 사랑을 확인했고 이러한 받은 사랑을 구제를 통해 흘려 보냈다. 즉, 하나님의 환대와 사랑이 이웃 사랑으로 흘러나가는 것이다.

2. 좋은 그리스도인 만들기: 세례 교육과 예배

1) 세례 교육

초대교회 신자 교육과 형성의 비결은 의외로 단순한 방법인 세례 교육과 예배에 있었다. 이 요소들의 궁극적인 목적은 자비의 성품을 빚어내고 섬김의 실천을 만들어내는 데 있었다. 초대교회에서 성도가 되는 과정은 상당히 까다로웠고, 교회의 문턱도 매우 높았다. 스타크는 흥미롭게도 종교가 고비용을 요구하면 공동체의 헌신도와 참여도가 증가하여 소위 무임승차자(free rider) 문제가 사라진다고 주장하면서 초대교회가 바로 그러한 경우였다고 지적한다.[10]

초대교회에서 교인이 되는 과정을 보면, 먼저 첩자나 교회에 해를 끼칠 의도로 오는 사람들을 막기 위해 집사들이 교회의 경비원이 되어 방문자들이 늑대인지 양인지 판단하고 들여보냈다. 당시 교회는 로마로부터 박해를 받고 있었기 때문에 제국의 첩자가 활동하고 있었던 것 같다. 이런 이유로 초기 공동체는 한동안 '잠긴 동산'(enclosed garden)이라고 불렸다. 첫 번째 검열을 통과하면 새신자를 데리고 온 전도자들(후원자들)에게 그들의 방문의 동기가 무엇이며 그들의 평소의 삶의 모습과 직업이 무엇인지 물었다. 이때부터 후원자들은 일종의 멘토 역할을 했던 것 같다. 『사도전승』에 따르면 여기서 교인이 되기에 적합하지 않다고 판단되거나, 특히 매춘, 교사, 연극배우, 우상숭배자 등과 같은 세속적인 가치관을 버리기 힘들다고 여겨지는 직업을 포기하지 않는다면 이들을 받아들이지 않았다.

가르침을 받기 위해 인도된 사람들이 하는 일과 직업이 무엇인지 물어볼 것입니다. 만일 창녀들을 조종하는 포주라면, (이를) 그만둘 것이며 (그렇지 않으면) 돌려보낼 것입니다. 만일 조각가나 화가라면 우상들을 만들지 말도록 가르쳐야 합니다. 그는 (이를) 그만둘 것이며 (그렇지 않으면) 돌려보낼 것입니다. 만일 배우이거나 극장에서 연출을 맡은 사람이면, 그는 (이를) 그만둘 것이며 (그렇지 않으면) 돌려보낼 것입니다. 어린이들을 가르치는 사람이면, (이를) 그만두게 하는 것이 좋습니다. 그러나 그가 (아무런) 기술을 가지고 있지 않으면, 그에게 (이를) 허락할 것입니다. 마찬가지로 경기에 출전하거나 참여하는 기사는 (이를) 그만둘 것이며 (그렇지 않으면) 돌려보낼 것입니다. 검투사나 그들에게 싸우는 방법을 가르치는 사람, (경기장에서 맹수를) 사냥하는 투사나 칼싸움 경기에 종사하는 직원은 (이를) 그만둘 것이며 (그렇지 않으면) 돌려보낼 것입니다. 우상숭배의 사제들이나 우상들을 경비하는 사람은 (이를) 그만둘 것이며 (그렇지 않으면) 돌려보낼 것입니다.[11]

이렇게 엄할 수 있을까? 일단 받아들이고 나중에 가르치면 안될까? 초대교회의 대답은 '아니다'였다. 포주, 조각가/화가, 배우, 교사, 검투사, 우상 경비자 등은 그들의 직업을 버리지 않는 한 그리스도인이 될 수 없었다. 이뿐만 아니라 군인들은 살인의 이유로, 고위 관직자들은 사형을 결정할 권한이 있다는 이유로 그리스도인이 될 수 없다고 판단했다. 그리고 마술사와 점쟁이, 사기꾼도 마찬가지였다.

하지만 이것은 시작에 불과했다. 세례교인이 되기 위해서는 세례교육을 받아야 했고, 세례지원자로 인정된 사람들은 3년 동안 규칙적으로 말씀 예배에 참여하며 교리교육을 받았다. 교리교육이라고 해서 교리를 배운 것이 아니라 신자로서 어떻게 살 것인가 배우고 실천하는 훈련이었다. 즉, 철저히 삶 중심의 연습이었다. 이와 같은 예비과정 역시 청원자-선택된 자-세례 대상자 세 단계로 이루어져 여러 번의 시험을 거쳤다. 그 시험도 그들이 얼마나 윤리적 삶, 구체적으로 과부와 병자를 돌보며 선행을 했느냐였고, 또한 후원자들의 확인을 요구했다. 이러한 세례 교육과정이 끝나갈 무렵 마지막 시험을 통과하면 본격적으로 세례를 준비했다. 교회는 이때부터 몇 주에 걸쳐 집중적으로 교리, 주로 사도신경을 가르쳤다. 이는 교회가 신자답게 사는 사람들에게 교리를 교육했다는 점을 보여준다. 그러나 그들은 이미 대부분의 신학을 몸으로 체득한 상태였다. 이 과정을 거쳐 세례 지원자들은 보통 부활절 아침에 세례를 받았다.

우리로서는 이러한 과정을 이해하기 힘들다. 교인 한 명이 아쉬울 판에 왜 이렇게 집요할 정도로 긴 삶의 실천의 훈련을 강조했을까? 초대교회는 입교하기 전에 신자다운 모습을 보여주지 않는다면 그 이후에는 불가능하다고 판단한 것 같다. 사람들을 손쉽게 받아들여 오히려 교회에 해를 끼치기보다는, 느리더라도 그리스도인다운 독특한 매력이 발산되도록 했다. 그러나 4세기 이후 교회가 급격하게 성장하자 이러한 교리교육은 불가능하게 되었고, 자연스럽게 회심의 기준도 낮아졌다. 고대 기독교의 성장과 세례교육간의 관계를 연구한 앨런 크라이더(Alan Kreider)는 고대교회의 신자화의 과정을 다음과 같이 정리한다.[12]

1. 전도	그리스도인들과의 만남, 후원자를 찾음	몇 년 혹은 몇 달

첫 번째 심사 : 관계와 일

2. 학습 과정	말씀을 들음	"성품"이 형성될 때까지

두 번째 심사 : 아비투스와 성품

3. 세례 준비	복음을 들음	몇 주 혹은 몇 달

세 번째 심사 : 퇴마

4. 세례	새 노래를 부름	일생

이런 과정을 거쳐 신자들은 문자 그대로 '새롭게' 태어났다. 3년 동안의 힘든 과정을 통과했으니 세례식이 얼마나 감격스러웠을지 상상하는 것은 어렵지 않다. 초대교회에서 세례는 곧 '재탄생'(rebirth)이었다. 세례를 받은 교인은 처음으로 성찬에 참여했는데, 이제 영생의 양식을 먹으며 새로운 삶을 살아갈 힘을 얻었다. 키프리아누스는 자신의 변화 과정을 감격스럽게 묘사한다.

어떻게 회심이 가능한 것일까요? … 이러한 것들이 우리 안에 뿌리

깊이 새겨졌습니다. 자유로운 연회와 호화로운 잔치에 익숙한 사람이 언제 검약을 배운다는 것입니까? 금과 자색의 번쩍거리는 옷을 입고, 값비싼 의복을 과시했던 사람이 언제 평범하고 단순한 옷으로 자신을 낮출 수 있단 말입니까? … 거듭남의 물로 이전 삶의 얼룩이 씻겨 나갔습니다. … 하늘로부터 불어온 성령으로 인해 두 번째 탄생이 나를 새로운 사람으로 변화시켰습니다. … 그러고 나서 놀라운 방법으로 의심스러운 것들이 한꺼번에 확실하게 이해되었습니다. … 전에는 어려운 것처럼 보였던 것들이 해결 방법을 제안하기 시작했습니다.[13]

2) 예배

예배 또한 사랑의 삶을 위해 고안되었다. 초대교회의 예배는 이미 언급한 대로 크게 말씀 예배와 성찬 예배, 두 부분으로 구분되었고, 성찬 예배는 오직 세례받은 사람들만 참여할 수 있었다. 약 150년경에 기록된 『제1 변증서』는 초기의 예배 모습을 비교적 상세히 그린다.

일요일이라고 불리는 날에는 도시나 지방에 사는 자들 중 어떤 사람의 장소에서 모임이 있습니다. 그곳에서 **사도들의 회고록들 혹은 예언자들의 글들**이 시간이 허락하는 한 읽혀집니다. 낭독자가 끝내면 이 모임의 장은 **설교** 중에 이런 숭고한 것들을 모방하도록 열심히 권하고 부탁합니다. 그러고 나면 저희는 모두 함께 일어나 **기도**를 드립니다. 그리고 이미 말씀 드린 것처럼, 저희가 기도를 마치면, **빵과 포도주와 물**을 들여옵니다. 가능하면 집례자가 하나님께 **감사기도**를 하며 모든 신자들은 '아멘'이라고 **응답**합니다. 그 다음에는 감사함으로써 축성된 음식을 **분배하고 먹습니다.** 집사들은 그것들을 참석하지 않는 사람들에게 가져다 줍니다. 하려는 능력과 뜻이 있는 사람들은 자신에게 가장 좋은 것이라고 여겨지는 것을 자유로이 **기부**하며, 헌물은 집례자에게 제공됩니다. 그는 이것을 가지고 고아들과 과부들, 질병 등의 이유로 궁핍한 사람, 감옥에 갇힌 죄수들, 일시 체류자들 등 간단히 말해서 **궁핍한 사람들을** 돕습니다. 우리는 일요일에 이 전체 모임을 갖습니다. 왜냐하면, 이날은 하나님이 어둠과 물질을 변화시키고 세상을 창조하신 날이요, 우리의 구세주이신 예수 그리스도가 죽은 자들로부터 부활하신 날이기 때문입니다.[14]

유스티누스가 제공하는 예배 순서를 정리하면 다음과 같다. ① 성경 봉독 ② 설교 ③ 공동 기도 ④ 거룩한 입맞춤(『제1 변증서』 65.1) ⑤ 빵과 포도주와 물 들어옴 ⑥ 감사기도와 응답 ⑦ 성찬 ⑧ 헌금. 이 예배는 큰 틀에서 말씀 예전(①-④)과 성찬 예전(⑤-⑧)로 구성되었다.

두 예배를 조금 더 자세히 살펴보면, 먼저 말씀 예배의 핵심은 설교인데 이는 주로 사도들과 예언자들의 글을 읽고 이에 따라 살 것을 촉구하는 형태였다. 말씀 예배 이후 성찬 예배가 이어졌는데, 이때 세례를 받지 않은 사람들은 모두 퇴장했다. 성찬 후 헌금 시간이 있었고, 이는 고아, 과부, 환자들, 죄수들을 돕는 데 사용했다. 성찬으로 교회의 하나 됨과 그리스도의 사랑을 확인하고 이를 구제를 통해 나누고 실천하는 것이다. 이러한 예비교육과 예배에 반복적으로 참여함으로 초대교회 성도들은 사랑의 아비투스(habitus, 습관)를 체득한다. 아비투스는 반복적인 실천으로 습관화된 자동적인 반응으로 생각해서 하는 게 아니라 몸이 스스로 반응하는 것이다. 최근 조지 레이코프 (George Lakoff)와 조녀선 하이트(Jonathan Haidt)와 같은 뇌과학, 인지 언어학과 도덕 심리학자들은 인간의 도덕적 판단이 무의식적이며 즉각적으로 이루어진다고 주장한다. 아마도 초대교회는 자동적인 사랑의 반응을 훈련한 것 같다.[15] 이처럼 성도로 세워지는 일은 단순히 지적인 작업으로 되지 않고 지성, 감정과 의지가 통합된 예배로 이루어졌다.

3. 디다케 공동체 살펴보기

1) 세례 교육: 생명에 이르는 길과 사랑의 윤리

고대교회의 예배와 그리스도인의 형성을 가장 잘 보여주는 대표적인 문서 중 하나는 『디다케』이다. 디다케는 주후 80년에서 110년 사이 시리아의 어느 지역에서 기록된 것으로 추정되는 가장 초기의 교회 지침서이다. 교회 지침서인 만큼 예배, 교육, 직분, 윤리 등 초대교회의 청사진을 잘 담고 있다. 『디다케』는 총 16장으로 구성된 비교적 짧은 문서로 이를 다시 크게 1-6장, 7-16장 두 부분으로 나눌 수 있다. 이 초대교회 지침서의 핵심주제는 '생명'(영생)인데, 지침서는 어떻게 새 생명을 얻고 누릴 수 있는지 설명한다.

먼저 1-6장은 생명에 이르는 방법을 다룬다. 이 부분은 세례 교육으로 몇 가지 점에서 오늘날과 다르다. 첫째, 앞서 언급했듯이 초대

교회 세례 교육 기간은 3년이었다. 세례 교육은 그리스도인을 만드는 기간으로 초대교회는 엄격한 과정을 요구하며 이것에 많은 공을 들였다. 둘째, 교육의 내용은 주로 그리스도인으로서 어떻게 살 것인가에 초점이 맞추어져 있었다. 미국의 신약학자 웨인 믹스(Wayne A. Meeks)가 주장한 것처럼, 초대교회의 세례는 윤리와 아주 밀접하게 연결되어 있었다. 세례는 단지 입교의식만이 아니라 어떤 특정한 행동을 요구한다.[16] 즉, 세례 자체가 이에 걸맞은 삶을 요구하는 것이다.

이러한 이유로 초대교회의 세례교육의 상당 부분은 윤리에 관한 것이었다. 이는 크리소스토모스에게도 나타난다. 『세례 강론』(Baptismal instructions)에서 요한은 세례를 그리스도와의 결혼으로 정의하면서, 그리스도의 신부는 정결하고 거룩한 삶으로 이 결혼을 준비해야 한다고 가르친다. 여러 번 반복했듯이 초대 기독교에서 믿음은 사랑으로 완성되는 것이었다. 믿음과 행위는 하나이며 올바른 믿음은 올바른 실천, 특히 사랑의 삶으로 나타난다(마 25:31-46; 롬 13:8-10; 갈 5:6; 약 2:14-17).

1장은 세례 신청자들에게 먼저 생명의 길과 사망의 길을 제시한다. 세례 교육은 이러한 두 길 중에 생명의 길을 선택하고 이에 합당한 삶을 훈련할 것을 요청하면서 시작된다. 생명의 길(1-4장)은 하나님과 이웃을 사랑하고, 자신이 경험하고 싶지 않은 일을 남에게도 하지 않는 것이다. 생명의 길의 핵심은 사랑의 실천으로, 이는 두 가지 형태의 삶으로 이루어진다. 첫째, 원수를 사랑하는 것이다. 생명의 길에 합당한 사람은 자신을 박해하고 미워하는 자를 오히려 축복하며,

그들을 위해 기도한다. 그들은 오른편 뺨을 맞으면 왼뺨도 내주며, 억지로 오 리를 가게 하면 십 리를 간다. 또한, 겉옷을 빼앗기면 속옷도 주고, 어떤 것을 빼앗겨도 되돌려 달라고 하지 않는다.

둘째, 가난한 사람을 돕는 것이다. 영생을 얻는 사람들은 후하게 나누어주고 갚을 것을 요구하지 않는다. 하나님은 이런 자에게 복을 주지만, 가난하지 않음에도 받기를 좋아하는 사람에게는 화가 있을 것이다. 또한, 구제가 헛되지 않도록 대상을 신중하게 선택해야 한다. 『디다케』는 이를 흥미롭게 말한다. "여러분이 누구에게 줄 것인지 알아낼 때까지 여러분의 구제가 여러분의 손에서 땀 나게 하십시오"[17] 정말 도움을 받기에 합당한 사람이 누구인지 판단할 때까지 경솔하게 구제를 하지 말라는 가르침이다. 『디다케』에 따르면 이러한 이웃 사랑이 기독교의 완전함에 이르는 방법이다(1. 4, 6; 6. 1).

1장이 생명의 길에 있어서 긍정적인 명령(~ 하라)을 말한다면, 2-3장은 십계명을 기초로 부정적인 명령(~하지 말라)을 제시한다. 그리스도인은 사랑의 덕을 기르고 모든 악덕뿐만 아니라 그와 비슷한 것들까지도 피해야 한다. 이러한 죄의 목록은 다음과 같다. 살인, 간음, 남색, 음행, 탐심, 도둑질, 마술, 요술, 낙태, 유아살해, 거짓 맹세, 거짓 증언, 욕, 미움, 원한, 악의, 음모, 두 마음(이중성), 거짓말(헛된 말), 위선, 교만. 여기서 몇 가지 설명이 필요한 부분이 있다. 먼저, 간음은 결혼 이외의 모든 성관계를 의미했다. 로마 사회는 부인 이외에도 매춘부나 노예들과의 성관계에 관대했다. 또한, 남색(동성애)은 어린 소년과의 관계였다. 마지막으로 유아살해는 마음에 들지 않는 아기를 버리는 행위이다. 로마 군인이었던 힐라리온(Hilarion)은 출산을 앞둔 부인에게 편지를 보내면서 "사내아이면 키우고 계집아이면 내다버리라"라고 서슴없이 말했다. 이러한 행동들은 당시 사회에서는 문제 되지 않았지만, 그리스도인들은 달라야 했다.

3장은 앞 장에서 언급한 죄에 대해 다시 경고하면서 이들 사이의 상관관계를 말한다. 다섯 가지 주요 죄악들이 있고 이와 관련된 하위 죄들이 있다. 이는 작은 죄가 큰 죄로 이어질 수 있다는 경고이다.

	주요 죄악	하위 죄악
1	살인	화, 질투, 다툼, 흥분
2	성적인 죄	욕정, 음담패설, 음흉함
3	우상숭배	점, 주술, 점성, 마법
4	도둑질	거짓말, 탐심, 자만
5	신성모독	불평, 아집, 악한 마음

4장은 생명의 길에 관한 마지막 가르침을 보여준다. 말씀의 사역자를 존경하고 분열을 일으키지 말고 정의롭게 재판하라는 교훈이 등장한다. 1장에서 강조한 구제에 대한 명령이 다시 나오고, 이후 자녀와 종들에 대한 윤리를 언급한다. 그리스도인은 자녀에게 하나님 경외를 가르쳐야 하며 종들을 가혹하게 대해서는 안 된다. 노예 역시 주인을 하나님의 모상으로 여기며 순종해야 한다.

생명의 길에 관한 교훈 이후 사망의 길에 대한 설명이 이어진다

(5-6장). 이 길은 악하고 저주가 가득하다. 앞서 경고했던 죄와 악덕의 목록이 열거된다. 특히 가난하고 압제 받는 자들을 돌보지 않는 죄를 무겁게 다룬다. 이렇게 생명과 사망의 길에 대한 세례 교육이 끝난다.

2) 세례: 생명에 들어가기

예비 신자들은 3년 동안 이와 같은 훈련을 통해 사랑의 사람으로 형성되었다. 최종 심사를 통과한 예비 신자들은 앞서 언급했듯이 이제서야 사도신경을 배웠다. 세례(7장)는 새 생명이 탄생하는 현장이다. 오랜 시간 숱한 어려움을 뚫고 여기까지 왔기 때문에 세례의 감동은 이루 말할 수 없었을 것이다. 3세기 북아프리카 교부 키프리아누스의 고백처럼 고대교회의 세례는 영적으로 새롭게 태어나는 것이었다. 초대교회는 점차 부활절 아침에 세례식을 했다. 이는 주님이 부활한 날, 우리 역시 다시 태어난다는 것을 의미했다. 교회는 이를 더 극적으로 표현하기 위해 세례 후 처음으로 성찬을 받는 사람들에게 젖과 꿀을 주었다. 젖과 꿀은 당시에 신생아들이 먹는 음식이었다. 갓 세례받은 신자들은 이제 '젖과 꿀이 흐르는 땅'(출 3:8, 17)으로 가는 순례자들이기도 했다.

『디다케』에 따르면 세례식 때 흐르는 물, 즉 생수를 사용했다. 이를 통해 새 생명을 얻는 세례를 더욱 생생하게 보여주었다. 또한, 아버지와 아들, 성령의 이름으로 세 번 물을 머리에 부었다. 사도신경이 만들어진 후에는 삼위 하나님에 대한 믿음을 묻고 답하는 형식이 되었다("당신은 전능하시고 천지를 만드신 하나님을 믿습니까?"-"예"- 물 부음). 그리고 집례자와 세례자, 그의 주변 지인들 세례식 전에 함께 금식했다. 특히 세례자는 하루 혹은 이틀을 금식했다.

3) 성찬, 금식, 기도: 생명 누리기

그렇다면 새 생명은 어떻게 성장할까? 그 방법은 성찬(예배)과 금식, 기도이다. 『디다케』에서는 금식과 기도에 대한 지침이 먼저 나온다 (8장). 초대교회 성도들은 금식하기를 힘썼다. 『디다케』는 월요일과 목요일에 금식하는 유대인과는 달리 수요일과 금요일에 금식하라고 말한다. 수요일은 가룟 유다와 같은 배신을 경계하기 위해, 금요일은 예수님의 십자가를 묵상하기 위해 이렇게 정한 것 같다. 기도에 관해서는 주기도문으로 하루 세 번씩(아침, 점심, 저녁) 기도할 것을 명한다.

9-10장은 성찬에 관한 내용이다. 『디다케』에서 예배는 먼저 14장에서 간략하게 언급된다. 성도들은 매 주일에 모여 예배를 드렸는데, 이 예배의 핵심은 성찬이었다. 성찬을 앞두고 성도들은 회개하고 불화하는 형제들과 화해했다. 고대교회의 성찬은 단지 형식이 아니라 영생을 먹고 마시는 곳이다. 논쟁의 여지는 있지만 『디다케』의 성찬에는 공동식사(*agape*)가 포함되었던 것 같다. 이는 초기 그리스도인들이 영적인 양식과 더불어 육신의 양식을 함께 나누었음을 보여준다. 그들은 애찬으로 배불리 먹으면서("배불리 먹은 후에"(10.1)) 하나님이 주신 구원의 풍성함을 몸으로 느꼈다. 이후 성찬은 오직 세례받은 사람들만이 참여

했다.

9-10장은 각각 비슷한 내용의 감사기도를 반복하는데, 9장에 세 번, 10장에 세 번, 총 여섯 번의 기도가 나온다. 먼저 잔에 대한 기도가 나오는데, 디다케 공동체는 독특하게 포도주를 먼저 마시고 빵을 먹었다. 집례자는 "다윗의 거룩한 포도나무"(9.2)에 대해 감사한다. 이는 하나님이 주신 구원을 의미한다. 하나님은 예수 그리스도를 통해 성도들에게 그의 이름과 지식, 믿음과 불멸성을 주셨다(10.1). 다음으로 빵에 대한 기도가 등장한다. 여기서 하나님이 주신 생명에 대해 감사한다(9.3). 전능하신 하나님은 육신을 위한 양식뿐만 아니라 영혼을 위한 양식과 영생을 선물로 주신다(10.3-4). 이러한 기도를 통해 신자들은 성찬을 받는 지금 실제로 영생을 먹고 마심을 깨달았다. 마지막은 교회를 위한 기도로, 모든 악으로부터 교회를 보호하며, 교회가 사랑 안에서 완전해지기를 기도한다. 그리고 마지막 날에 세상 각처로 흩어졌던 교회들이 하나님의 나라에 모여 하나가 되기를 간구한다(9:4; 10:5).

각 감사기도 끝에는 송영(6번)이 이어진다. "당신(하나님)께 영광이 영원히 있기를 바랍니다." 특별히 마지막 기도 다음에는 "능력과 영광이 예수 그리스도를 통하여 당신께 영원히 있기를 바랍니다"라는 송영이 나온다. 이러한 송영은 받은 은혜에 대한 감사인 동시에 그리스도인의 삶이 하나님의 영광을 위해 존재한다는 점을 알려준다. 이와 같이 고대교회는 세례와 성찬의 의례를 통해 신자들이 직접 신학을 경험하도록 했다. 즉, 반복되는 기도와 송영, 성례에 참여하는 행동을 통해 이론 뿐만 아니라 하나님을 체험했던 것이었다.

생명을 먹고 마신 성도들은 다시 세상으로 파송된다. 집례자와 성
도들은 다음의 문구를 외치며 새로운 생명에 걸맞은 거룩한 삶을 결
심한다.

집례자: 은총은 오고, 이 세상은 사라져라
참석자: 다윗의 하나님께 호산나
집례자: 누구든지 거룩하다면 오고, 그렇지 못하면 회개하십시오.
　　　　마라나타
참석자: 아멘

4) 직분자: 생명 전달하기

세례 교육, 세례와 성찬 모두는 생명(영생)과 연결되어 있다. 그렇
다면 생명의 사역을 담당하는 사람은 누구인가? 이는 바로 사역자로,
이들이 제대로 사역하지 않는다면 교회의 생명 사역은 올바로 설 수
없었다. 케빈 로우(C. Kavin Rowe)가 잘 지적했듯이 초대교회가 추구
했던 무형의 정신은 유형의 제도를 통해 구현되었다.[18] 이런 점에서
사역자는 생명의 길을 가르치고 세례와 성찬을 집례하여 생명을 누
릴 수 있도록 도와준다.

『디다케』가 작성될 무렵에는 아직 직분이 확정되지 않았다. 사도
와 교사, 예언자(11-13장)와 감독과 집사(15장)가 혼재했는데, 사도와
예언자는 순회 사역자였고, 감독과 집사는 지역교회 사역자였다. 이

후 점차 순회 사역자는 사라졌고 지역교회는 감독, 장로, 집사로 구성된 삼중 직분이 자리 잡았다. 우리가 여기서 유의해야 할 점은 당시의 직분자들은 거의 모두 성직자였다는 점이다. 『디다케』가 가르치는 사역자에 관한 내용은 대부분 그들의 자질에 관한 것이다. 특히 순회 설교자 중에 사역자를 자칭하며 교회에 해를 끼치는 사람이 적지 않았기 때문이다. 따라서 이들을 어떻게 분별할 수 있을지가 중요한 문제였다.

『디다케』는 세 가지 기준을 제시한다. 첫째, 바른 진리를 가르쳐야 한다. 지금까지 말한 『디다케』의 모든 가르침이 잣대였다. 둘째, 사적 유익을 구하지 않는 것이다. 거짓 교사들이 지역교회에서 돈을 뜯어가는 일이 많았기 때문에 순회 사역자는 방문한 교회에 이틀 동안만 머물러야 했다. 그리고 떠날때도 그날 저녁까지 먹을 음식 외에는 아무것도 요구해서는 안 된다. 만일 돈을 요구하거나 가난한 자를 위해 부탁한 식사 자리에 자신이 참석한다면 거짓 교사로 간주되었다. 셋째, 삶의 모범이 요구되었다. 사역자는 주님의 삶의 방식을 보여주어야 하며 그들의 가르침과 삶이 일치해야 한다. 만일 그렇다면 성도는 이런 사역자들을 주님처럼 영접하고 존경해야 한다.

5) 종말론적인 삶: 생명의 완성을 바라보며

『디다케』는 마지막으로 종말에 대한 가르침(16장)으로 끝난다. 새 생명을 얻은 그리스도인은 종말에 완성될 생명을 바라보며 살아야 한다. 16장에는 종말의 징조에 대한 마태복음의 말씀이 반복되는데, 마지막 때에는 거짓 선지자들과 불법의 사람들이 많아지는 반면, 믿음을 끝까지 지키는 사람이 적어진다고 말한다. 이런 현실 속에서도 그리스도인은 종말을 대비해야 한다. 그들은 주님의 재림을 고대하며 이웃사랑과 구제를 실천하고 모이기를 힘써야 한다.

윌리엄스는 『그리스도인이 된다는 것』(Being Christian)에서 그리스도인을 형성하는 요소로 세례, 성경, 성찬, 기도 네 가지를 꼽았다.[19] 『디다케』는 이러한 예배, 특히 세례와 성찬의 형성적 힘을 잘 보여준다. 세례와 성찬의 큰 축으로 이루어진 교회는 생명의 공동체였고, 교회의 모든 사역은 생명을 목적으로 서로 연결되어 있었다. 세례교육은 생명의 길로 인도하고, 세례는 생명을 탄생시킨다. 또한, 성찬과 경건 생활은 생명을 누리는 것으로, 성도들은 교회를 통해 영생을 살고 완성을 바라본다. 이러한 생명의 공동체는 또한 이웃과 가난한 자들을 향한 사랑의 문화를 만든다. 따라서 『디다케』는 예배는 기독교 윤리가 만들어지는 곳이며, 거기서 믿음과 소망과 사랑의 덕이 형성된다는 점을 알려준다. 그리고 그 중심에는 사랑이 있었다. 우리의 예배는 지금 어떠한 사람을 만들고 있는가?

7장. 고대 수도주의로 다가가기

1. 교회사를 이해하는 다차원적 방법

1) 교회사적 접근: 객관적 읽기

이제 마지막으로 주제와 관련해서 이 책에서 사용한 연구방법론을 말할 차례이다. 보통 연구방법론은 논문이나 전문적인 학술 연구서의 경우 서론, 즉 책의 앞부분에 나오지만, 머리말에서도 밝혔듯이 가독성을 위해 이 책의 마지막 장에 배치하였다. 여기서는 크게 두 가지 사항(issue)을 다룰 것인데, 첫째는 이 책을 포함한 교회사의 연구방식이다. 필자는 네 가지 접근방식을 제시하고자 하는데, 엄밀하게 말하면 첫 번째 방식이 학술적인 연구에서 사용되며, 나머지는 좀 더 대중적인 글쓰기를 위해 필자가 만든 것이다.

둘째, 이러한 이 책의 접근방식을 제시한 후 연구를 위해 사용된 자료의 문제를 다루었다. 여기서 자료란 기본적으로 1차 문헌, 즉 요한과 초대교회 저자들의 글을 의미한다. 교회사 연구에서 이러한 1차 자료의 분석이 가장 중요하다. 이 부분에서 이 책을 위해 어떠한 자료들을 사용했고, 선별 기준과 주의할 점은 무엇이었는지 말하고자 한다. 그럼 이제 첫 번째 이슈부터 시작해보자.

이 책은 요한의 성경해석과 수도주의 사상을 다양한 각도에서 접근했다. 이는 교회사 연구의 매력이기도 하다. 우선 교회사적 접근 방식을 사용했다. 교회사(Church History)는 교회(Church)와 역사(History)의 복합어로 말 그대로 '교회의 역사'를 의미한다. 그러나 교회사는 단지 교회에만 국한되지 않고 기독교의 기원, 형성, 발전과 관련된 모든 역사적 차원을 탐구한다. 여기에는 기독교가 당시 사회와 주고받은 영향까지 포함된다. 물론 시간을 거치며 교회사에 대한 개념이 다소 변화되기도 했지만, 현재의 일반적인 입장은 이러하다.

교회사는 일반 학문의 범주로는 역사학에 속하지만, 단지 역사적 문제만을 다루지 않는다. 독일의 교회사가 에른스트 다스만(Ernst Dassmann)은 교회사를 "하나님의 구원이 역사 안에서 실현되는 것을 파악하는 신학 논문"으로 묘사한다.[1] 프랑스의 로마 가톨릭 역사학자인 장 콩비(Jean Comby)에 따르면 교회사가는 교회를 통해 전파되고 알려진 예수 그리스도의 복음의 역사를 추적한다. 지난 2,000여 년 동안 그리스도에 대한 신앙과 지식은 다양한 사람들을 통해 전해졌다.[2] 곤잘레스 역시 교회사는 역사 이상의 의미를 지니고 있음을 지적하면서 교회사는 성령 사역의 역사라고 주장한다.[3] 이와 같이 교회사는 엄밀성과 객관성을 갖춘 학문일 뿐만 아니라 이 세상에서 펼쳐지는 하나님의 구원역사를 살펴보는 믿음의 행위이기도 하다. 따라서 교회사 연구에는 학문과 신앙 모두 필요하다.

교회사는 역사학이기 때문에 기본적으로 과거에 대한 객관적 읽기를 강조한다. 이는 어떤 전제나 관점 등을 배제한 체 최대한 객관적으로 과거를 이해하려고 노력한다는 것이다. 그렇지 않으면 자기주장을 입증하기 위해 역사를 왜곡하기 쉽다. 그래서 여기서 중요한 것이 과거에 기록된 원전(1차 문헌)을 연구하는 것이다. 물론 고고학적 자료나 예술도 과거의 역사를 되살리기 위한 중요한 원천이지만, 역사가에게 가장 중요한 자료는 기록된 글이다. 글만큼 인물이나 사건을 분명하게 이야기하는 자료는 없기 때문이다. 하나의 문헌은 저자가 전하고자 하는 정보뿐만 아니라 간접적인 정보도 제공하기도 한다.

교회 역사가는 시대적인 배경 속에서 1차 문헌을 분석한다. 그 시대의 다양한 역사적·사상적·문화적 배경 속에서 텍스트의 의미를 찾으려고 노력한다. 이런 점에서 교회사는 교회와 신학뿐만 아니라 그것이 형성된 환경과의 상호 작용에도 관심을 가진다. 이렇게 보면 교회사는 종합 학문이라고 말할 수 있다. 이 책에서도 역시 요한의 수도주의 사상과 신학을 이해하기 위해 그의 글들을 4세기 안티오키아의 여러가지 역사적 배경에서 면밀하게 분석했다.

2) 성경해석사적 방법

객관적인 역사 이해 위에서 고대교회의 가르침과 사상을 또 다른 관점에서 볼 수 있다. 이를 통해 우리는 과거에 대한 이해를 더욱 심화시킬 수 있다. 필자는 이를 교회 개혁자들이 두 근원(*fontes*)으로 여긴 성경과 전통을 통해 할 수 있다고 생각한다. 물론 고대교회에 관한 학문적인 탐구를 충실히 한다면 그 자체로 역사적 의의를 발견할 수 있을 것이다. 이뿐만 아니라 또한 성경과 전통의 관점에서 교회사를 이해한다면 의미 있는 통찰들을 얻을 수 있다. 먼저 성경을 통한 접근법을 살펴보자.

칼프리드 프뢸리히(Karlfried Froechlich)는 프린스턴 신학교 교수

취임 연설에서 교회사를 성경해석의 역사로 구성할 것을 제안했다. 그는 게하르트 에벨링(Gerhard Ebeling)이 제안한 '성경해석사로서의 교회사'(Kirchengeschichte als Geschichte der Auslegung der Heiligen Schrift)라는 논제를 발전시키면서 이 방법론은 어떤 한 구절에 대한 해석사를 살피는 작업을 넘어서 성경이 어떻게 교회의 역사를 형성하고 발전시켜 나갔는지를 고찰하는 것이라고 주장했다.[4] 프뢸리히는 이 역사 기술론의 대표적인 예로 마리아론을 제시했다. 초대교회의 마리아의 처녀성에 대한 교리는 몇 개의 성경 구절(마 1:23; 눅 1:27, 29)에 근거한 상상력과 당시의 특수한 역사적인 상황으로 인해 형성되었다는 것이다.[5] 프뢸리히의 공헌은 교회의 제도와 활동과 같이 겉으로 드러나는 외부적인 형태의 이면에 성경과 그에 기초한 신학적인 작업이 있었다는 점을 보여준 것에 있다.

사실 초대교회 교부들은 특히 성경에 사로잡힌 자들이었다. 교부의 작품을 몇 페이지만 읽어보아도 그들이 얼마나 성경의 세계에 깊이 빠져 있었는지 알 수 있다. 그들의 저술은 성경 인용과 암시로 가득 차 있기 때문이다. 이와 같이 성경이 교부들의 생각과 사고를 지배하고 있었고, 그들은 성경에서 언어, 사상, 이미지를 만들어냈다. 고대 기독교는 허타도의 지적처럼 바로 '성경'이라는 '한 책의 종교'였던 것이다.[6] 교부들은 성경에서 모든 것에 관한 이야기를 말했다. 세계와 인간의 창조에서부터 마지막 마무리까지의 거대한 서사를 이야기했고, 그 중심에는 하나님과 그의 아들 예수 그리스도를 통한 유일한 구원이 있었다. 이러한 배타성이 기독교 존재의 핵심이 되었고, 여기서 그리스도인(그리스도를 따르는 자들)이라는 독특한 정체성이 만들어졌다.

에이브릴 카메론(Averil Cameron)은 고대교회 사상가와 신학자들이 성경에 근거하여 기존의 그리스-로마 담론을 변혁하여 새로운 인식의 틀을 제공했다고 주장한다. 말의 전쟁(war of words) 시대에서 기독교 세계관은 또 하나의 관점이 아니라 기존의 세계관 전체를 대체하는 것이었다(totalizing discourse). 고대교회는 성경적인 관점에서 대안적인 세계관을 제시하고 이에 따른 독특한 삶과 문화를 형성했다.[7]

이 책은 성경해석사적인 관점을 가지고 요한의 수도사상 형성과 그리스도인의 정체성에 관해 접근했다. 요한이 어떤 성경적 근거에서 수도주의를 바라보았고, 참된 그리스도인의 모습을 말했는지 탐구함으로 그의 사상에서 성경이 어떤 역할을 했는지 살펴보았다. 이를 통해 요한의 신학의 바탕에 있는 성경해석과 그와 연관된 사상의 적합성을 판단할 수 있을 것이다.

3) 세계교회와의 비교적 접근

성경과 함께 유용한 역사 이해의 안경은 세계교회 전통이다. 이는 비교 역사 분석(comparative historical analysis)방법으로, 본래 사회과학의 주요 연구방법론으로 그 기원이 근대 사회학의 창설자인 아담 스미스(Adam Smith), 알렉시 드 토크빌(Alexis de Tocqueville), 카를 마르크스(Karl Marx)에게까지 거슬러 올라간다. 비교 역사 분석은 비슷하게 반복되는 역사적 사례들을 분석하여 그것의 원인, 결과, 영향 등을 찾고 상호 비교하는 것을 목표로 한다. 고대교회사의 비교작업 역시 큰 틀에서는 이와 비슷하다.

비교역사분석 방법을 설명하기에 앞서 비교의 대상으로 삼고 있는 전통이 어떤 한 시대 혹은 한 신학적 입장이 아닌 세계교회라는 점을 주목할 필요가 있다. '세계기독교'(World Christianity)라는 용어는 오늘날 제3세계 기독교를 지칭하기도 한다. 세계 대전 이후 비 서양, 특히 아프리카와 아시아 기독교는 괄목한 말한 성장을 이루었다. 이러한 현상에 대해 1970년대 이래로 앤드류 웰스(Andrew Walls), 브라이언 스탠리(Brian Stanley), 데이나 로버트(Dana Robert) 등의 교회사, 선교학자들은 기존의 서구 중심적인 교회사 서술을 비판하며 비서구권 기독교 연구를 강조하고 이를 '세계 기독교학'이라고 불렀다. 하지만 이 책에서 세계 기독교는 2,000년 동 · 서방의 전체 교회를 의미하며 시대 구분으로는 초대, 중세, 종교개혁, 근 · 현대, 한국교회이다.

초대교회와 세계교회 사이의 비교연구의 한 방법은 고대교회 전통의 영향 혹은 수용사를 살펴보는 것이다. 기독교의 토대가 된 교부들의 전통이 후대에 어떻게 계승, 발전되었는지 살펴보는 것은 흥미로운 작업이다. 또한, 시대별로 비슷한 사건들을 모아 서로 비교 분석할 수도 있다. 이러한 사건을 하나로 모아서 보면 공통점과 차이점을 볼 수 있을 뿐만 아니라 어떤 사건에 대한 가치 판단을 할 수 있는 안목이 생긴다. 이때 세계교회사라는 잣대로 일방적으로 고대교회사를 평가하는 것이 아니라 양방향에서의 상호 보완적인 연구를 시도하는 것이 좋다. 어느 시대도 완전한 시대는 없기 때문이다. 이러한 방법은 이상규 교수가 주장하는 교회론적 역사 편찬의 특징이기도 하다. 그는 한국교회와 세계교회와의 비교 연구를 교회론적 역사편찬으로 정의하면서 그 특징을 다음과 같이 설명한다.

> 교회론적 역사 편찬의 특징은 한국교회사를 한국이라는 지역이나 민족적 한계 속에서 보지 않고 세계교회사적 지평에서 보고 있다는 점이다. 우리에게는 한국교회사를 세계교회사적 지평에서 헤아리는 안목이 있어야 하고, 세계교회를 한국교회사적 눈으로(Korean reading) 헤아리는 상보적 호혜의 원리를 중시해야 한다.[8]

세계교회와의 비교적 작업에서 고대교회와 한국교회와의 비교는 특히 주목할 만하다. 사실상 이는 동·서방 기독교 문화 비교연구이다. 두 시대 모두 세계기독교와 한국기독교의 시작과 발전이라는 점에서 비슷한 부분이 많이 있다. 이 유사한 역사적 패턴이 서양과 동양에서 각각 어떻게 이루어지는지 고찰하면 고대교회의 전통을 무분별하게 한국에 이식하는 것이 아니라 토착적인(한국적인) 신학과 교회를 형성하는데 좋은 자원으로 사용할 수 있다.[9]

고대 기독교를 지난 2,000년의 교회 역사와 비교하는 작업은 상당히 의미가 있다. 세계교회 전통은 다양하고 포괄적이기 때문에 비교연구를 통해 고대교회를 다양하게 이해할 수 있다. 또한, 고대교회에 대한 객관적인 평가도 할 수 있다. '고대교회로 돌아가자'라고 해서 이 시대가 절대적으로 옳은 것은 아니며, 고대교회에도 한계가 있다. 이를 다른 전통과 비교해보면 고대교회를 보완, 교정할 수 있기에 좀 더 공정한 평가가 가능해진다. 곧, 통시적인 관점은 특정 시대에 한정된 미시적 접근의 한계를 극복하는 데 도움을 준다. 이 책 역시 고대교회와 수도주의, 그리스도인 됨을 후대의 교회 역사와 비교하는 작업을 통해 고대의 전통이 어떻게 계승되고 있는지 보여주었다.

4) 오늘을 위한 교회사

교회사 연구에서 과거에 관한 객관적인 분석과 정보도 중요하지만, 그것이 오늘날 한국교회와 성도들에게 유의미한 교훈을 줄 때 살아있는 역사가 될 수 있다. 윌리엄스가 옳게 지적했듯이 과거에 대한 지식은 현재와 미래와 긴밀하게 연결되어 있다.[10] 우리가 인식하든 그렇지 못하든 오늘의 현실은 과거의 축적이다. 지금까지 걸어온 역사를 안다면 현재를 이해할 수 있고 또한 다가올 미래를 대비할 수 있을 것이다. 즉, 역사의식, 시대를 바라볼 수 있는 좋은 안경을 가지는 것이다. 이것이 역사 공부가 주는 중요한 유익이다.

그런데 오늘날 우리와 시대 차이도 크고 언어와 문화, 사상도 너무 다른 요한이 아직까지 우리에게 해 줄 말이 있을까? 아이러니하게 그가 우리와 너무 동떨어진 시대에 살고 있었기에 그것이 가능하다고 말할 수 있다. 우리는 생각보다 시대의 영향을 많이 받고 살아간다. 시대에 갇혀있는 인간은 보지 못하는 것들이 있는데, 교회사를 보면 이를 잘 알 수 있다. 어느 시대에는 중요하다고 간주된 것이 상황이 바뀌면 간과되기도 한다. 미국의 교회사가 마크 놀(Mark Noll)은 그리스도인이 교회사를 공부해야 할 이유를 말하면서 흥미로운 예들을 제시한다. 교회가 어떤 종류의 음악을 사용해야 하는지 과거에서 자료를 찾는다면 다양한 사례들이 등장한다. 성경해석에서도 과거에 가장 옳고 이상적이라고 생각했던 해석이 실상은 성경을 왜곡하는 경우도 있었다.[11] 이처럼 초대교회는 우리가 볼 수 없는 부분을 알려주고, 당연하다고 여기는 부분들을 낯설게 함으로 좀 더 지금을 냉정하고 객관적으로 볼 수 있도록 도와준다.

현재 한국교회는 심각한 위기에 처해있는 것 같다. 이미 오래전부터 이런 위기감이 있었지만, 코로나를 겪으면서 더 커진 것 같다. 교인들의 수가 줄어들고 젊은 세대가 교회를 떠나고 있다. 또한, 목회자 지망생의 수가 급격하게 감소하고 있다. 교회가 세상의 빛과 소금이 되지 못하고 오히려 비판의 대상이 되고 있다. 물론 교회에 대한 잘못된 소문과 오해도 작용하지만, 많은 부분 이러한 위기는 교회 내부의 문제를 반영한다. 초대교회는 본질을 잃어버린 교회, 빛을 잃어버린 그리스도인들에게 소중한 가르침을 줄 수 있는데, 특히 수도주의가 그렇다. 수도원은 초기 그리스도인들이 하나님의 말씀대로 살고자 몸부림친 산물이었기 때문에, 이는 영적으로 어두운 시기를 살아가는 우리에게 적합한 교훈과 방향을 줄 수 있을 것이다.

2. 자료 문제

크리소스토모스의 수도주의와 제자도를 살펴보기 위해 이 주제와 관련하여 370년부터 390년 사이에 기록된 그의 여러 작품을 분석했다. 요한은 동방 교부 중에서도 상당히 많은 저술을 남긴 교부이다. 아마 요한과 오리게네스가 1, 2위를 다툴 것이다. 예전에 외국의 어떤 동료와 요한이 학계에서 별로 인기 없는 이유에 관해 이야기를 나눈 적이 있었다. 그때 그는 웃으면서 요한이 너무 많은 글을 남겼기 때문이라고 말했다. 이는 우스갯소리이기도 하지만 또한 간과할 수 없는 사실이기도 하다. 그도 그럴것이 현재 남아있는 요한의 작품은 13권의 책, 239통의 편지, 800편 이상의 설교와 주석으로 총 1,000개 이상에 달한다. 참고로 아우구스티누스는 설교 526편, 편지 252통, 책 134권(총 912권)을 남겼다.

샤킨의 주장과 같이 요한이 금욕주의에 대한 몇 개의 작품을 남겼지만, 이 작품들에서 그의 견해는 체계적으로 정리되지 않았다.[12] 또한, 많은 정보들이 그의 전 저술 가운데 여기저기 흩어져 있다. 따라서 요한의 수도 사상의 발전 혹은 변화를 이해하기 위해서는 이러한 정보들을 종합해서 분석해야 한다. 필자는 요한의 작품의 저작연대와 장소에 주의를 기울이면서 마태복음 7장 13-14절의 두 문(gate)에 관한 요한의 해석과 수도주의 신학의 전개 과정을 여러자료들을 분석하면서 추적해 보았다. 이러한 과정을 통해 그리스도인 됨에 대한 요한의 입장이 어떻게 변화되고 있는지 볼 수 있었다.[13]

나가는 글

사랑으로 완성되는 믿음

지금까지 우리는 참된 그리스도인에 대한 크리소스토모스의 가르침을 그의 수도주의 사상이라는 렌즈를 통해 살펴보았다. 요한은 마태복음 7장 13-14절의 두 문을 수도주의 관점에서 해석했고 이러한 과정을 통해 신앙의 본질, 즉 그리스도인이 누구인가에 대한 문제를 다루었다. 요한은 처음에『수도적 삶 반대자』에서 좁은 문을 수도사, 넓은 문을 세상 사람들로 규정했다. 요한은 이상적인 관점에서 수도사를 완전한 그리스도인의 표본으로 보았다. 수도사는 세상을 떠나 모든 욕망과 세상적인 걱정에서 벗어나 하늘의 삶을 추구한다. 그는 모든 소유를 나누며 기쁨과 고통을 함께 나누는 천사와 같은 존재이다. 또한, 수도사는 사회의 진정한 리더이며 그리스-로마 교육의 이상을 실현한다. 이러한 관점에서 요한은 회중들에게 기독교의 최고의 덕에 이르기를 원한다면 도시를 떠나라고 권고했다. 세상은 죄와 욕망으로 가득 차 있기 때문에, 이곳에서의 구원은 거의 불가능하다는 것이었다. 요한은 이때 영적으로 어두운 세상에는 큰 관심이 없었고, 그의 눈은 오직 사막 혹은 산을 향하고 있었다.

하지만 이러한 이상적인 견해는 『부자와 나사로』에서는 나타나지 않는다. 요한은 이제 수도 생활이 좁은 문이 아니라 세상 속에서 수도사처럼 살아가는 것이 영생의 길이라고 주장한다. 안티오키아에서 교회사역을 다시 시작하면서 요한은 어느새 기득권이 되어버린 수도사들을 비판했고, 수도사만이 일등 그리스도인이라는 관념에 근본적인 도전장을 내밀었다. 수도사는 구원이 보장된 완전한 그리스도인도 아니며 교회의 지도자로도 부족함이 많다. 심지어 수도사들도 일반 사람들과 똑같은 근심과 걱정 속에서 살아갈 뿐이다. 요한은 세상으로부터의 도피를 강조하는 철학적 삶을 기독교적 관점에서 재해석하여 욕망으로부터의 떠남을 중요시하며 가난한 자들에 대한 사랑과 섬김을 강조한다. 세상 속에서 타인의 필요와 고통을 감당하는 것이 참된 수도주의라는 것이다. 이러한 수도생활의 단순함 속에서 이웃 사랑을 실천하는 사람이 참된 그리스도인이다. 요한은 이웃 사랑이 없다면 모든 수도 훈련은 헛된 것이라고 주장한다. 우리는 사랑을 통해 하나님에게 가장 가까이 간다고 가르쳤다.

요한이 수도사들을 비판한다고 해서 사막 수도의 정신과 영성을 완전히 버린 것은 아니다. 오히려 수도생활의 핵심가치와 훈련을 가져와서 그것을 일반 평범한 사람들의 눈높이에 맞추고자 했다. 거기에는 세상을 살아가는 그리스도인들이 배워야 할 것이 너무 많았기 때문이다. 그래서 요한은 그 원리를 교회사역에 적용하여 모든 그리스도인들이 세상 속에서 수도사와 같이 살아가라고 요청한다. 세상에서 살고 있는 그들이 오히려 수도사들보다 더 욕망과 죄와 싸우며 부와 명예와 권세에 관심을 두지 않고 검소하며 가난한 자들을 섬기며 살아야 한다. 그 중에서 가장 중요한 것은 자비와 구제이다. 요한은 가난하고 고통 받고 소외된 사람들을 향한 관심과 사랑이야말로 기독교의 최고의 덕이라고 주장한다. 안티오키아에는 가난한 사람들이 너무나 많았기 때문에 요한은 그들의 비참한 현실을 외면하지 말라고 촉구한다. 요한은 사회가 외면하는 가난한 자들 가운데 사실상 그리스도가 계신다고 지적한다. 요한은 이렇게 사랑의 완전한 삶을 그리스도인 개인과 가정이 실천한다면, 안티오키아가 변화될 것이라고 믿었다.『수도적 삶 반대자』와『부자와 나사로』사이의 두 문에 대한 해석의 변화는 요한의 수도사상의 초기 급진성은 사라지고 더욱 깊어지고 원숙해져 가는 과정을 잘 보여준다. 즉, 요한은 사막 수도주의의 한계를 극복하면서 이를 도시의 삶과 통합하려고 했다. 또한, 이러한 참된 그리스도인은 예배를 통해 만들어진다. 사랑의 사람은 태어나는 것이 아니라 만들어진다. 초대교회는 예배를 통해 사랑의 습관을 만들었고, 요한 역시 이러한 전통 속에 있었다.

요한은 이와 같이 한편으로는 사막(시리아) 수도주의와, 다른 한편으로는 신앙적으로 무기력해진 안티오키아의 성도들과 맞서야 했을 것이다. 요한의 눈에는 사막의 은자들의 떠남과 독거, 여기에서 나오는 영혼의 평정 등은 문제가 있었다. 무엇보다도 수도주의가 세웠던 높은 이상때문에 그것이 의도하지 않았다고 하더라도 사막과 도시의 이분법을 만들었고, 많은 사람들이 이 세상에서 그리스도인답게 사는 것을 포기했다. 그들은 이는 사막의 은자들의 영역으로 간주했고, 죄 많은 세상에서 살아가는 자신들과는 상관이 없다고 생각했다. 대신에 그들은 그저 높은 영적 단계에 이른 수도사들을 존경하고 그들의 가르침만을 받는 수동성을 선택했다. 사막과 도시, 교회적인 삶과 세상 속에서의 삶이 분리되었고, 대다수의 안티오키아의 그리스도인들의 신앙적 자존감은 땅 바닥에 떨어졌다.

그때 요한은 이렇게 외쳤던 것 같다. "여러분은 결코 수도사들보다 못한 존재가 아닙니다. 예수님은 그러한 분리를 가르치지 않았습니다. 세상 속에서 죄를 이기며 가난한 자들을 위해 헌신하는 여러분이 진정한 수도사이며, 여러분만이 참된 의미에서 고대 철학자들의 고상한 삶을 실현할 수 있습니다. 여러분은 그만큼 고귀한 존재입니다. 그러니 절대 포기하지 마세요. 여러분 자신을 잘못된 잣대로 보지 말고 예수님의 눈으로 보세요. 여러분, 할 수 있습니다." 요한은 안티오키아에 다시 돌아온 후 이러한 메세지가 잘 전달되도록 어려운 고대 철학, 심지어 신학 용어도 잘 사용하지 않았고, 시장의 언어, 사람들이 가장 많이 접하는 비유와 이미지로 말한 것 같다. 이교 철학과 당대의 지적담론 보다는 성경을 더 깊이 묵상하고 실제적인 교훈을 많이 주려고 했다.

그래서 요한은 학자들에 의해 때때로 신학적 깊이가 부족한 도덕주의자라는 오명도 받았지만, 요한에게 중요했던 일은 자신의 사역을 통해 한 사람이라도 참된 그리스도인으로 살고, 비록 세상의 눈으로는 보잘 것이 없다고 할지라도 사람들이 자신을 수도사 만큼, 더 나아가 그 이상의 존귀함을 가지고 있다는 점을 깨닫기를 바랐던 것 같다. 그리고 그의 이러한 노력이 결실을 맺어 그의 설교를 들었던 수많은 사람들의 증언으로 그의 사후에 '황금의 입'이라는 명예로운 별칭을 얻게되었을 것이다.

요한은 기독교의 본질은 사랑이라고 가르쳤다. 참된 그리스도인은 약자를 돌보고 사랑을 실천하는 사람이며, 믿음은 사랑과 같다. 즉, 사랑이 없는 수도생활, 신앙생활은 가짜이다. 이는 초대교회가 강조한 '사랑으로 완성되는 믿음'(*fides caritate formata*)이었다. 초대교회는 계속해서 이웃과 가난한 자들에 대한 돌봄이 우리의 신앙과 교회의 핵심이라고 가르쳤지만, 세월이 흐르면서 믿음은 사라지고 인간의 공로만 남게 되었다. 종교개혁자들은 타락한 중세교회를 개혁하면서 말씀(설교)과 성례, 권징만을 참된 교회의 표징으로 삼았다. 물론 시대적인 상황과 한계가 있었겠지만, 구제가 생략된 것은 상당히 아쉬운 점이다. 이제 우리는 초대교회의 사랑의 전통을 다시 회복할 필요가 있다.

오늘날의 교회에는 안타깝게도 가난한 자들에 대한 사랑의 윤리와 삶이 많이 사라졌다. 사실 세상에서 어떻게 살아야 하는지에 대한 관심도, 가르침도 많이 사라져버린 시대에 우리는 살고 있다. 교회의 많은 사역과 활동은 거의 교회 안에 머물러 있고, 우리의 영향력은 좀처럼 교회 밖으로 잘 나가지 않는다. 요한은 여기서 벗어날 것을 촉구한다. 기독교는 말이 아닌 삶의 방식(way of life)의 종교이며, 주일 하루 예배만이 아닌 일주일의 삶의 예배로 이루어지는 종교이다. 무엇보다도 기독교는 사랑의 종교이며, 삶이 없는 예배는 교부들이 비판했던 대로 아무런 힘을 가지지 못한다. 루터의 종교개혁이 '이신칭의'로 이루어졌다면 오늘날의 교회 개혁은 다시 '사랑으로 완성되는 믿음'을 요청하고 있다.

A Byzantine mosaic of John Chrysostom

(출처: the Hagia Sophia)

부록:
요한 크리소스토모스 연대표

349	안티오키아에서 출생
349-367	안티오키아에서 유년기와 학업기
367	수사학자 리바니우스 문하를 떠남
	-372 디오도로스의 수도학교(*asketerion*) 다님
368	부활절에 세례 받음(멜레티우스에 의해)
	-371 안티오키아의 감독 멜레티우스의 목회 보좌
	-371/372『왕과 수도사 비교』,『디오도로스에게 보낸 편지』 저술
371	독서자(*lector*)로 임명
371 혹은 372	강제로 사제에 임명될 뻔했지만 도망감

372	-376 실피우스 산(Mt. Sipius)에서 공동수도생활
	-378 동굴에서 독수도생활
378	건강 악화로 다시 안티오키아로 돌아옴
	-381 멜레티우스의 독서자
	-386 『성 바빌라스에 대하여』,『그리스도의 신성에 대하여』,『참회에 대하여』,『스타게리오스에게 보낸 편지』,『독신에 대하여』,『젊은 과부에게 보낸 편지』,『영적 결혼에 관하여』,『수도주의 반대자 반박』,『헛된 영광과 자녀교육에 대하여』
381	-386 집사(부제)임명(플라비아노스에 의해), 교회의 구제 사업 담당
386	사제로 임명
	-387 『창세기 설교』,『마니교 반박』,『하나님의 불가해성에 대하여』,『유대주의자들에 대한 반대』
387	안티오키아 기둥폭동 발생,『기둥설교』
	-397 안티오키아 사역,『성직론』,『마태복음 설교』,『요한복음 설교』,『로마서 설교』,『고린도전후서 설교』,『갈라디아서 설교』,『에베소서 설교』,『빌립보서 설교』,『골로새서 설교』,『디모데전후서 설교』,『데살로니가전후서 설교』,『디도서 설교』,『빌레몬서 설교』,『부자와 나사로 설교』

397	콘스탄티노폴리스 총대주교가 됨
	-403 콘스탄티노폴리스에서 사역, 개혁 시도
	-402 『왕에 대하여』, 『하나님의 섭리에 관하여』, 『사도행전 설교』
403	떡갈나무 공의회, 요한의 파직과 첫 번째 유배
404	두 번째 유배
	-407 쿠쿠수스에서 유배, 240여 통의 편지, 『올림피아스에 게 보낸 편지』, 『아무도 자기 자신 이외에는 자신에게 해를 끼칠 수 없다』
407. 9. 14	변경된 유배지 피티우스로 이동 중 폰투스 지방의 코마나에 서 사망
412	인노켄티우스 1세 교황이 요한의 명예를 복권함
438. 1. 27	요한의 시신이 콘스탄티노폴리스 사도교회에 안장
1568	아타나시우스, 대 바실레이오스, 나지안주스의 그레고리오 스와 함께 동방의 4대 교부로 추대됨

미주

머리말

1 책 집필 과정 중 이전에 기고했거나 출판한 글들을 수정, 보완해서 사용한 부분이 있다. 배정훈, "세상 속에서의 수도적 삶: 마태복음 7장 13-14절에 대한 요한 크리소스톰의 해석," 「갱신과 부흥」 23 (2019): 32-70; 배정훈, "한국교회와 교부시대," 목회와 신학 394/4 (2022): 128-34; 배정훈, "부흥의 계절: 초대교회 성장 이야기," 배정훈 외 4명, 『멘토링과 교회성장: 교부 시대의 원리, 현대적 적용』 (서울: 다함, 2023), 53-98; 배정훈, "교부와 목회: 교회 지침서와 사막 수도 생활," 목회와 신학 416/2 (2024): 128-35; 배정훈, "초대교회 예배를 통해 본 교부들의 예배관," 목회와 신학 422/8 (2024): 110-18; 배정훈, "사막 수도주의에 대한 로완 윌리엄스의 연구 재고찰," 「한국교회사학회지」 68 (2024): 147-81.

들어가는 글

1 Pierre Hadot, *Philosophy as a Way of Life: Spiritual Exercises from Socrates to Foucault*, trans. Michael Chases (Malden: Blackwell, 1995).
2 한스 큉, 『그리스도교: 본질과 역사』, 이종한 역 (서울: 분도, 2019), 42-47. 프리드리히 슐라이어마허, 『기독교 신앙』, 최신한 역 (서울: 한길사, 2008); 루트비히 포이어바흐, 『기독교의 본질』, 강대석 역 (서울: 한길사, 2011); 아돌프 폰 하르낙, 『기독교의 본질』, 오흥명 역 (서울: 한들출판사, 2015).
3 *Did.* 1.1-6.2(AF, 344-53).

4 피터 브라운, 『고대 후기 로마제국의 가난과 리더십』, 서원모, 이은혜 역 (파주: 태학사, 2012), 15-96.

5 John Chrysostom, *A Comparison between a King and a Monk / Against the Opponents of the Monastic Life*, trans. David G. Hunter (Lewiston, NY: Edwin Mellen, 1988), 1-68. 참고. L. S. Meyer, *Jean Chrysostome: Maître de perfection chrétienne* (Paris: Beauchesne, 1933); J. M. Leroux, "Monachisme et communauté chrétienne d'aprés saint Jean Chrysostome," in *Théologie de la vie monastique* (Paris: Aubier, 1961), 143-90; Lerux, "Saint Jean Chrysostome et le monachisme," in *Jean Chrysostome et Augustin*. ed. C. Kannengiesser (Paris: Beauchesne, 1975), 125-44.

6 Margaret M. Schatkin, *John Chrysostom as Apologist: with Special Reference to De incomprehensibili, Quod nemolaeditur, Ad eos qui scandalizatisunt, and Adversusoppugnatores vitae monasticae* (Thessalonikē: Patriarchikon Hidryma Paterikōn Meletōn, 1987), 230-72.

7 Blake Leyerle, *Theatrical Shows and Ascetic Lives: John Chrysostom's Attack on Spiritual Marriage* (Berkeley: University of California Press, 2001), 201; Peter Brown, *The Body and Society: Men, Women and Sexual Renunciation in Early Christianity*, 2nd. (New York: Columbia University Press, 2008), 311-12.

8 Andrea Sterk, *Renouncing the World Yet Leading the Church: The Monk-Bishop in Late Antiquity* (Cambridge, MA: Harvard University Press, 2004), 141-60. 참고. 이은혜, "고대 후기 교회지도력의 새로운 패러다임, 수도자-감독 지도력(Monk-Bishop Leadership)의 발전: 크리소스토모스를 중심으로," 「한국교회사학회지」 28 (2011): 89-113.

9 Aideen M. Hartney, *John Chrysostom and the Transformation of the City* (London: Duckworth, 2004), 1-32, 117-32. 사회변혁에 있어서 가정의 중심성은 여러 학자에 의해 또한 지지되었다. Ottorino Pasquato, *I laici in Giovanni Crisostomo: Tra Chiesa, famiglia e città* (Las: Roma, 1998); Chris L. de Wet, *Preaching Bondage: John Chrysostom and the Discourse of Slavery in Early Christianity* (Oakland, CA: University of California Press, 2015), 82-126. 몇몇 설교들에서 요한은 가정을 대안 공동체로 규정했다. 이 점에 대해서는 다음을 참고하라. Arnold Stötzel, *Kirche als 'neue Gesellschaft': die humanisierende Wirkung des Christentums nach Johannes Chrysostomos* (Münster: Aschendorff, 1984).

10 Jaclyn L. Maxwell, *Christianization and Communication in Late Antiquity* (Cambridge: Cambridge University Press, 2006), 1-10, 128-33.

1장

1 참고. David Rylaarsdam, *John Chrysostom on Divine Pedagogy: The Coherence of His Theology and Preaching* (Oxford: Oxford University Press, 2014); Chris L. de Wet and Wendy Mayer(eds.), *Revisioning John Chrysostom: New Approaches, New Perspectives* (Leiden: Brill, 2019).

2 James R. Payton, JR(ed.), *A Patristic Treasury: Early Church Wisdom for Today* (Chesterton, IN: Ancient Faith Publishing, 2013), 16. 1세기 기독교에 대한 대표적인 책은 다음과 같다. 박영호, 『우리가 몰랐던 1세기 교회: 오늘의 그리스도인을 위한 사회사적 성경 읽기』 (서울: IVP, 2021); 제임스 파판드레아, 『로마에서 보낸 일주일 : 1세기 로마에서 그리스도를 따른다는 것』, 오현미 역 (고양: 북오븐, 2021).

3 *Did.* 11.1-10(AF, 360-63).

4 Boniface Ramsey, *Beginning to Read the Fathers*, Rev. ed. (New York: Paulist Press, 2012), 3-4.

5 시편 110편 1절 - "여호와께서 내 주에게 말씀하시기를 내가 네 원수들로 네 발판이 되게 하기까지 너는 내 오른쪽에 앉아 있으라 하셨도다." 고린도전서 15장 25절 - "그가 모든 원수를 그 발 아래에 둘 때까지 반드시 왕 노릇 하시리니."

6 참고. Donald Fairbairn, "Patristic Exegesis and Theology: the Cart and the Horse," *The Westminster Theological Journal* 69 (2007): 1-19.

7 J. N. D. Kelly, *Golden Mouth: The Story of John Chrysostom - Ascetic, Preacher, Bishop* (New York: Cornell University Press, 1995), 4, 296-98. 국내에 번역된 요한의 전기는 다음과 같다: 루돌프 브랜들레, 『요한 크리소스토무스: 고대교회 한 개혁가의 초상』, 이종한 역 (서울: 분도, 2016).

8 Socr. *H.E.* 6.3 (SC 505:264).

9 Socr. *H.E.* 6.3 (SC 505:264); Pall. *D. Chrys.* 5 (SC 341:104).

10 Kelly, *Golden Mouth*, 4-5.

11 Chrys. *Sac.* 1 (SC 272:66).

12 Kelly, *Golden Mouth*, 4.

13 Wendy Mayer and Pauline Allen, *John Chrysostom* (London: Routledge, 2000), 5.

14 Chrys. *Sac.* 1 (SC 272:62, 68).

15 라틴어는 요한이 받은 교육 과정에 포함되지 않았던 것 같다. 하지만 수사학 학교 졸업 후 요한이 민법 변호사가 되려고 했던 점을 고려하면 상당한 수준의 라틴어를 구사할 수 있었을 것이다. 라틴어가 동로마 제국의 공식적인 언어였기 때문이다.

16 Socr. *H.E.* 6.3 (SC 505:264). 몇몇 학자들은 리바니우스가 실제로 크리소스토모스의 스승이었는지 의문을 제기한다. 이에 대해서는 다음의 논문을 참고하라: David G. Hunter, "Libanius and John Chrysostom: New Thoughts on An Old Problem," *SP* 22 (1989): 129-35.

17 Soz. *H.E.* 8.2 (SC 516:234).

18 다음의 연구들을 참고하라: T. E. Ameringer, *The Stylistic Influence of the Second Sophistic on the Panegyrical Sermons of St. John Chrysostom* (Washington: Catholic University of America Press, 1921); Amirav Hagit, *Rhetoric and Tradition: John Chrysostom on Noah and the Flood* (Leuven: Peeters, 2003).

19 Chrys. *Sac.* 1 (SC 272:64, 90); Socr. *H.E.* 6.3 (SC 505:264, 268); Soz. *H.E.* 8.2 (SC 516:236).

20 Pall. *D. Chrys.* 5 (SC 341:106).

21 Chrys. *Sac.* 1 (SC 272:62-68). 소크라테스는 요한의 친구 바실레이오스를 카파도키아 교부 중 한 명인 바실레이오스라고 주장한다. 하지만 이러한 주장은 받아들이기 힘들다. 바실레이오스는 요한이 수도사가 되려고 했을 때 이미 카이사레아(Caesarea)의 주교였다. Socr. *H.E.* 6.3 (SC 505:266); Sterk, *Renouncing the World*, 307.

22 Pall. *D. Chrys.* 5 (SC 341:106-108).

23 Socr. *H.E.* 6.3 (SC 505:264); Soz. *H.E.* 8.2 (SC 516:236-38).

24 R. E. Carter, "The Chronology of St. John Chrysostom's Early Life," *Tradition* 18 (1962): 363. 헌터는 디오도로스의 학교가 금욕 훈련보다는 성경 공부를 더 강조했다고 주장한다. 그러나 요한이 리바니우스의 학교를 떠난 이후가 사제 보다는 수도사가 지향하는 완전한 삶을 원했다는 점에서 이 주장은 설득력이 없어 보인다. Hunter, *A Comparison between a King and a Monk*, 36-39; Sterk, *Renouncing the World*, 142-43; Kelly, *Golden Mouth*, 19-20.

25 Pall. *D. Chrys.* 5 (SC 341:108); Kelly, *Golden Mouth*, 24. 소크라테스는 제노(Zeno)가 요한을 독서자로 임명했다고 주장한다. Socr. *H.E.* 6.3 (SC 505:266).

26 Chrys. *Sac.* 1 (SC 272:72-76, 88-98).

27 Jerome, *Ep.* 51.1, 보니페이스 램지, 『초대 교부들의 세계』, 이후정 외 1명 역 (서울: 대한기독교서회, 1999), 164에서 재인용.

28 Pall. *D. Chrys.* 5 (SC 341:108).

29 Pall. *D. Chrys.* 5 (SC 341:110); Kelly, *Golden Mouth*, 32-33. 어떤 학자들은 6년간의 수도생활의 진위성을 의심한다. Martin Illert, *Johannes Chrysostomus und das Antiochenisch-Syrische Mönchtum: Studien zu*

Theologie, Rhetorik und Kirchenpolitik im Antiochenischen Schrifttum des *Johannes Chrysostomus* (Zürich: Pano, 2000), 77-93; Wendy Mayer, "What does it mean to say that John Chrysostom was a Monk?" *SP* 41 (2006): 451-55. 이 주제는 더 자세한 연구가 필요하다.

30 Pall. *D. Chrys.* 5 (SC 341:110).

31 Pall. *D. Chrys.* 5 (SC 341:110).

32 Epict. *Disc.* 3.23.30 (LCL 218:180-81).

33 Epicur. *Fr.* 221 (A.A. Long and D.N. Sedley, *The Hellenistic Philosophers*, vol. 2: Greek and Latin Texts with Notes and Bibliography [Cambridge: Cambridge University Press, 1987], 160). 고대 영혼치료학에 대해서는 다음의 책을 참고하라. Martha C. Nussbaum, *The Therapy of Desire: Theory and Practice in Hellenistic Ethics*, n.s., 2 (Princeton, NJ: Princeton University Press, 1994); Hadot, *Philosophy as a Way of Life*; Christopher Gill, "Philosophical Therapy as Preventive Psychological Medicine," in *Mental Disorders in the Classical World*, ed. William V. Harris (Leiden: Brill, 2013), 339-60.

34 Chrys. *Sac.* 4.3 (SC 272:248-50). 다른 언급이 없는 이상 이 책의 모든 번역은 필자의 것이다.

35 Chrys. *Hom. post terrae motum* (PG 50:713), 한스 폰 캄펜하우젠, 『희랍 교부 연구: 동방교부들의 생애와 사상』, 김광식 역 (서울: 대한기독교서회, 1977), 197에서 재인용.

36 Soz. *H.E.* 8.2 (SC 516:238).

2장

1 Ath. *V. Anton.* 14.1-4 (SC 400:172-74) 번역은 필자의 것으로, 다음의 책을 참고, 수정하였다. 『사막의 안토니우스』, 허성석 역, (서울: 분도출판사, 2015), 77-78.

2 미셸 푸코, 『성의 역사: 3. 자기에의 배려』, 이혜숙 외 1명 역 (서울: 나남, 1990), 53-59.

3 Cyprian, 『동정녀의 복장』, 3, 카를 수소 프랑크, 『고대 교회사 개론』, 하성수 역 (서울: 가톨릭출판사, 2008), 292에서 재인용.

4 유현준, 『공간이 만든 공간: 새로운 생각은 어떻게 만들어지는가』 (서울: 을 유문화사, 2020).

5 Andrew Crislip, *From Monastery to Hospital: Christian Monasticism & the Transformation of Health Care in Late Antiquity* (Ann Arbor: University of Michigan Press, 2005); Gary Ferngren, *Medicine and Health Care in Early*

Christianity (Baltimore: Johns Hopkins University Press, 2009); 남성현, 『병원의 탄생과 발전 그리고 기독교 영성의 역할』 (서울: CLC, 2020).

6 유스토 곤잘레스, 『초대교회사』, 2판, 엄성옥 역 (서울: 은성출판사, 2012), 252-53.

7 『안토니오스의 생애』를 분석하기 전, 이와 관련된 자료 문제를 언급할 필요가 있다. 안토니오스에 대한 기록은 총 세 개, 즉 『안토니오스의 생애』, 『안토니오스의 편지』, 『사막교부들의 금언집』에 주로 남아있다. 그런데 이 중에 『생애』의 역사성이 떨어진다는 비판이 제기되었다. 사무엘 루벤슨(Samuel Rubenson)은 『안토니오스의 편지』(*Epistulae Antonii*)가 『생애』와 『금언집』보다 더 실재에 가까운 안토니오스를 반영한다고 주장했다. 역사자료의 진위성 여부는 가치 있는 연구분야이지만, 이를 완전히 증명하기는 쉽지 않은 것 같다. 따라서 본 책은 자료의 문제를 고려하지만, 그럼에도 불구하고 『생애』에서 어느 정도 안토니오스의 실제 모습을 파악할 수 있다는 기초 위에서 이 자료를 사용할 것이다. 이를 주된 자료로 삼는 이유는 『안토니오스의 생애』만큼 안토니오스의 생애와 활동을 상세하게 보여주는 자료가 남아있지 않기 때문이다. Samuel Rubenson, *The Letters of St. Antony: Monasticism and the Making of a Saint* (Minneapolis: Fortress Press, 1995); William Harmless, "Monasticism," in *The Oxford Handbook of Early Christian Studies*, ed. Susan A. Harvey 외 1명 (Oxford: Oxford University Press, 2008), 498-501. 참고. Hermann Dörries, 'Die Vita Antonii als Geschichtesquelle', Nachrichten der Akademie der Wissenschaften in Göttingen, 14: 357-410; repr. in *Wort und Stunde: Gesammelte Studien zur Kirchengeschichte des vierten Jahrhunderts* (Göttingen: Vandenhoeck & Ruprecht), i. 145-224.

8 Ath. *V. Anton.* 4.1-2 (SC 400:138-40), 『사막의 안토니우스』, 61-62.

9 Ath. *V. Anton.* 10.1-4 (SC 400:162-64), 『사막의 안토니우스』, 72-73. .

10 Ath. *V. Anton.* 44.2-4 (SC 400:254), 『사막의 안토니우스』, 116.

11 Peter Brown, "The Rise and Function of the Holy Man in Late Antiquity," *Journal of Roman Studies* 61 (1971): 80-101.

12 Ath. *V. Anton.* 87.3-6 (SC 400:358-60), 『사막의 안토니우스』, 169-70.

13 김형석, 『100세 철학자의 행복론』 (서울: 열림원, 2023).

14 Ath. *V. Anton.* 93.1-2 (SC 400:372-74), 『사막의 안토니우스』, 177.

15 로버타 본디(Roberta C. Bondi)의 주장처럼 사막의 교부들은 어떤 체계적인 사상을 남기려고 한 것은 아니다. 또한, 그들의 글은 대부분 짧은 격언이나 이야기이다. 따라서 『사막 교부들의 금언집』은 일관성이 떨어지고 통일성이 없는 것은 사실이다. 그리고 문헌 자체의 형성과정의 복잡성과 이 자료가 실제 사막 수도사들의 모습을 얼마나 반영하고 있는지 역시 문

제거리이다. 니콜라스 마르디네스(Nicholas Marinides)에 따르면 사막 교부 공동체는 일정 부분 의견의 다양성이 허용되는 열린 집단이었다. 그럼에도 불구하고 격언집의 다양성 속에서 어느 정도의 일관적인 주장을 찾을 수 있다. 사막 교부들이 다양성 속에서 일치를 추구했기 때문이다. 로버타 본디, 『주께서 사랑하시듯 사랑하라: 초기 그리스도인들과의 대화』 (서울: 비아, 2023), 17-19; Nicholas Marinides, "Religious Toleration in the Apophthegmata Patrum," *JECS* 20 (2012): 235-68. 이와 관련된 더 자세한 문제와 해결책으로는 다음의 연구를 참고하라. Samuel Rubenson, "The Formation and Re-formations of the Sayings of the Desert Fathers," *SP* 55 (2013): 5-22; Samuel Rubenson, "Textual Fluidity in Early Monasticism: Sayings, Sermons and Stories," in *Snapshots of Evolving Traditions: Jewish and Christian Manuscript Culture, Textual Fluidity, and New Philology*, ed. Liv Ingeborg Lied 외 1명 (Berlin: De Gruyter, 2017), 178-86.

16 로완 윌리엄스, 『사막의 지혜』, 민경찬 외 1명 역 (서울: 비아, 2019), 111-13. 이에 대한 상세한 연구는 다음 논문을 참고하라. 배정훈, "사막 수도주의에 대한 로완 윌리엄스의 연구 재고찰," 147-81.

17 *Apophth. Patr.* Antonius 10 (PG 65:77). 번역은 필자의 것으로, 다음의 책을 참고, 수정하였다. 『사막 교부들의 금언집』, 허성석 역, (서울: 분도출판사, 2017), 46.

18 *Apophth. Patr.* Arsenius 1-2 (PG 65:88), 『사막 교부들의 금언집』, 56.

19 *Apophth. Patr.* Macarius the Great 41 (PG 65:281), 『사막 교부들의 금언집』, 56.

20 *Apophth. Patr.* Theodore of Pherme 14-15 (PG 65:192), 『사막 교부들의 금언집』, 165.

21 *Apophth. Patr.* Theodore of Pherme 1 (PG 65:188), 『사막 교부들의 금언집』, 161-62(괄호는 필자의 것).

22 *Apophth. Patr.* Paul the Great 1 (PG 65:381), 『사막 교부들의 금언집』, 371.

23 *Apophth. Patr.* Pambo 6 (PG 65:369), 『사막 교부들의 금언집』, 359.

24 *Apophth. Patr.* Macarius the Great 18 (PG 65:269), 『사막 교부들의 금언집』, 252-53.

25 *Apophth. Patr.* Syncletica 6 (PG 65:421), 『사막 교부들의 금언집』, 414.

26 *Apophth. Patr.* Daniel 4 (PG 65:156), 『사막 교부들의 금언집』, 124.

27 *Apophth. Patr.* Daniel 2 (PG 65:153), 『사막 교부들의 금언집』, 124.

28 *Apophth. Patr.* Moses 2 (PG 65:281-84), 『사막 교부들의 금언집』, 265.

29 *Apophth. Patr.* Moses 6 (PG 65:284), 『사막 교부들의 금언집』, 266.

30 *Apophth. Patr.* Serapion 4 (PG 65:415-17), 『사막 교부들의 금언집』, 407.

31 *Apophth. Patr.* Arsenius 11 (PG 65:89), 『사막 교부들의 금언집』, 58.

32 *Apophth. Patr.* Macarius the Great 16 (PG 65:269), 『사막 교부들의 금언집』, 252.

3장

1 *Apophth. Patr.* Theodora 2 (PG 65:201), 『사막 교부들의 금언집』, 176.

2 Elizabeth Clark, *Reading Renunciation: Asceticism and Scripture in Early Christianity* (Princeton: Princeton University Press, 2001).

3 Jan R. Stenger, "Where to Find Christian Philosophy?: Spatiality in John Chrysostom's Counter to Greek Paideia," *JECS* 24 (2016): 187-90.

4 Illert, *Johannes Chrysostomus und das Antiochenisch-Syrische Mönchtum*, 77-93.

5 Thdt. *H.E.* 4.25 (SC 530:308-10).

6 Peter Brown, *Society and the Holy in Late Antiquity* (Berkeley: University of California Press, 1982), 109-11.

7 이 작품이 요한의 것인지 아닌지에 대해서는 아직까지 논란이 있다(CPG 4500). 켈리는 이 논문의 저작연대를 368년에서 371년 사이로, 헌터는 요한의 수도생활 기간(372-378) 중으로 추정한다. Kelly, *Golden Mouth*, 21-22, 31-32; Hunter, *A Comparison between a King and a Monk*, 36-39. 그러나 수도 기간에 이런 글을 쓰기는 어려웠을 것이다.

8 Chrys. *hom.* 68.3 *in Mt.* (PG 58:643).

9 Chrys. *hom.* 55.5 *in Mt.* (PG 58:545).

10 Ath. *V. Anton.* 14.1-4 (SC 400:172-74), 『사막의 안토니우스』, 77-78.

11 이와 관련된 연구들은 다음과 같다: Margaret M. Mitchell, *The Heavenly Trumpet: John Chrysostom and the Art of Pauline Interpretation* (Tübingen: Mohr Siebeck, 2000); Catherine Broc-Schmezer, *Les figures féminines du Nouveau Testament dans L'œuvre de Jean Chrysostome: Exégèse et pastorale* (Paris: Institut d'études Augustiniennes, 2010); Pak-Wah Lai, "John Chrysostom and the Hermeneutics of Exemplar Portraits" (Ph.D. diss., Durham University, 2010); Samantha Miller, "Chrysostom's Monks as Living Exhortations to Poverty and the Rich Life," *GOTR* 58 (2013): 79-98; Demetrios E. Tonias, *Abraham in the Works of John Chrysostom* (Minneapolis: Fortress Press, 2014); Douglas E. Finn, "Job as Exemplary Father according to John Chrysostom" *JECS* 26 (2018): 275-305; Blake Leyerle, *The Narrative Shape of Emotion in the Preaching of John Chrysostom* (Oakland: University of California Press, 2020).

12 Chrys. *Oppugn.* 3.14 (PG 47:372).

13　Chrys. *Oppugn.* 3.14 (PG 47:374).

14　Hadot, *Philosophy as a Way of Life*, 264.

15　Anne-Marie Malingrey, *Philosophia*; *étude d'un groupe de mots dans la littérature grecque des présocratiques au IVe siècle après J. C* (Paris: C. Klincksieck, 1961), 270-86; Schatkin, *John Chrysostom as Apologist*, 230-72; Hunter, *A Comparison between a King and a Monk*, 1-68.

16　F. X. Murphy, "The Moral Doctrine of St John Chrysostom," *SP* 11 (1972): 55.

17　"저 세상과 및 죽은 자 가운데서 부활함을 얻기에 합당히 여김을 받은 자들은 **장가가고 시집가는 일이 없으며** 그들은 다시 죽을 수도 없나니 **이는 천사와 동등이요** 부활의 자녀로서 하나님의 자녀임이라."

18　Jerome, *De presecutione christianorum*, 램지, 『초대 교부들의 세계』, 182에서 재인용.

19　Sulpicius Severus, 『편지』, 2, 램지, 『초대 교부들의 세계』, 185에서 재인용.

20　Schatkin, *John Chrysostom as Apologist*, 256; Ivo Auf der Maur, *Mönchtum und Glaubensverkündigung in den Schriften des Hl. Johannes Chrysostomus* (Freiburg: Universitäts Verlag, 1959), 20.

21　Chrys. *Oppugn.* 3.11 (PG 47:366). 요한의 천사적 삶의 메타포 사용에 대한 상세한 연구는 다음을 참고하라: Maria Verhoeff, "'God on Earth, Man in Heaven': John Chrysostom's Use of Celestial Imagery for the Christian Life," in *Seeing through the Eyes of Faith: New Approaches to the Mystagogy of the Church Fathers*, ed., Paul van Geest (Leuven: Peeters, 2016), 251-68.

22　Schatkin, *John Chrysostom as Apologist*, 256.

23　Chrys. *Comp.* 1.2 (PG 47:388).

24　Chrys. *Comp.* 1.3 (PG 47:390).

25　Chrys. *Oppugn.* 2.5 (PG 47:340).

26　Chrys. *Oppugn.* 3.11 (PG 47:367).

27　Tertullian, *De spectac.* 8, 램지, 『초대 교부들의 세계』, 278에서 재인용.

28　Arnobius of Sicca, *Adv. nationes.* 4.6-7, 램지, 『초대 교부들의 세계』, 277에서 재인용.

29　Chrys. *Oppugn.* 3.8 (PG 47:343).

30　Ath. *V. Anton.* 87.3-6 (SC 400:358-60), 『사막의 안토니우스』, 169-70.

31　*Did.* 11.1-10(AF, 361-63).

32　Brown, "The Rise and Function of the Holy Man in Late Antiquity," 80-101.

4장

1 Chrys. *Laz.* 7.2 (PG 48:1047).

2 부자와 나사로』의 신학과 수사학적 기법의 사용에 대한 상세한 분석은 다음을 참고하라: Francine Cardman, "Poverty and Wealth as Theater: John Chrysostom's Homilies on Lazarus and the Rich Man," in *Wealth and Poverty in Early Church and Society*, ed. Susan R. Holman (Grand Rapids: Baker Academic, 2008), 159-75.

3 Philip Rousseau, *The Early Christian Centuries* (New York: Longman, 2002), 191-92.

4 하르낙,『기독교의 본질』.

5 최근 고대 후기, 특히 381년에서 451년 사이의 콘스탄티노폴리스의 교회적 위상에 대한 반론이 제기되었다. Justin M. Pigott, *New Rome Wasn't Built in a Day: Rethinking Councils and Controversy at Early Constantinople 381-451* (Turnhout: Brepols, 2014).

6 안티오키아의 다양한 종교적 상황에 대한 자세한 연구는 다음을 참고하라. Isabella Sandwell, *Religious Identity in late antiquity Greeks, Jews, and Christians in Antioch* (Cambridge: Cambridge University Press, 2007).

7 참고. Robert L. Wilken, *John Chrysostom and the Jews: Rhetoric and Reality in the Late Fourth Century* (Berkeley: University of California Press, 1983); Courtney W. VanVeller, "Paul's Therapy of the Soul: A New Approach to John Chrysostom and Anti-Judaism"(Ph.D. diss., Boston University, 2015).

8 *Apophth. Patr.* Nisterus the Cenobite 2 (PG 65:308-309),『사막 교부들의 금언집』, 292.

9 Augustine of Hippo,『설교』. 78.3, 6, 램지,『초대 교부들의 세계』, 156-57에서 재인용.

10 Chrys. *Compunct.* 2, 2.2 (PG 47:413).

11 Sterk, *Renouncing the World*, 148.

12 Chrys. *Sac.* 6 (SC 272:316-17).

13 Chrys. *Sac.* 6 (SC 272:322-24).

14 *Apophth. Patr.* Daniel 4 (PG 65:156),『사막 교부들의 금언집』, 124.

15 Chrys. *Sac.* 6 (SC 272:324).

16 Chrys. *Sac.* 6 (SC 272:324).

17 Chrys. *Sac.* 6 (SC 272:326).

18 Chrys. *Sac.* 6 (SC 272:324).

19 Chrys. *Sac.* 6 (SC 272:328-30).

20 Schatkin, *John Chrysostom as Apologist*, 243-45.

21 Chrys. *Incomprehens*. 6.3 (PG 48:752).

22 Frances M. Young, *From Nicaea to Chalcedon: A Guide to the Literature and its Background*, 2nd ed. (Grand Rapids: Baker Academic, 2010), 208.

23 Chrys. *Sac*. 2 (SC 272:126).

24 Chrys. *hom*. 11.3 *in 1 Thess*, 브랜들레, 『요한 크리소스토무스』, 35에서 재인용.

25 Chrys. *hom*. 47.5 *in Mt*. (PG 58:486).

26 Chrys. *Incomprehens*. 6.3 (PG 48:752).

27 퀑, 『그리스도교: 본질과 역사』, 58-96.

28 로저 올슨, 『이야기로 읽는 기독교 신학: 전통과 개혁의 2000년』, 김주한 외 1명 역 (서울: 대한기독교서회, 2009).

29 래리 허타도, 『처음으로 기독교인이라 불렸던 사람들』, 이주만 역 (서울: 이와우, 2017), 104-205, 200-38.

30 배정훈, "천국에서의 영광을 바라보며: 구제와 헛된 영광에 대한 요한 크리소스톰의 사상," 「갱신과 부흥」 28 (2021): 116-19.

31 Soz. *H.E*. 5.16, 남성현, 『병원의 탄생과 발전』, 107-108에서 수정하여 재인용.

32 브라운, 『고대 후기 로마제국의 가난과 리더십』, 15-96.

33 바트 어만, 『기독교는 어떻게 역사의 승자가 되었나』, 허형은 역 (서울: 갈라파고스, 2019), 11-12.

34 Jonathan Tallon, "Faith in John Chrysostom's Preaching: A Contextual Reading" (Ph.D. diss., Manchester University, 2015).

35 김선영, "루터의 믿음과 사랑 개념 이해를 위한 해석의 틀 – 1535년 갈라디아서 강해를 중심으로," 「한국기독교신학논총」 68 (2010): 27-55.

36 LW 27:30, 김선영, "루터의 믿음과 사랑 개념 이해를 위한 해석의 틀," 43에서 재인용.

37 카터 린더버그, 『유럽의 종교개혁』, 조영천 역 (서울: CLC, 2012), 183-84.

38 배정훈, "구제와 헛된 영광에 대한 요한 크리소스톰의 사상," 124.

39 LW 45:172, 린더버그, 『유럽의 종교개혁』, 187에서 재인용.

5장

1 Pall. *D. Chrys*. 17, 20 (SC 341:348-50, 394).

2 Socr. *H.E*. 6.3 (SC 505:268), 이은혜, "고대 후기 교회 지도력의 새로운 패러다임, 수도자-감독 지도력의 발전," 94에서 재인용.

3 Pall. *D. Chrys*. 5 (SC 341:122).

4 Leyerle, *Theatrical Shows and Ascetic Lives*, 201.

5   Pall. *D. Chrys.* 5 (SC 341:124).

6   Chrys. *hom.* 21.19 *in Gen.* (PG 53:183).

7   Chrys. *hom.* 55.7 *in Mt.* (PG 58:548-49).

8   Chrys. *hom.* 9 *in Col.*, 크리스토퍼 홀, 『교부들과 성경읽기』, 우병훈 외 1명 역 (서울: 터치북스, 2022), 154에서 재인용.

9   Young, *From Nicaea to Chalcedon*, 209.

10 로드니 스타크, 『기독교의 발흥』, 손현선 역 (서울: 좋은씨앗, 2020), 227-30.

11 Chrys. *hom.* 7.4-5 *in Col.* (PG 62:349-50).

12 Chrys. *Eleem.* 1 (PG 51:261).

13 Rudolf Brändle, "This Sweetest Passage: Matthew 25:31-46 and Assitance to the Poor in the Homilies of John Chrysostom," in *Wealth and Poverty in Early Church and Society*, ed. Susan R. Holman (Grand Rapids: Baker Academic, 2008), 126.

14 C. I. Mclaren, "Notes on an Enquiry," *KMF* 12-2 (1916): 38-39.

15 Chrys. *hom.* 14.11 *in Rom.*, 하성수 외 1명(편), 『교부들의 가르침 1, 교부 문헌 주제별 선집: 가난-교만』 (서울: 분도, 2024), 51에서 재인용.

16 Chrys. *hom.* 50.4-5 *in Mt.*, 하성수, 『교부들의 가르침 1』, 52에서 재인용.

17 Chrys. *hom.* 50.4-5 *in Mt.*, 하성수, 『교부들의 가르침 1』, 52에서 재인용.

18 Hadot, *Philosophy as a Way of Life*.

19 Dana Robinson, *Food, Viurtue, and The Shaping of Early Christianity* (Cambridge: Cambridge University Press, 2020), 24.

20 Rylaarsdam, *John Chrysostom on Divine Pedagogy*.

21 Chrys. *Oppugn.* 1.7-8 (PG 47:328-29).

6장

1   Frances M. Young, *Biblical Exegesis and The Formation of Christian Culture* (Grand Rapids: Baker Academic, 1997).

2   로버트 루이스 윌켄, 『초기 기독교 사상의 정신』, 배덕만 역 (서울: 복있는사람, 2014), 22-23.

3   Hippolytus, *Traditio Apostolica*, 41, 히뽈리뚜스, 『사도전승』, 이형우 역 (서울: 분도, 2005), 185-93.

4   신민석, "초대 그리스도인들의 모임장소에 대한 재고찰: 크라우트하이머의 이론을 바탕으로," 「신학논단」 103 (2021): 107-46.

5   박영호, 『우리가 몰랐던 1세기 교회』, 68-71.

6   로드니 스타크, 『기독교의 발흥: 사회과학자의 시선으로 탐색한 초기 기독교

성장의 요인』, 손현선 역 (서울: 좋은씨앗, 2016), 22-44.

7 스타크, 『기독교의 발흥』, 221-42.

8 로버트 뱅크스, 『1세기 교회 예배 이야기』, 신현기 역 (서울: IVP, 2017).

9 Pliny, *Epistle*, 10.96.9-10, J. Stevenson(ed.), *A New Eusebius: Documents Illustrating the History of the Church to AD* 337, Rev. by W. H. C. Frend (Grand Rapids: Baker Academic, 2013), 21에서 인용.

10 스타크, 『기독교의 발흥』, 261-67.

11 Hippolytus, *Traditio Apostolica*, 16, 히뽈리뚜스, 『사도전승』, 115-17.

12 앨런 크라이더, 『초기 교회와 인내의 발효』, 김광남 역 (서울: IVP, 2021), 250.

13 Cyprian, *Ad Donatum* 3-4, 앨런 크라이더, 『초대교회에 길을 묻다』, 홍현민 역 (서울: 하늘씨앗, 2020), 73, 75에서 재인용.

14 Justin, *1 Apology*, 67, 『초기 기독교 교부들』에서 인용.

15 조지 레이코프, 마크 존슨, 『삶으로서의 은유』, 수정판, 노양진, 나익주 역 (하남: 박이정, 2006), 21-25; 조너선 하이트, 『바른 마음: 나의 옳음과 그들의 옳음은 왜 다른가』, 왕수민 역 (파주: 웅진지식하우스, 2014), 396-436.

16 Wayne A. Meeks, *The Origins of Christian Morality: The First Two Centuries* (New Have: Yale University Press, 1993), 92.

17 *Did.* 1.6(AF, 346).

18 C. Kavin Rowe, *Christianity's Surprise: A Sure and Certain Hope* (Nashville: Abingdon Press, 2020), 55-61.

19 로완 윌리엄스, 『그리스도인이 된다는 것』, 김기철 역 (서울: 복있는사람, 2020).

7장

1 에른스트 다스만, 『교회사 1: 초기 3세기 교회의 확장, 생활, 가르침』, 하성수 역 (왜관: 분도출판사, 2007), 5.

2 장 콩비, 『세계 교회사 여행: 1. 고대·중세 편』, 노성기, 이종혁 역 (서울: 가톨릭출판사, 2012), 21.

3 곤잘레스, 『초대교회사』, 15.

4 Karlfried Froechlich, "Church History and the Bible," *Princeton Seminary Bulletin* 1 (1978): 207-14. 참고. Gerhard Ebeling, "Kirchengeschichte als Geschichte der Auslegung der Heiligen Schrift," in *Wort Gottes und Tradition: Studien zu einer Hermeneutik der Konfessionen* (Göttingen: Vanderhoek & Ruprecht, 1964), 서원모, "성경 해석과 역사-시리아 설교: '요나와 니느웨인의 회개'를 중심으로," 「한국교회사학회지」 10 (2001): 58

에서 재인용.

5 Froechlich, "Church History and the Bible," 222-23. 초기 프란체스코 수도회, 중세의 폭군정치에 의한 살해, 로마네스코 예술작품, 초기 영국 자국 문학의 발전과 같은 다른 예도 언급되지만 이에 대한 설명은 없다(Froechlich, "Church History and the Bible," 223).

6 허타도, 『처음으로 기독교인이라 불렸던 사람들』, 133-82; 윌켄, 『초기 기독교 사상의 정신』, 21-22, 79-85.

7 Averil Cameron, *Christianity and the Rhetoric of Empire: The Development of Christian Discourse* (Berkeley: University of California Press, 1991), 19-21. Young, *Biblical Exegesis and The Formation of Christian Culture*; Peter Van Nuffelen, "A War of Words: Sermons and Social Status in Constantinople under the Theodosian Dynasty," in *Literature and Society in the Fourth Century A.D.: Performing Paideia, Constructing the Present, Presenting the Self*, ed. L. Van Hoof and Peter Van Nuffelen (Leiden: Brill, 2014), 201-17.

8 이상규, 『해방 전후 한국장로교회의 역사와 신학』 (서울: 한국기독교역사연구소, 2015), 655.

9 서양과 동양의 영혼(마음) 치료 사상이 각각 초대교회와 한국교회에서 어떻게 전용되었는지에 대한 연구로는 다음을 참고하라. Junghun Bae, *John Chrysostom on Almsgiving and the Therapy of the Soul* (Paderborn: Brill, 2021); 배정훈, "구제와 영혼의 치유에 대한 존 크리소스톰의 사상 연구: 그의 마태복음 설교를 중심으로," 「성경과 신학」 88 (2018): 121-49; 배요한, "유교와 기독교의 만남-이벽의「성교요지」를 중심으로-," 「장신논단」 41 (2011): 393-415.

10 로완 윌리엄스, 『과거의 의미: 역사적 교회에 관한 신학적 탐구』 (서울: 비아, 2019), 15-74.

11 마크 놀, 『터닝 포인트: 기독교에 획기적인 변화를 가져온 12가지 전환점』 (서울: CUP, 2007), 29-30.

12 Schatkin, *John Chrysostom as Apologist*, 166-67. 금욕주의에 대한 요한의 주요 작품들의 목록과 간단한 분석은 다음 연구서에 제시되어 있다: Auf der Maur, *Mönchtum und Glaubensverkündigung in den Schriften des Hl. Johannes Chrysostomus*, 15-68.

13 요한의 개별 작품들의 정확한 저작 연도를 파악하여 그의 금욕주의 사상의 발전을 연대순으로 정리하는 작업은 한계성을 가진다. 웬디 마이어(Wendy Mayer)는 요한 작품의 연대와 장소에 관한 과거 200년간의 학계의 논의를 비판하면서 심지어 같은 시리즈에 속한 설교라 하더라도 다른 장소와 시기에 작성되었을 가능성이 있음을 주장했다. Wendy Mayer, *The Homilies of St John Chrysostom - Provenance: Reshaping the Foundations* (Roma:

Pontificio Istituto Orientale, 2005), 22-23. 여러 연구에서 마이어는 자신의 논지를 입증하였다. 대표적인 연구는 다음을 참고하라. Pauline Allen and Wendy Mayer, "Chrysostom and the Preaching of Homilies in Series: A New Approach to the Twelve Homilies *In epistulam ad Colossenses* (CPG 4433)," *Orientalia Christiana Periodica* 60 (1994): 21-39.